중국의 개혁개방은 왜! 성공 했는가?

중국의 개혁개방은 왜! 성공했는가?

초판 1쇄 인쇄 2021년 01월 11일
초판 1쇄 발행 2021년 01월 14일
옮 긴 이 김승일(金勝一)
발 행 인 김승일(金勝一)
디 자 인 조경미
출 판 사 경지출판사
출판등록 제 2015-000026호

잘못된 책은 바꿔드립니다.
가격은 표지 뒷면에 있습니다.

ISBN 979-11-90159-64-7 (03320)

판매 및 공급처 경지출판사

주소: 서울시 도봉구 도봉로117길 5-14   Tel: 02-2268-9410   Fax: 0502-989-9415
블로그: https://blog.naver.com/jojojo4

※ 이 도서의 도서목록(CIP)은 국립중앙도서관 서지정보유통지원시스템 홈페이지(http://seoji.nl.go.kr)와 국가자료공동목록시스템에서
이용하실 수 있습니다.

B&R Book Program

중국의 개혁개방은 왜! 성공 했는가?

셰천타오(謝春壽) 지음 | 김승일(金勝一) 옮김

경지출판사
Korea Wisdom China

CONTENTS

CONTENTS

1

「중국특색의 사회주의」를
개척하고 발전시키다

「중국특색의 사회주의」를
개척하고 발전시키다

방향은 길을 결정하고 길은 운명을 결정한다. 「중국특색의 사회주의」를 개척하고 발전시키는 것은 개혁개방 이래 중국공산당이 인민을 영도하여 이룩한 근본적인 성과이다. 시진핑 주석이 중국공산당 창립 95주년 기념대회에서 말한 바와 같이, "「중국특색의 사회주의」는 우리가 반드시 끊임없이 추진해야 할 위대한 사업이며, 또한 우리가 미래를 여는 근본적인 담보이다".

「중국특색의 사회주의」를 개척하다

중국의 개혁개방은 사회주의 사업이 심각한 어려움과 도전에 부딪친 가운데 시작되었다. 오랜 기간의 '좌적' 오류 특히 '문화대혁명'의 10년 내란은 중국공산당과 중국의 원기를 크게 상하게 했다. 경제·정치·사회는 혼란스러운 상황에 처했고, 국민의 생활은 매우 어려웠다. 이와 동시에 서구의 선진 자본주의국가들과 일부 개발도상국들은 새로운 기술혁명이 흥기하는 기회를 포착하고, 사회생산력을 크게 발전시키는 등 급속한 성장세를 보였다. 중국의 경제력과 과학기술 실력은 세계 선진수준과 격차가 확연히 벌어졌다. 덩샤오핑(邓小平)은 중국공산당과 중국이 처한 곤경과 진로를 냉정하게 인식하고

"지금 개혁을 단행하지 않으면 우리의 현대화 사업과 사회주의 사업은 망하게 될 것"이라고 일침을 놓았다.

1978년 12월의 중국공산당 제11기 중앙위원회 제3차 전체회의로부터 1987년 10월 중국공산당 제13차 전국대표대회에 이르기까지 근 10년 사이에 덩샤오핑 동지를 핵심으로 하는 중국공산당은 개혁개방을 영도하여 중요한 돌파구를 마련했으며, 성공적으로 「중국특색의 사회주의」를 개척했다. 행정조직과 경제조직의 합일을 이룬 인민공사제도를 타파했다. 개혁은 우선 농촌에서 시작돼 일파만파로 이뤄졌다. 안훼이(安徽)성 등의 농촌개혁은 덩샤오핑 등의 지지를 받았다. 1980년 9월 중국공산당 중앙위원회는 각 성·자치구·직할시 당위원회 제1서기 좌담회 기요를 발행해 변방지역 산간지역과 빈곤지역에서 세대별 생산도급제를 실행하는 것을 허용했다. 1982년 1월 중국공산당 중앙위원회 '1호 문건'은 가정단위 도급생산·가정단위 생산도급제를 사회주의 집단경제의 생산책임제라고 더욱 명확하게 지적했다. 그 후부터 가정도급책임제는 전국적으로 널리 보급되었다. 1983년 중국공산당 중앙위원회와 국무원은 행정조직과 경제조직을 분리하여 향(乡)·진(镇) 정부를 수립하고 인민공사 제도를 폐지하기로 결정했다. 그리고 대외개방을 시작했다. 1979년 7월 중국공산당 중앙위원회와 국무원은 광동(广东)성과 푸젠(福建)성이 홍콩·마카오와 인접해 있고 화교가 많은 유리한 조건에 따라 두 성의 대외경제 활동에 대해 특수 정책과 우대 조치를 시행하기로 결정했다. 1980년 5월에는 또 광동성의 선쩐(深圳)·주하이(珠海)·산터우(汕头)와 푸젠성의 샤먼(厦门)에 경제특구를 설치하기로 했다. 1984년 1과 2월 덩샤오핑은 선쩐·주하이·샤먼 등 세 경제특구를 시찰하고, 그들의 건설 성과와 방향에 대해 충분히 인정했다. 베이징에 돌아온 후 그는 또 중앙 관련 책임자를 찾아 경제특구를 잘 건설하는 데에 관한 것과 대외개방 도시를 추가하는 데 관하여 논의했다. 1984년 5월 중국공산당 중앙위원회와 국무원은 따롄(大连)·친황다오(秦皇岛)·톈진(天津)·옌타이(烟台) 등 14개 연안항구도시를 개방하기로 결정했다. 1985년 2월에는 또 창장(长江)삼각주·주장(珠江)삼각주·푸젠 남부의 샤먼(厦门)·장쩌우(漳州)·취안쩌우(泉州) 삼각주 지역과 랴오동(辽东)반도, 자오동(胶东)반도를 두 단계로 나누어 개방하기로 했다. 1987년 8월 국무원은 전국인민대표대회에 하이난(海南)성의 설립과 하이난경제특구 설립에 관한 두 가지 안건을 제출했고, 1988년 4월 제7기 전국인민대표대회 제1차 회의에서 정식으로 결의했다. 공유제를 주체로 하고 여러 가지 소유제 형식과 여러 가지 경영방식이 병존하는 구도가 초보적으로 형성되었다. 1979년을 전후하여 전국적으로 1000여 만 명의 지식청년들이 도시로 돌아왔는데 그들에게 일자리를 마련해 주어야 했다. 도시에도 많은 졸업생들이 취업해야 했다. 이들의 취업을 국가에서 전부 도맡아 해결하기 어려운 상황에서 중국공산당 중앙위원회는 여러 가지 방법으로 경제를 활성화시키고, 국가의 통일적인 계획과 지도하에 노동 관련 부서에서 직업을 소개하거나 자발적으로 조직하여 취업하거나 스스로 직업을 찾는 등의 방식을 결합하는 방법으로 이 문제를 해결할 것을 제의하였다. 그 후 집체경제와 개인경제는 비교적 빠른 발전을 가져와 공유제를 주체로 하고 여러 가지 소유제 형식과 여러 가지 경영 방식이 병존하며, 노동에 따른 분배를 주체로 하고 여러 가지 분배방식이 병존하는 구도가 점차 형성되었다. 자영경제와 사영경제를 발전시키는 과정에서 비공유경제의 존재와 발전을 허용하는 중요성에 대한 당의 인식도 심화되었다. 1984년 10월 중국공산당 제12기 중앙위원회 제3차 전체회의에서 통과된 "경제체제 개혁에 관한 중국공산당 중앙위원회의 결정"은 "현재 중국의 자영경제는 사회주의 공유제와 연계되어 있다… 이것은 사회주의경제의 필요하고도 유익한 보충부분이며, 사회주의경제에 속하는 것이다"라고 하였다.

1987년 10월 중국공산당 제13차 전국대표대회의 보고에서는 집체경제와 자영경제의 발전을 계속 권장해야 한다고 제기했을 뿐만 아니라 사영경제의 발전을 계속 권장해야 한다고 제기했으며, 사영경제는 공유제경제의 필요하고도 유익한 보충부분이라고 인정했다.

또한 사회주의 상품경제에 관한 사상을 제기했다. 1981년 6월 중국공산당 제11기 중앙위원회 제6차 전체회의에서 통과된 "건국 이래 당의 약간의 역사문제에 관한 결의"는 반드시 공유제의 토대에서 계획경제를 실시하는 한편 시장 조절의 보조적 역할을 발휘해야 한다고 지적했고, 사회주의적 상품생산과 상품교환을 힘써 발전시켜야 한다고 했다. 1984년 10월 중국공산당 제12기 중앙위원회 제3차 전체회의에서 통과된 "중국공산당 중앙위원회의 경제체제 개혁에 관한 결정"은 "계획경제와 상품경제를 대립시키는 전통적 관념을 타파하고, 사회주의 계획경제는 반드시 자각적으로 가치법칙에 의거하고 가치법칙을 운용하는 공유제 기초 위의 계획적인 상품경제라는 것을 명확히 인식해야 한다."고 한층 더 명확히 제기했다. 1987년 10월 중국공산당 제13차 전국대표대회의 보고서는 계획과 시장의 결합 방식에서 존재하는 '분야별(板塊式) 결합' '삼투식(滲透式) 결합' '교질식(膠質式)' 결합' 등 관점에 대해서도 "계획과 시장의 작용범위는 사회 전체를 커버한다. 새로운 경제의 운용체제는 총체적으로 국가가 시장을 조정하고, 시장이 기업을 인도하는 메커니즘이 되어야 한다"고 명확히 제기했다. 이는 사실상 중국의 경제체제 개혁의 목표는 국가가 조절·통제하는 시장경제를 건립한다는 것임을 제기한 것이다.

이상에서 사회주의 초급단계의 이론을 논술했다. 중국공산당 제11기 중앙위원회 제3차 전체회의 이후, 중국공산당원들은 중국의 국정에 대해 명석한 인식을 가지게 되었다. 1981년의 "건국 이래 당의 약간의 역사문제에 관한 결의"와 1982년 중국공산당 제12차 전국대표대회의 보고서에서는 "사회주의 초급단계" 개념을 제기했다. 1986년 9월 중국공산당 제12기 중앙위원회 제6차 전체회의에서 통과된 "사회주의 정신문명 건설에 대한 중국공산당 중앙위원회의 의견"은 중국이 아직 사회주의 초급단계에 처해 있다는 것을 재차 분명히 하고, 생산관계에서의 일부 특징들을 지적하였다. 이를 바탕으로 중국공산당 제13차 전국대표대회에서는 사회주의 초급단계의 논리를 전면적이고 체계적으로 제시하였으며, 사회주의 초급단계 논단의 의미, 사회

---

1) 교질(膠質, colloid 콜로이드) : 교체(膠体)라고도 하는데, 혼합물의 일종으로 1마이크로미터에서 100마이크로미터 사이의 크기를 갖는 입자들로 구성된 것을 가리킨다.

주의 초급단계의 기본 특징, 그리고 이 역사적 단계에서 견지해야 할 기본노선 등을 밝혔다. 이는 개혁개방을 실행하고 「중국특색의 사회주의」를 건설할 수 있는 이론적 근거를 마련한 것이었다.

이로써 「중국특색의 사회주의」이론을 건설하는 윤곽을 이루게 되었던 것이다. 1979년 3월 덩샤오핑은 중국의 현대화 건설은 반드시 중국의 국정에서 출발해야 한다고 강조했다. 1982년 그는 또 중국공산당 제12차 전국대표대회 개회사에서 "마르크스주의의 보편적 진리를 중국의 구체적인 실제와 결부시켜 자신의 길을 걸어가면서「중국특색의 사회주의」를 건설해야 하는데, 이것은 오랜 역사적 경험을 통해 얻은 기본적인 결론이다"라고 말했다. 1987년 10월 개혁개방의 경험을 종합한 기초위에서 중국공산당 제13차 전국대표대회는 중국공산당 제11기 중앙위원회 제3차 전체회의 이래 "사회주의란 무엇이며, 사회주의를 어떻게 건설해야 하는가?"에 대한 탐구에서 얻은 이론적 성과를 개괄하여 "「중국특색의 사회주의」를 건설하는 이론"이라고 명명했다.

「중국특색의 사회주의」를 21세기에도 밀고 나아가다

1989년 당과 인민이 중국공산당 제13차 전국대표대회의 조치에 따라 개혁개방과 사회주의 현대화 건설을 전면적으로 추진하고 있을 때, 국내에서 심각한 정치 풍파가 일어났다. 6월 중국공산당 제13기 중앙위원회 제4차 전체회의가 열렸다. 이 회의에서 장쩌민(江澤民)이 중앙위원회 총서기로 선출되었다. 장쩌민 동지를 핵심으로 하는 중국공산당 중앙위원회는 단기간에 국내 정치 정세를 안정시켰다. 1989년 11월 중국공산당 제13기 중앙위원회 제5차 전체회의는 "한층 더 정리 정돈하고 개혁을 심화하는데 관한 중국공산당 중앙위원회의 결정"을 통과시켜 국민경제가 기본적으로 지속적이고 안정적이며 조화롭게 발전하는 길로 나아가게 했다. 이 기간에도 개혁개방은 멈추지 않았는데, 중국공산당 중앙위원회는 상하이(上海) 푸둥(浦东)을 개발하고 개방하는 데에 관한 결정을 내렸다.

대외관계에서 서방 대국의 제재, 소련과 동유럽의 급변 등 거대한 압력에 직면하게 되자 중국공산당 중앙위원회는 덩샤오핑이 제시한 "냉정하게 관찰하고, 진용을 안정시키며, 침착하게 대응한다. 능력을 감추고 때를 기다리며, 세태에 융합하지 않고 우직함을 지킨다. 절대 선두에 나서지 않으며, 정당하게만 성과를 낸다(冷静观察, 稳住阵脚, 沉着应付, 韬光养晦, 善于守拙, 决不当头, 有所作为)"는 방침을 실행했다. 주변국과의 선린우호관계를 중점적으로 발전시키고, 제3세계 나라들과의 우호협력을 한층 더 발전시켰다. 소련의 각 공화국과 동유럽의 기타 나라들에 대해서는 정상적인 국가관계를 수립하고 발전시켰다. 모순을 이용하고, 많이 설득하는 방법으로 비교적 짧은 시간 내에 서방 대국들의 제재를 잇달아 타파하고 정상적인 교류를 회복했다.

그러나 당과 국가발전의 중요한 고비에서 일부 사람들이 개혁개방에 대해 "사회주의노선인가? 자본주의 노선인가?"하는 의문을 제기해, 당의 기본노선을 흔들리게 했다. 이런 인식은 개혁의 심화와 대외개방의 확대를 심각하게 방해했다. 1992년 초 덩샤오핑은 남방을 시찰하고 북경으로 돌아와 중요한 담화를 발표해 장기간 사람들을 곤혹스럽게 하고 사상을 속박하던 많은 중대한 인식문제에 대해 정곡을 찌르는 해답을 내놓았다. 덩샤오핑은 "당의 기본노선은 100년 동안 변함없이 견지해야 한다."고 강조했다. 그는 개혁개방은 좀 더 대담하게, 좀 더 과감하게 시험해 보아야 하며, "판단의 기준은 '사회주의사회의 생산력 발전에 유리한지?' '사회주의 국가의 종합 국력 증강에 유리한지?' '인민 생활수준의 향상에 유리한지?'를 봐야 한다"고 말했다. 그는 또 "'계획경제가 우수한 점이 더 많은가?' 아니면 '시장경제가 더 많은가?' 하는 것은 사회주의와 자본주의의 본질적인 차이가 아니다. 사회주의의 본질은 생산력을 자유롭게 하고 발전시키며, 착취를 소멸시키고 양극분화를 제거해 최종적으로 다 같이 부유해지는 것이다"라고 했다. 그는 "중국은 '우'적인 것을 경계해야 하지만, 주로는 '좌'적인 것을 방지해야 한다, 사회주의가 자본주의와 비교해 우위를 차지하려면, 반드시 인류사회가 창조한 모든 문명의 성과를 대담하게 받아들이고 참조해야 한다. 시기를 움켜쥐고 자기를 발전시키는데 있어서의 관건은 경제를 발전시키는 것이다. 발전이야말로 확고한 도리이다."라고 했던 것이다.

덩샤오핑의 담화는 중국공산당 중앙위원회의 깊은 중시를 받았다. 1992년 2월 28일 중국공산당 중앙위원회는 이 담화를 전 당에다 인쇄하여 배포했다. 3월 상순 중국공산당 중앙정치국은 이 담화를 중국공산당 제14차 전국대표대회를 소집하는 지침으로 하기로 결정했다. 나아가 6월 9일 장쩌민은 중국공산당 중앙당학교에서 발표한 연설에서 "경제체제 개혁을 가속화함에 있어서의 근본 임무는 사회주의 신 경제체제를 조속히 수립하는 것"이라고 명시했다.

1992년 10월에 중국공산당 제14차 전국대표대회가 열렸다. 대회에서는 깊은 의의를 가지고 있는 세 가지 결책을 내렸다. 첫째는 전 당이 덩샤오핑 동지의 「중국특색의 사회주의」 건설이론의 지도적 지위를 확립해야 한다고 했다. 둘째는 "중국 경제체제 개혁의 목표는 사회주의 시장경제체제의 수립"이라고 명시했다. 셋째는 전 당에 기회를 포착하고, 발전을 가속화하며, 경제건설에 집중할 것을 요구했다. 덩샤오핑이 남방을 시찰하면서 발표한 담화와 중국공산당 제14차 전국대표대회를 기점으로 중국 사회주의 개혁개방과 현대화 건설은 새로운 발전 단계에 들어서게 되었던 것이다.

중국공산당 제14차 전국대표대회 이후 경제체제의 개혁은 전례 없이 폭 넓고 깊이 있게 추진되었다. 1993년 11월 중국공산당 제14기 중앙위원회 제3차 전체회의에서 채택한 "사회주의 시장경제체제 수립에 관한 중국공산당 중앙위원회의 결정"은 사회주의 시장경제체제의 기본 틀을 구축했다. 그러나 국유기업의 개혁은 재산권을 명백히 하는 것과 주식제로 개조하는 것이 중요 내용이었고, 또한 자영경제와 사영경제가 중국공산당 제14차 전국대표대회 이후 신속한 발전을 가져왔으므로, "사회주의 노선인가? 아니면 자본주의 노선이가?" 하는 논쟁에 이어 또다시 "공유제인가? 아니면 사유제인가?" 하는 논쟁이 일어났다. 이러한 상황에서 1997년 5월 29일 장쩌민은 중국공산당 중앙당학교에서 중요한 연설을 발표해 덩샤오핑 동지의 「중국특색의 사회주의」 이론의 기치를 높이 들고 흔들리지 않으며, 사회주의 초급단계에 관한 기본이론과 기본노선을 견지하고 흔들리지 않으며, 진정으로 마르크스주의를 견지하는 입장·관점·방법으로 당대중국과 세계의 실제문제를 연구하는 정확한 문풍을 수립해야 하며, 단순히 마르크스주의 서적에서 단편적인 답안만 찾으려는 방법을 포기해야 한다고 강조했다. 그는 또 "생산력의 발전을 크게 추진할 수 있는 공유제의 실현형식을 찾는데 노력해야 하며, 사회주의 생산 법칙을 반영하는 경영방식과 조직형식은 모두 대담하게 이용할 수 있다."고 지적했다. 이 발언은 사람들의 생각을 혼란스럽게 만드는 몇 가지 그릇된 인식들을 바로잡게 되었다.

1997년 9월 중국공산당 제15차 전국대표대회가 개최되었다. 이 대회에서 처음으로 "덩샤오핑 이론"이라는 명칭을 사용하였으며, 이 이론을 당을 이끌어 계속 앞으로 나아갈 수 있는 기치로 삼았다. 대회에서 채택된 당의 규약 수정안은 덩샤오핑 이론을 당의 지도사상으로 확정하였다. 대회는 사회주의 초급단계 이론을 더욱 명백히 논술하고, 사회주의 초급단계에서의 당의 기본 강령을 확정하였다. 대회는 공유제를 주체로 다양한 소유제의 경제가 함께 발전하는 것은 중국 사회주의 초급단계의 기본 경제제도라고 지적했다. 대회는 공유제 실현형식은 다양할 수 있을 뿐만 아니라 응당 다양해야 하며, 비공유제 경제는 중국 사회주의 시장경제의 중요한 구성부분이라고 했다. 대회는 또 법에 따라 나라를 다스리는 기본적인 방략을 확정했으며, 이것은 사회주의 시장경제를 발전시키는 객관적인 수요이고, 사회가 문명해지고 진보하는 중요한 표지이며, 국가의 장기적인 안정을 보장하는 중요한 요소라고 인정했다.

「중국특색의 사회주의」를 전면적으로 추진함과 동시에 장쩌민 동지를 핵심으로 하는 중국공산당 중앙위원회는 집권당의 건설에 대해서도 많은 관심을 기울이고 연구하였다. 2000년 2월 장쩌민은 광동성에서 시찰할 때, 중국공산당은 시종 중국은 선진 생산력으로 발전해야 한다는 요구에 대해 부응한다는 대표가 되어야 하며, 중국 선진 문화의 전진 방향, 중국의 가장 많은 인민의 근본이익을 대표해야 한다고 제기했다. 2001년 7월 중국공산당 창립 80주년 경축대회 연설에서 장쩌민은 또 한 번 전면적인 설명을 하였다. '3개 대표'의 중요사상은 세계발전의 대세와 중국사회의 깊은 변화를 바탕으로, 국제 공산주의운동과 중국공산당의 역사적 경험을 총화한 기초위에서 "무엇이 사회주의이고, 어떻게 사회주의를 건설할 것인가?"에 대해 대답했고, "어떤 당을 건설하고, 어떻게 건설할 것인가?"하는 문제에 대해 창조성적인 대답을 하여 마르크스주의를 풍부히 하고 발전시켰다. 2002년 11월 중국공산당 제16차 전국대표대회는 "3개 대표"의 중요사상을 당의 지도사상으로 확정하고, 샤오캉사회(小康社會)를 전면적으로 건설하는 등 일련의 전략적 조치를 선포하였다.

새로운 역사적 기점에서 「중국특색의 사회주의」를 견지하고 발전시키다

「과학적 발전관」은 후진타오(胡錦濤) 동지를 총서기로 하는 중국공산당 중앙위원회에서 제기한 발전 관련 이론이고, 발전문제에 대한

총체적인 견해이며, 근본적인 관점이다. 이 이론은 21세기에 들어선 후 직면한 새로운 문제에 비추어 제기된 것이다. 2003년에 발생한 사스는 사회사업의 낙후 등의 문제점을 드러내 보였다. 「과학적 발전관」을 제기한 목적은 새로운 발상으로 발전에 관한 문제들을 해결하기 위해서였다. 「과학적 발전관」이 제기된 이후, 특히 중국공산당 제17차 전국대표대회에서 당 규약에 명시되고, 중국공산당 제18차 전국대표대회에서 당의 지도사상으로 확립된 후, 중국 각 방면의 발전에서 중요한 지도적 역할을 하였다.

「과학적 발전관」을 제시한 후 얼마 되지 않아, 후진타오 동지를 총서기로 하는 중국공산당 중앙위원회는 또 사회주의의 조화로운 사회를 구축하는데 관한 전략적 사상을 제기했다. 2006년 10월 중국공산당 제16기 중앙위원회 제6차 전체회의에서 채택한 "사회주의의 조화로운 사회를 구축하는데 관한 중국공산당 중앙위원회의 약간의 중대한 사안에 대한 결정"은 개혁과 발전과정에서 사회주의의 조화로운 사회 구축을 더 중요한 위치에 놓고 조화로운 요소를 극대화하며, 부조화 요소를 최소화하면서 끊임없이 사회의 조화를 추진해야 한다고 지적했다. 「과학적 발전관」으로 경제와 사회발전의 전반 국면을 통솔하는 것을 견지하고, 민주와 법치, 공평과 정의, 성실과 우애, 활력 있고, 안정적이며, 질서 있고, 인간과 자연이 조화롭게 공존해야 한다는 총체적 요구에 따라, 대중이 가장 관심을 두고, 대중의 가장 직접적이고도 현실적인 이익문제를 중점으로 해결하며, 사회사업을 발전시키는데 진력하며, 사회의 공평과 정의를 추진하고, 조화로운 문화를 건설하고, 사회 관리를 완벽 화하며, 사회창조의 활력을 증진하여 공동 부유의 길로 나감으로서 사회건설·경제건설·정치건설·문화건설이 균형적으로 발전하도록 추진했다. 최근 몇 년간 이런 전략사상에 따라 각급 당위원회와 정부가 민생개선을 골자로 한 사회건설을 추진하여 뚜렷한 성과를 거두었다.

농업·농촌·농민 문제를 잘 해결하는 것은 전면적인 샤오캉사회를 건설함에 있어서 반드시 필요한 것이다. 2005년 10월 도시와 농촌의 균형적인 발전을 실현하기 위해 중국공산당 제16기 중앙위원회 제5차 전체회의에서는 사회주의 새 농촌 건설을 제안했다. 그 총체적 요구는 농촌으로 하여금 "생산이 발전하고, 생활이 풍족하며, 향풍(鄕風)이 문명화 되고, 마을 모습이 정결해지며, 관리가 민주적이어야 한다"는 것이다. 이 요구에 따라 당과 정부는 "많이 주고, 적게 취하며, 활성화 시킨다."는 방침에 따라, 농업 생산에서 농민의 세금부담을 면제하고, 농민에게 필요한 생산성 보조금을 주며, 농촌의 교육·위생 등 사업에 대한 경비투입을 증가하며, 농촌 인프라건설을 강화하고, 도시 진출 농민의 합법적 권리와 이익을 보장하는 등의 조치를 취해 농업의 발전과 농민수입의 증가, 농촌면모의 변화를 추진하기로 했다. 후진타오 동지를 총서기로 하는 중국공산당 중앙위원회는 오늘날의 세계 과학기술발전 추세와 중국의 과학기술발전 현황을 인식하고, 창의력을 높이고 혁신적인 국가를 건립하자는 전략적 사상을 제기했다. 국가 혁신체계를 신속히 구축해, 기술 혁신체계, 지식 혁신체계, 국방과학기술 혁신체계, 지역 혁신체계, 과학기술 중개 서비스체계의 조화와 통일을 실현해야 한다고 지적했다. 이에 따라 국가는 과학기술과 교육에 대한 투자를 늘리고, 인재 양성과 관리 서비스를 강화하며, 지식재산권 보호를 강화해 혁신적인 국가를 만들겠다는 생각을 다각도로 구현하고 정착시켰다.

21세기에 들어선 후 중국의 급속한 발전은 국제사회의 폭넓은 관심을 끌었으며, '중국 위협론'과 같은 불협화음이 생겼다. 국제사회의 의구심을 불식시키고, 중국의 장기적인 평화발전에 유리한 국제환경을 조성하기 위해, 후진타오 동지를 총서기로 하는 중국공산당 중앙위원회는 시종일관 평화발전의 길을 간다는 중대한 전략사상을 제시했다. 경제 세계화가 급속히 진행되는 시대적 여건에서, 중국이 기존의 국제질서에 도전하거나 패권을 다투는 방식으로 전략목표를 추구하지 않을 것임을 전 세계에 정중히 알렸다. 오늘날 평화와 발전의 시대적 특성도 중국이 평화적 발전의 길을 갈 수밖에 없음을 결정했다. 이를 위해 항구적이고 평화로우며 함께 번영하는 조화로운 세계를 만드는데 주력하는 것은 중국의 확고한 전략으로 선택되었다. 중국공산당과 중국정부의 주장은 점점 더 많은 국제사회 구성원들의 이해와 찬성을 받았다.

「중국특색의 사회주의」 사업은 완전히 새로운 사업이다. 당이 시대의 앞에 서서 인민을 인솔하여 사업의 새로운 국면을 끊임없이 개척하려면 반드시 개혁과 혁신정신으로 자체 건설을 강화하여 시종 「중국특색의 사회주의」 사업의 튼튼한 지도 핵심이 되어야 한다. 후진타오 동지를 총서기로 하는 중국공산당 중앙위원회는 이에 부응해 당의 집권력 강화와 선진성·순수성 건설이라는 전략사상을 제기했다. 2005년 1월 후진타오는 새로운 시기 공산당원의 선진성 유지를 위한 특별 보고회의 연설에서 처음으로 당의 선진성 건설이라는 명제를 언급하면서 당의 선진성 강화를 위한 일련의 문제들에 대해 논술했다. 중국공산당 제16기 중앙위원회 제4차 전체회의에서는 전문적으로 "당의 집권 능력건설을 강화하는데 관한 중국공산당 중앙위원회의 결정"을 내리고 과학적 집권·민주적 집권·법에 따른 집권의 요구를 제기했다. 2012년 1월 후진타오는 또 중국공산당 제17기 중앙규율검사위원회 제7차 전체회의에서 당의 순결성을 강화하는데 관한 사상을 제기했다.

「중국특색의 사회주의」가 새로운 시대에 진입하다

중국공산당 제18차 전국대표대회 이래, 시진핑(习近平) 동지를 핵심으로 하는 중국공산당 중앙위원회는 개혁과 발전의 안정, 내정과 외교, 국방, 당과 국가, 군대와 관련하여 많은 새로운 사상과 새로운 전략을 제시하고, 당과 국가의 발전에 관한 중대한 사안들을 해결하여 「중국특색의 사회주의」가 새로운 시대에 들어서도록 추진했다.

그리하여 샤오캉사회를 전면적으로 실현했다. 시진핑 주석은 샤오캉사회는 중국 13억여 명의 샤오캉사회로 결코 어느 한 빈곤 지역이나 어느 한 빈곤한 민중도 빠뜨려서는 안 된다고 말했다. 그는 2020년까지 중국 현행기준으로 농촌의 빈곤 인구가 빈곤에서 벗어나고, 빈곤한 현(县)이 전부 빈곤의 '모자'를 벗으며, 지역 전체의 빈곤문제를 해결할 것을 요구했다. 그는 여기서 말하는 '전면적'이란 경제·정치·문화·사회·생태 등 모든 측면을 포괄적으로 담고 있는 것으로, 경제문제만이 아니라고 했다. 그는 시종 경제건설을 중심으로 하는 것은 샤오캉사회를 전면적으로 실현하는 기초이고 전제이며, 사회주의 민주정치건설을 안정적으로 추진하여 인민이 갈수록 더 많은 민주적 권리를 향유할 수 있도록 해야 한다고 말했다. 또한 사회주의 정신문명건설을 잘 움켜쥐어 "인민은 신앙이 있고, 민족은 희망이 있으며, 국가는 힘이 있게 해야 한다"고 했다. 사회정책은 기초를 잘 닦아야 하고, 민생문제를 잘 해결해야 한다고 했다. 생태문명건설을 중시하여 "청산녹수가 바로 금산·은산(绿水青山就是金山银山)"이 되게 해야 한다고 했다. 그는 경제발전의 새로운 양상(뉴노멀)이 나타난 원인과 특징을 분석하고, 질 좋고, 효과적이며, 지속 가능한 성장을 실현시킬 것을 요구했다. 또한 경제발전의 질과 효익(效益)의 제고를 중심으로 하는 것을 견지하고, 경제발전 방식의 전환과 구조조정을 더욱 중요한 위치에 놓을 것을 요구했다. 경제발전 과정에 존재하는 문제에 대해서는, 공급측면의 구조개혁을 강화하는데 진력해, 공급체계의 질과 효율을 제고시키고, 나아가 승격이라는 수요를 만족시키고, 잠재적 수요를 발굴하며, 새로운 수요를 창출하는데 주력해야 한다고 주문했다. '국민경제와 사회발전의 제13차 5개년계획'을 제정할 때 그는 또 혁신·조화·녹색·개방·공유라는 발전이념을 제시했다.

　나아가 개혁을 전면적으로 심화시켰다. 시진핑 주석은 개혁을 아주 강조하였다. 그는 개혁은 문제가 생겼기 때문에 시작된 것이고, 또한 그 문제를 끊임없이 해결하는 과정에서 심화된 것이라고 말했다. 그는 개혁을 전면적으로 심화시키려면, 반드시 정확한 방법론을 견지해야 한다고 말했다. 담력은 커야 하고, 걸음은 안정적이어야 하며, 상부의 설계와 전체적인 계획을 강화해야 하며, 돌다리도 두드려 보고 건너야 하며, 실천과정에서 끊임없이 모색해야 한다고 말했다. 그는 개혁은 인민을 위한 것이고, 또한 반드시 인민에 의거해야 한다고 말했다. 그리고 개혁이 인민의 지지를 받으려면 반드시 공평과 정의를 구현해야 하며, 인민이 더 많은 획득감을 가질 수 있도록 해야 한다고 말했다. 그는 "개혁을 전면적으로 심화시키려면 반드시 사회의 공평과 정의를 추진하고 인민의 복지를 증진시키는 것을 출발점과 입각점으로 삼아야 한다."고 강조했다. 그는 또 "사회의 공평과 정의를 추진하고 인민의 복지를 증진시키는 것을 거울로 삼아 우리의 각 방면의 체제와 메커니즘과 정책규정을 관찰하고, 사회공평과 정의를 추진하는데 부합되지 않는 것이 있으면 그것을 개혁해야 한다. 또한 어느 분야·어느 부분에 문제가 두드러지게 나타나면 어느 분야·어느 부분을 개혁의 중점으로 삼아야 한다."고 강조했다.

또한 전면적적으로 법에 따라 나라를 다스렸다. 시진핑 주석은 지난 몇 년 동안 사법 불공정성에 대해 대중의 의견이 비교적 집중되었는데, 이와 같은 사법 공신력의 부족은 사법체제와 메커니즘의 불합리성과 크게 관련이 있다고 보았다. 이에 따라 중국공산당 제18기 중앙위원회 제3차 전체회의는 사법개혁을 중점사업의 하나로 내세웠으며, 일련의 새로운 조치들을 내놓았다. 중국공산당 제18기 중앙위원회 제3차 전체회의는 「중국특색의 사회주의」 법치체계를 건설하고, 사회주의 법치국가를 건설한다는 총체적 목표를 내놓고, 완벽화된 법률·규범의 체계, 능률적인 법치의 실시체계, 엄밀한 법치의 감독체계, 강력한 법치의 보장체계를 구축할 것을 요구했다. 또한 당내 법률·규범을 완벽하게 갖추고, 법에 따라 나라를 다스리고, 법에 따라 집권하며, 법에 따라 행정적으로 공동 추진하는 것을 견지하며, 법치국가·법치정부·법치사회의 일체화 된 건설을 견지하고, 과학적인 입법·엄정한 법의 집행·공정한 사법·전 국민의 법률준수를 실현해야 한다고 요구했다. 중국공산당 제18기 중앙위원회 제4차 전체회의는 법에 따라 나라를 다스리는 일련의 조치들을 추진하기로 확정했다. 여기에는 헌법의 실시와 감독 제도를 건전케 하는 것, 입법체제를 완벽하게 하는 것, 법에 따른 결책 메커니즘을 건전하게 하는 것, 행정 법 집행체제의 개혁을 심화시키는 것, 행정 권력에 대한 제약과 감독을 강화하는 것, 법에 따라 독립적이고 공정하게 재판권과 검찰권을 행사하는 제도를 완벽하게 하고 확보하는 것, 사법직권의 배치를 최적화하는 것, 재판을 중심으로 하는 소송제도의 개혁을 추진하는 것, 인권의 사법보장을 강화시키는 것, 사법 활동에 대한 감독을 강화시키는 것 등이 포함된다. 시진핑 주석은 또 일부 새로운 이념을 제시했다. 이를테면, 법에 따라 권력을 설정하고 규범화하며, 권력을 제약하고 감독하여 대중이 모든 사법사건에서 공평과 정의를 느낄 수 있도록 하며, 안정수호와 권익수호의 관계를 잘 처리하여, 대중의 합리적이고 합법적인 이익에 대한 요구를 잘 해결하자는 것이었다.

마지막으로 당을 전면적으로 엄하게 다스리자는 것이었다. 시진핑 주석은 쇠를 벼리려면 자신부터 단단해야 한다고 거듭 강조했다. 당은 당을 관리하려면 조금도 해이해서는 안 되며, 엄하게 당을 다스리는 것을 한시도 늦추어서는 안 된다고 강조했다. 그는 이상과 신념을 확고히 하고, 공산주의자의 정신적 추구를 굳게 지키는 것을 당을 전면적으로 엄하게 다스리는 우선적인 임무로, 공산주의자가 몸과 마음을 의탁하는 근본으로 간주하였다. 그는 당원과 지도간부들에게 마르크스주의 신앙을 확고히 하고, 공산주의의 원대한 이상을 견지하며, 「중국특색의 사회주의」에 대한 신념을 확고히 하고, 일심전력으로 인민을 위하는 근본적 취지를 견지할 것을 요구했다. 그는 "신념이 확고하고, 인민을 위하며, 근면하고 실무적이며, 과감히 책임지고, 청렴해야 한다."는 다섯 가지 좋은 간부 기준을 제시했다. 간부 선발과정에 존재하는 문제에 비추어 그는 과학적이고 효과적인 간부 선발 임용 메커니즘을 구축하고, 단순히 득표수에만 따라 간부를 선발 임용하는 방법을 단호히 제지해야 한다고 강조했다. 그는 "돌을 밟으면 자국이 나고, 쇠를 쥐면 흔적이 나는(踏石留印, 抓铁有痕)" 기세로 당풍을 움켜쥐어 대중이 실제적인 효과와 변화를 끊임없이 볼 수 있도록 해야 한다고 강조했다. 부패척결에 관하여 그는 '호랑이'와 '파리'를 함께 잡는 것을 견지하며, 당의 기율과 국가의 법률 앞에서는 예외 없이 그 누구와 관련이 되던 모두 끝까지 조사하며, 절대 관용을 베풀지 말아야 한다고 강조했다. 그는 또 권력을 제도의 울타리 안에 가둬서 감히 부패하지 못하도록 하는 징계 메커니즘, 부패하지 못하도록 방비하는 메커니즘, 쉽게 부패하지 않도록 보장하는 시스템을 구축해야 한다고 지적했다. 그는 또 사상적으로 당을 건설하는 것과 제도적으로 당을 다스리는 것을 상호 결합시켜 제도적으로 권력을 관리하고, 사무를 관리하며, 간부를 관리하는 것을 견지해야 한다고 지적했다.

중국공산당 제19차 전국대표대회 보고는 지난 5년간의 사업과 역사적 변혁을 종합하고, 10개 측면으로 개혁개방과 사회주의 현대화 건설의 역사적 성과를 개괄했다. 중국공산당 제19차 전국대표대회 보고에서는 "장기적인 노력을 거쳐, 「중국특색의 사회주의」가 새로운 시대에 진입했는데, 이는 중국발전의 새로운 역사적 위치에 올려놓은 것이다"라고 했다. 또한 "「중국특색의 사회주의」는 새로운 시대에 들어섰고, 중국사회의 주요 모순은 이미 인민의 날로 증가하고 있는 아름다운 생활에 대한 수요와 불균형적이고 불충분한 발전 사이의 모순으로 전환되었다"고 했다. 이는 매우 중요한 정치적 판단이다. 과거 중국사회의 주요 모순에 대한 판단을 전환시킨 것은 중국의 사회생산력에 거대한 발전을 가져오게 하여 많은 제품의 생산능력이 이미 세계의 앞자리를 차지하고, 국내생산 총액이 세계 제2위를 차지하며, 생활용품이 부족하던 상황이 이미 근본적인 변화를 가져왔음을 인식했기 때문이었다. 인민은 물질문화생활에 대해 더 높은 요구를 제기했을 뿐만 아니라, 민주·법치·공평·정의·안전·환경 등에 대해서도 더 높은 요구를 제기했다. 그러나 중국에는 아직도 발전이 불균형하고, 불충분한 문제가 존재하므로 인민의 아름다운 생활에 대한 날

로 늘어나는 수요를 만족시키기가 어렵다. 때문에 반드시 발전의 질
과 효익을 크게 제고시켜, 경제·정치·문화·사회·생태 등에서 날로
늘어나는 인민의 수요를 더욱 잘 만족시키고, 인간의 전면적인 발전
과 사회의 전면적인 진보를 더욱 잘 추진토록 해야 한다.

　중국공산당 제19차 전국대표대회 보고는 시진핑 주석의 새로운 시
대 「중국특색의 사회주의」사상을 정식으로 개괄한 것으로, 이 사상
은 새로운 시대에 "어떠한「중국특색의 사회주의」를 견지하고 발전시
킬 것인가?" "「중국특색의 사회주의」를 어떻게 견지하고 발전시킬 것
인가?" 등 중대한 시대적 과제들에 대해 체계적으로 대답한 것이다.
여기에는 새로운 시대 「중국특색의 사회주의」를 견지하고 발전시키는
총체적 목표, 총체적 임무, 총체적 구도, 전략적 배치와 발전방향, 발
전방식, 발전 동력, 전략적 절차, 외부조건, 정치적 보장 등 기본문제
들에 대한 것들이 포함되어 있다. 그 내용에는 경제, 정치, 법치, 과
학기술, 문화, 교육, 민생, 민족, 종교, 사회, 생태문명, 국가안전, 국
방과 군대, "일국양제와 조국통일, 통일전선, 외교, 당 건설 등이 포
괄된다. 중국공산당 제19차 전국대표대회 보고는 시진핑 주석의 새로
운 시대 「중국특색의 사회주의」 사상의 풍부한 내용을 '8개의 명확함
(八个明确)'과 '14개의 견지(十四个坚持)'로 요약했다. '8개의 명확함'은 사
상·이론적 차원의 것이며, '14개의 견지'는 행동강령으로, "새로운 시
대 「중국특색의 사회주의」를 견지하고 발전시키는 기본 방략"으로 불
린다. 중국공산당 제19차 전국대표대회는 또 새로운 발전전략을 내세
웠다. 중국공산당 제19차 전국대표대회로부터 제20차 전국대표대회

까지의 시기는 "두 개 100년 분투목표"의 역사적 교차기이다. 우리는 샤오캉사회를 전면적으로 건설하여 첫 번째 백년의 분투목표를 실현해야 할 뿐만 아니라, 그 기세를 타고 사회주의 현대화 국가를 전면적으로 건설하는 새로운 길을 열어, 두 번째 백년의 분투목표를 향해 진군해야 한다. 중국공산당 제19차 전국대표대회 보고는 2020년부터 현세기 중엽에 이르기까지 2개 단계로 나누어 배치할 수 있다고 제기했다. 제1 단계는 2020년부터 2035년까지 샤오캉사회를 전면적으로 실현한 기초위에서 15년을 더 분투하여 사회주의 현대화를 기본적으로 실현한다는 것이다. 제2단계는 2035년부터 금세기 중엽까지 현대화를 기본적으로 실현한 기초위에서 15년을 더 분투하여 중국을 부강하고 민주적이며, 문명화 하고 조화로우며, 아름다운 사회주의 현대화 강국으로 건설한다는 것이다.

중국공산당 제19차 전국대표대회는 또 사회주의 경제건설, 정치건설, 문화건설, 사회건설, 생태문명건설에 대해서도 강구했다. 대회는 새로운 발전이념을 실행하고, 현대화된 경제체계를 구축하며, 인민이 주인으로서 권리를 행사하는 제도체계를 건전히 하며, 사회주의 민주정치를 발전시켜야 한다고 강조했다. 또한 문화에 대한 자신감을 확고히 하여 사회주의 문화의 번영을 추진해야 한다고 강조했다. 민생의 보장수준을 높이고 개선하며, 사회 관리를 강화하고 혁신시켜야 한다고 강조했다. 생태문명체제 개혁에 속도를 내어 아름다운 중국을 건설해야 한다고도 했다. 중국공산당 제19차 전국대표대회는 또 새로운 시대 당 건설에 대한 총체적 요구를 제기하기도 했다.

확고부동하게 「중국특색의 사회주의」 길로 나아가다

「중국특색의 사회주의」 길의 정확성은 이미 중국이 발전을 실천했다는 것에 의해 충분히 증명되었다. 서방 선진국과 개발도상국의 발전경험과 교훈도 서로 다른 측면으로 중국의 길의 성공을 반증했다.

「중국특색의 사회주의」 길은 사회발전 법칙을 구현하고 중국의 국정에 부합되며, 인민의 염원과 요구를 반영하였다. 중국 공산주의자들이 걸어 온 국가 현대화 실현의 성공적인 길은 사회주의 건설과 인류사회발전의 실천을 풍부히 하였고 세계 사회주의와 많은 개발도상국들에 중요한 참고자료를 제공했다. 그 참고자료는 다음과 같다.

첫째는 중국공산당의 영도했다는 점이다.

이는 「중국특색의 사회주의」의 가장 본질적인 특징이며, 또한 「중국특색의 사회주의」길의 성공을 위한 근본적인 보장이기도 하다. 중국은 중국공산당이 이끄는 다당협력과 정치협상제도를 실시하고 있다. 중국공산당은 집권당이고, 기타 당파는 참정당(參政黨)이다. 각 정당은 국가의 발전과 인민의 복지를 위해 공동 협상한다. 중국공산당은 전반적인 국면을 총괄하면서 각 당을 조율한다. 즉 중대한 결정은 각급 당위원회에서 집단적으로 내린 후 다시 인민대표대회·정부·정치협상 등 각 부분에서 실시한다. 이러한 정당제도와 지도체제는 정치적 무질서와 내부 소모를 효과적으로 피하고, 정치적 안정성과 정책의 연속성, 그리고 결책의 효율성과 집행의 강력성 등 아주 분명한 이점을 가지고 있다. 중국이 여러 개의 5개년 발전계획을 제정하고 집행하며, 일련의 중대한 개혁결책을 내리고 실시하며, 전국적인 역량을 모아 큰일을 할 수 있었던 것은 모두 중국특색의 이 정당제도에서 비롯된 것이다.

둘째는 기본적으로 국정에 입각했다는 점이다.

중국의 가장 큰 국정은 장기간 사회주의 초급단계에 처해 있다. 이는 「중국특색의 사회주의」의 전제이고 기초이다. 중국 공산주의자들은 마르크스가 구상한 사회주의는 발달된 자본주의의 토대 위에 세워진 것이기 때문에 순수하고도 순수하다는 것을 깨달았다. 중국의 사회주의는 반식민지·반봉건의 토대 위에 건립된 것으로, 그러한 사회주의를 실시할 수는 없다. 사회주의 초급단계에서 사회생산력을 발전시키는 것은 당과 인민의 주된 임무이며, 이를 위해서는 사회주의 시장경제체제를 구축하며, 비공유경제의 발전을 허용하고, 노동에 따른 분배와 생산요소에 따른 분배의 병존을 허용하며, 농업의 가정단위 경영을 허용하며, 또한 자본주의 나라들에서 생산력을 발전시킨 선진 경험을 배우고 참조해야 한다. 중국 공산주의자들이 「중국특색의 사회주의」길을 개척할 수 있었던 것은 중국의 국정을 정확히 파악한 것과 떼어놓을 수 없다.

셋째는 경제건설을 중심으로 했다는 점이다.

개혁개방 이래 중국 공산주의자들은 역사의 경험과 교훈을 총화하여, 시종 경제건설을 중심으로 하였으며, 경제를 발전시킴으로서 인민의 날로 늘어나는 물질문화에 대한 수요를 충족시키며, 점차 공동으로 부유해지는 길로 나가게 되었다. 이것은 사회주의 본질을 파악하고 집권당의 사명을 분명히 이해한 것이다. 이것은 중국인민이 중국공산당을 옹호하고 지지하는 중요한 원인이다. 일부 사회주의국가의 집권당이 인민의 버림을 받은 것은 경제건설이나 인민생활이 장기간 발전하지 못한 것과 관련이 크다.

넷째는 네 가지 기본원칙을 견지하였다는 점이다.

중국 공산주의자들은 사회주의 길을 견지하고, 인민민주독재를 견지하며, 중국공산당의 영도를 견지하며, 마르크스·레닌주의와 마오쩌둥사상을 국가 존립(立國)의 근본으로 삼았다. 「중국특색의 사회주의」는 마르크스주의의 과학적 사회주의의 기본 원칙을 견지했다. 여기에는 마르크스주의 세계관과 방법론, 공동으로 부유해지는 것, 모든 사람이 평등하며 모든 사람이 자유롭게 전면적으로 발전해야 한다는 가치관, 항상 대다수 인민의 이익을 도모하는 근본적인 정치적 입장, 중국공산당의 영도와 인민이 주인이 되어야 하는 사회주의 근본 정치제도와 기본 정치제도의 견지, 공유제의 주체적 지위의 견지와 노동에 따른 분배원칙의 견지, 이데올로기 분야에서 마르크스주의의 지도적 위치의 견지 등이 포함된다. 이것은 전당·전군·전국 여러 민족이 굳게 뭉쳐 전진하는 공동의 정치적 기초이며, 사회주의 현대화 건설을 하는 기본전제이고 근본적 담보이다.

다섯째는 개혁개방을 견지하였다는 점이다.

중국 공산주의자들은 체제개혁을 견지하고, 사회생산력을 끊임없이 확대시키고 발전시켰다. 농촌의 가정단위 별 '생산량 연동 도급책임제'를 보급하여 중국인의 먹고 사는 문제를 해결했다. 사회주의 시장경제체제의 수립은 경제발전에 활력과 원동력을 가져다주었다. 사회주의 초급단계의 기본 경제제도의 확립은 비 공유경제 성분의 빠른 발전을 가능하게 했으며, 경제발전·정부의 세수·노동자의 취업 등에서 큰 역할을 했다. 대외개방은 외국의 자금·기술·선진 설비·선진적인 관리이념을 가져왔고, 인류문명의 공동성과를 가져왔으며, 외국의 자원과 에너지를 가져왔으며, 거대한 국제시장 점유율을 가져왔다. 중국은 자발적으로 글로벌 경쟁에 참여해 노동력이 저렴하고, 시장이 넓다는 점에서 비교 우위를 발휘했고, 후발(后发)국이라는 우위를 발휘해 고속철, 원전 등 분야에서 세계적으로 우위를 점했다.

여섯째는 경제건설·정치건설·문화건설·사회건설·생태문명건설이라는 '5위1체'의 총체적 목표와 부강하고 민주적이며, 문명화 하고 조화로우며, 아름다운 사회주의 현대화 강국을 건설하는 분투 목표가 있었다는 점이다.

이는 중국 공산주의자들이 공산당의 집권법칙, 사회주의 건설법칙과 인류사회발전법칙에 대한 인식이 심화되었음을 반영하며, 「중국특색의 사회주의」가 추구하는 발전은 전면적인 발전이고 인민의 다방면의 수요를 충족시키는 것임을 설명한다.

중국 공산주의자들은 과학적 사회주의의 기본원칙을 견지하였을 뿐만 아니라, 더욱 중요한 것은 과학적 사회주의를 발전시켰다. 여기에는 마르크스주의의 과학적 사회주의 기본 원리와 중국이 구체적으로 실정한 성공적인 결합이 포함되었을 뿐만 아니라, 이러한 기초위에서의 중국공산당의 위대한 창조, 그리고 시대적 특징을 포착해 자본주의 국가가 창조한 인류문명의 성과를 폭 넓게 흡수한 것 등도 있다. 시진핑 주석은 2013년 6월 25일 중국공산당 중앙 정치국 제7차 집단학습을 주재할 때, 혁명·건설·개혁에 있어서 가장 근본적 것은 어느 길로 가느냐 하는 것이라고 지적했다. 30여 년이래 중국이 인류 역사상 미증유의 발전성과를 이룩할 수 있었던 근본 원인은 정확한 길을 개척한데 있었다. 「중국특색의 사회주의」라는 이 길은 쉽게 온 것이 아니다. 이 길은 개혁개방 30여 년의 실천 속에서 온 것이고, 중화인민공화국 창건 60여 년간의 지속적인 탐색을 통해서 온 것이며, 근대 이래 170여 년의 중화민족 발전 역정에 대한 심각한 총화에서 온 것이고, 중화민족의 5000여 년의 유구한 문명을 전승하면서 온 것으로, 깊은 역사적 연원과 현실적 기반을 가지고 있다. 현재 가장 관건적인 것은 확고부동하게 이 길로 나아가고, 시대와 더불어 이 길을 확장하며, 「중국특색의 사회주의」 길이 갈수록 더 넓어지도록 밀고 나아가는 것이다.

2

시종 경제건설을 중심으로 하다

시종 경제건설을
중심으로 하다

개혁개방 이래 중국은 시종일관 발전만이 확고한 도리라는 것을 견지하고, 경제건설을 중심으로 하는 것을 견지하였으며, 사회주의 시장경제체제를 구축하고 건전히 하였으며, 경제발전을 추진하여 눈부신 성과를 거두었다. 국내총생산(GDP)의 경우, 1978년의 3,679억 위안으로부터 2017년에는 82조7,000억 위안으로 껑충 뛰어올랐다. 중국의 경제 총생산량은 2010년부터 줄곧 세계 2위를 유지하고 있다. 1인당 가처분 소득의 경우, 2017년 전국 주민 1인당 가처분 소득은 2만 5,974위안으로 세계적으로도 중고등 소득 수준에 속한다. 2012년 이래로 중국 경제는 세계 경제발전에 대한 공헌이 갈수록 커지고 있으며, 어떤 해에는 공헌도가 이미 30%를 넘어섰다. 키신저 전 미국 국무장관은 중국이 이룬 성취는 상상하기 어렵고 상상을 초월한다고 말했다.

업무 중점의 변화를 실현하다

'문화대혁명'이 끝난 후, 과거 계급투쟁만 중점으로 하다 보니 경제·사회발전이 더디고 국민은 보편적으로 빈곤에 시달리고 있었다. 이에 비추어 복귀 후의 덩샤오핑은 우선 업무 중점을 이전시키는 데에 대한 의견을 제기했다. 1978년 9월 덩샤오핑은 중국 동북지역을 시찰하며 동북 각지 간부들에게 사상을 해방하고[2] 생산에 신경 쓸 것을 강력히 호소했다. 그는 "중국 백성의 삶은 너무 힘들다, 사실대로 말하면 우리는 백성에게 미안하다"고 말했다. 그는 전 당과 국가의 업무 중점을 경제건설로 옮길 것을 제기했다. 이 제의는 중앙정치국 기타 상무위원들의 인정을 받았다. 그리하여 중국공산당 제11기 중앙위원회 제3차 전체회의 전에 열리는 중앙업무회의에서 중국공산당 중앙위원회는 업무 중점 이전문제를 중심 의제로 삼았다. 회의에 참석한 200여 명의 고위급 간부들은 이 문제와 관련해 고도의 일치를 보았다. 그리하여 중국공산당 제11기 중앙위원회 제3차 전체회의에서의 결단이 있게 된 것이다.

1978년 12월 중국공산당 제11기 중앙위원회 제3차 전체회의는 "계급투쟁을 중점으로 한다."는 슬로건을 과감히 중지하고, 당과 국가의 업무 중심의 전략적 이전을 실현했다. 이는 정치노선에서의 혼란을 바로잡았다. 중국공산당 제11기 중앙위원회 제3차 전체회의 이후, 덩샤오핑 동지를 핵심으로 하는 중앙 지도부는 경제건설과 개혁개방에 역량을 집중하는 중요성을 거듭 강조했다. 1979년 9월 중국공산당 제11기 중앙위원회 제4차 전체회의에서 통과된 예젠잉(叶劍英)이 전 당을 대표해 한 중화인민공화국 건국 30주년 기념 경축대회 연설에서는 "지금 우리의 임무는 전국의 여러 민족 인민을 단합해, 모든 긍정

---

2) 사상해방(思想解放) : 사람들을 낡은 사상의 구속에서 벗어나게 하고, 자주적인 사상 의식을 가지게 하는 것.

적인 요소를 동원하고, 한마음 한뜻이 되어, 열의를 가지고 앞장서서 많이·빨리·좋게·절약하면서 현대화된 사회주의 강국을 건설하는 것이다"라고 했다. 이는 새로운 시대 당의 노선에 대한 중요한 진술이자, 경제건설이라는 이 중심에 대한 강조이기도 했다.

덩샤오핑은 1980년대 초 중국공산당 중앙위원회에서 소집한 간부회의에서 "현대화 건설의 임무는 다방면에 걸쳐 있으며, 여러 면에서 종합적으로 균형을 잡아야 하지, 어느 한 가지만 움켜쥐어서는 안 된다. 하지만 총체적으로 말하면 경제건설을 중심으로 해야 하는데, 경제건설이라는 이 중심을 떠나면 물질적 기반을 상실할 수가 있다. 기타 모든 과업은 이 중심에 복종해야 하고, 이 중심을 둘러싸고 진행되어야 하며, 이 중심 과업을 방해하거나 이 중심 과업에 충격을 주어서는 절대로 안 된다."고 강조했다. 사회주의 초급단계에서의 당의 기본노선을 모색하고 작성하는 과정에서도 경제건설을 중심으로 할 것을 일층 강조했다. 1982년 중국공산당 제12차 전국대표대회 보고에서는 "새로운 역사 시기, 중국공산당의 총체적 임무는 전국의 여러 민족 인민을 단결시켜 자력갱생(自力更生)하고 고군분투해 점차 공업·농업과 국방과학기술의 현대화를 실현해, 중국을 고도로 문명화시키고 민주적인 사회주의 국가를 건설하는 것이다"라고 명확하게 제기했다. 1986년에 소집된 중국공산당 제12기 중앙위원회 제6차 전체회의는 또 "중국 사회주의 건설의 총체적 포석은 경제건설을 중심으로 하며, 확고부동하게 경제체제 개혁, 정치체제개혁을 단행하며, 확고부동하게 정신문명건설을 강화하는 것이다. 또한 이 여러 가지가 상호협력하고 추진하도록 해야 한다"고 제기했다. 1987년 1월 중국공산당 중앙위원회에서 발부한 "현재 자산계급의 자유화를 반대함에 있어서 약간의 문제에 관한 통지"는 중국공산당 제11기 중앙위원회 제3차 전체회의 이래의 당의 노선의 두 가지 기본 점을 명확히 개괄했다. 그중 하나는 4가지 기본원칙을 견지하는 것이고, 다른 하나는 개혁·개방을 견지하고 경제를 활성화시키는 방침을 견지하는 것이다. 이는 처음으로 "두 개의 기본 점"에 대해 요약한 것이다. 1987년 7월 덩샤오핑은 외빈접견 시 "사회주의 현대화를 건설하는 것은 기본노선이다. 현대화 건설을 통해 중국이 번영·발전하게 할 것이다. 그러려면 반드시 개혁개방정책을 실행해야 하며, 반드시 네 가지 기본원칙을 견지해야 한다. 이는 중국공산당의 영도를 견지하고, 사회주의 길을 견지하며, 자산계급 자유화를 반대하고, 자본주의 길로 나아가는 것을 반대해야 한다는 것이다. 이 두 개의 기본점은 상호 의존한다."고 말했다. 이러한 것들은 모두 사회주의 초급단계 기본노선의 최종 형성과 완전한 진술을 위해 준비했던 것이다.

1987년에 열린 중국공산당 제13차 전국대표대회는 사회주의 초급단계 이론에 따라, 사회주의 초급단계에서의 당의 기본노선을 명확하게 개괄하고 전면적으로 논술했다. 중국공산당 제13차 전국대표대회의 보고에서는 사회주의 초급단계에서 중국공산당이 「중국특색의 사회주의」를 건설하는 기본노선에 대해 명확히 제시했다. 즉 전국의 여러 민족 인민을 영도하고 단합시켜 경제건설을 중심으로 하며, 네 가지 기본원칙을 견지하고, 개혁개방을 견지하며, 자력갱생하고 분투하며 창업하여 중국을 부강하고 민주적이며, 문명된 사회주의 현대화 국가로 건설하기 위해 분투하는 것이다. 이 기본노선의 핵심내용을 "하나의 중심, 두 개의 기본 점"이라고 약칭한다. 즉 경제건설을 중심으로 하며, 네 가지 기본원칙을 견지하고 개혁개방을 견지하는 것이 그것이다.

 "하나의 중심과 두 개 기본 점"은 변증법적으로 통일을 이루고 서로 지지하는 것으로서 사회주의의 본질적 요구와 근본적 보장을 구성한다. 경제건설을 중심으로 사회생산력을 크게 발전시키는 것은 사회주의의 근본임무이자, 사회주의제도의 우월성을 발휘하기 위한 근본적인 요구사항이다. 사회주의가 한 단계로부터 다른 한 단계로, 나아가 공산주의에 이르기까지 모두 생산력의 발전을 떠날 수 없다. 중국공산당이 인민을 영도하여 혁명을 한 주요 목적은 바로 반동계급의 통치를 뒤엎은 기초위에서 생산력을 해방[3]하기 위하는데 있다. 착취계급이 소멸되고, 노동인민이 나라의 주인으로 되었으며, 국가가 사회주의 건설의 시기에 들어선 상황에서 생산력을 발전시키는 것은 더구나 직접적인 중심 임무가 되어야 한다. 그래야만 사회주의의 우월성을 충분히 발휘하고, 사회주의의 흡인력을 끊임없이 증가시킬 수 있다. 그뿐만이 아니라 중국의 사회주의제도는 발전한 자본주의사회의 기초위에서 건립된 것이 아니라 반식민지·반봉건사회에서 탈태한

---

3) 생산력 해방 : 소득의 평등한 분배이고, 이러한 평등한 분배에서 형성되는 수요구조에 생산력이 대응하는 것이다. 즉 평등한 소득과 평등 수요구조에 대응하여 작동하는 시장에 의해 생산력이 발전되는 것.

것이기 때문에 저변이 얇고 기반이 열악하다. 신 중국 창립 이래 생산력 발전에서 큰 성과를 거두기는 했지만 선진국에 비하면 여전히 매우 낙후하다. 그러므로 "초급단계에서는 가난과 낙후에서 벗어나기 위해 특히 생산력 발전을 전체 업무의 중심으로 삼아야 한다." "생산력의 발전에 유리한가? 유리하지 않은가?" 하는 것은 "우리가 모든 문제를 고려하는 출발점과 모든 업무를 검증하는 근본기준이 되어야 한다." 사회주의 초급단계에서 중국공산당의 기본노선은 흥국(興国, 국가진흥), 입국(立国, 국가존립), 강국(强国)의 중대한 법보이고, 당과 국가의 생명선이며 인민의 행복선이다. 이 기본노선의 형성은 사실상 「중국특색의 사회주의」를 건설하는 총 강령을 확정한 것이다. 이 기본노선을 전면적으로 실행하는 것은 새로운 시기의 각종 업무에서 성과를 거둘 수 있는 근본적인 담보이다.

그 후 중국공산당 중앙위원회는 줄곧 경제건설을 중심으로 할 것을 강조하였으며, 대규모적인 전쟁이 일어나지 않는 한 다른 일 때문에 이에 충격을 주어서는 안 된다고 했다. 전쟁이 일어난다 하더라도 전쟁이 끝나면 다시 경제건설로 돌아와야 한다고 했다. 1980년대 말과 1990년대 초에 "계획경제냐? 시장경제냐?" 하는 논쟁을 두고 일부 사람들이 제기한 두 개 중심, 즉 계급투쟁과 경제건설을 두고 덩샤오핑은 중국공산당 제11기 중앙위원회 제3차 전체회의 이래의 노선과 방침정책은 변화시킬 수 없으며, 중국공산당 제13차 전국대표대회 보고도 한 글자도 고쳐서는 안 된다고 했다. 그는 기본노선은 100년 동안 변함없이 견지해야 한다고 강조했다. 이는 사실상 역사의 전

철을 밟지 말라고 일깨워 준 것이며, 역사상 이와 유사한 오류가 발생한 적이 있었으므로 다시는 이런 오류를 범하지 말라고 일깨워 준 것이다. 그 후 중국공산당 지도자들은 홍수가 발생하든, 금융위기가 발생하든, 중대한 전염병이 발생하든, 특대 지진과 같은 자연재해가 발생하든 모두 경제건설을 중심으로 해야 하고, 이 하나의 중심밖에 없다고 강조했으며, 오직 발전만이 확고한 도리이며, 발전만이 집권의 최우선 과제라고 강조했다. 2011년 중국공산당 창건 90주년 경축대회에서 후진타오(胡锦涛) 주석은 "우리는 경제건설이라는 이 중심을 확고하게 움켜쥐고 과학적 발전의 길을 걸어가야 한다. 경제건설을 중심으로 하는 것은 국가를 진흥시키는 데 있어서의 관건이며, 우리 당과 국가가 융성발전하고 장기적인 안정을 유지하는데 있어서의 근본적인 요구이다. 경제의 양호하고 빠른 발전을 추진해야만 국가의 발전과 번영에 강력한 물질적 토대를 구축할 수 있고, 전국 여러 민족 인민이 행복한 생활을 할 수 있도록 강력한 물질적 토대를 구축할 수 있으며, 중화민족의 위대한 부흥에 강력한 물질적 토대를 구축할 수 있다"고 강조했다.

중국공산당 제18차 전국대표대회 이래 시진핑(习近平) 주석은 경제건설이라는 이 관건을 단단히 움켜쥐고 끊임없이 중국 경제·사회의 전면적인 발전을 추진했다. 그는 중국공산당 창건 95주년 경축대회에서 한 연설에서 "당의 기본노선은 국가의 생명선이고, 인민의 행복선이다. 우리는 경제건설을 국가 진흥(兴国)의 관건으로 삼고 4가지 기본원칙을 국가 존립(立国)의 근본으로, 개혁개방을 강국(强国)의 길로 삼는 것을 견지해야 하며, 추호도 흔들림 없어야 한다."고 말했다. 바로 지난 40년간 중국이 경제건설이라는 이 중심을 확고히 견지하고 확고한 정치적 신념을 보여주었기에 경제발전에서 거대한 성과를 이룩할 수 있었던 것이다.

개혁을 통해 경제발전을 추진하다

경제와 사회의 발전을 실현하려면 반드시 개혁을 통해 기존 체제와 메커니즘의 속박을 타파하고 생산력을 해방시키고 발전시켜야 한다. 1980년대 농촌개혁이 우선적으로 돌파를 가져왔고, 도시개혁도 뒤따라 관건적인 발걸음을 내디디어 중국의 발전에 강대한 동력을 주입시켰다. 중국 개혁개방의 천둥은 안훼이(安徽)성 펑양(凤阳)현 샤오강(小岗)촌에서 먼저 울렸다. 2016년 4월 25일 시진핑 주석은 안훼이성 추저우(滁州)시 펑양현 샤오강촌을 시찰하면서 "당시 사람들이 가계와 목숨을 걸고 했던 일이 중국 개혁의 천둥이 되었고, 중국 개혁의 상징이 되었습니다"라고 감개무량해 하면서 말했다. 시진핑 주석이 이렇게 말한 것은 화이허(淮河)강 기슭에 자리 잡은 평범한 마을인 샤오강촌의 과거사로 거슬러 올라가야 한다. 샤오강촌은 1978년 이전에는 20가구에 115명밖에 살지 않았는데, 현지에서 "식량은 국가에서 방출하는데 의존하고, 생활비는 구제금에 의존하며, 생산은 대출에 의존"하는 '세 가지 의존' 마을로 유명했다. 당시 마을의 농민들은 기본적으로 초가집에서 살았으며, 추수 후면 집집마다 아들딸들을 데리고 외지로 구걸을 하러 나갔다. 거기에다 1978년에는 샤오강촌에 큰 가뭄이 들었다. 마을사람들이 배불리 먹을 수 있도록 하기 위해 이 해 11월 24일 당시 샤오강촌의 생산대(生产队) 대장 직을 맡고 있던 옌쥔창(严俊昌)과 부대장 옌훙창(严宏昌), 회계 옌리쉐(严立学)는 18가구의 가장들을 옌 씨네 낡은 초가집으로 불러 모았다. 이들은 남포등을 둘러싸고 앉아 밭을 나누어 부치는 문제에 대해 비밀리에 토론했다. 이들 18명의 농민들은 비장한 의미가 담긴 새빨간 손도장을 찍었다. 이 "생사계약서"의 내용은 사실 아주 간단했다. "우리는 토지를 가구마다 분여하고, 집집마다 가장이 서명 날인한다. 이렇게 해야만 일을 잘 할 수 있다. 가구마다 국가에 바치는 매년의 공량(贡糧) 임무를 완성할 것이며, 더는 국가에 돈과 양식을 달라고 손을 내밀지 않을 것이다. 성공하지 못해 간부들이 감옥에 가고 모가지가 떨어진다 해도 달갑게 생각할 것이다. 만약 성공하지 못한다면 사원들이 간부들의 아이들을 18살까지 먹여 살릴 것을 담보한다." 당시, 팽팽한 긴장감 때문에 역사적 의미를 지닌 이 "생사계약서"는 삐뚤삐뚤하게 쓰여 졌을 뿐만 아니라 오자(误字)까지 있었다.

굶주림에 시달리다 못해 맺어진 이 "생사계약서"가 뜻밖에도 중국 농촌개혁의 첫 선언이 될 줄은 이 18명의 농민들도 예상치 못한 일이었다. 1979년 9월 중국공산당 제11기 중앙위원회 제4차 전체회의는 "농업 발전을 가속화하는데 관한 약간의 문제에 대한 중국공산당 중앙위원회의 결정"을 채택했다. 이로부터 농촌체제개혁의 대문이 열리기 시작했다. 얼마 지나지 않아 전국적으로 중국 농촌개혁의 서막이 열렸으며 샤오강촌은 중국 농촌개혁의 제1촌이 되었다. 1980년 5월 덩샤오핑은 가정단위 도급생산에 대해 명확히 인정했고, 가정단위 생산량 연동도급책임제를 주요내용으로 하는 농촌개혁을 강력하게 추진했다. 1980년 9월 중국공산당 중앙위원회는 "농업생산 책임제의 강화와 보완에 관한 몇 가지 문제"라는 문건을 발부해, 생산대 주도로 시행되는 가정단위도급제는 사회주의 궤도에서 벗어나지 않는다고 분명하게 인정했다. 1982년부터 1984년까지 중국공산당 중앙위원회는 연속 3년 간 '1호 문건'의 형식으로 가정단위생산량 도급제와 가정단위 생산도급제에 대해 충분히 인정함과 아울러 정책적으로 적극 인도해, 생산량도급제와 생산도급제가 전국범위에서 신속히 보급되도록 했다. 1983년 중국공산당 중앙위원회와 국무원은 행정조직과 경제조직을 분리하여 향(乡)·진(镇) 정부를 설립하고, 인민공사제도를 폐지하기로 결정했다. 실천이 증명하다 시피 도급제의 실시는 중국의 농민들에게 충분한 경영자주권을 주었으며, 농민들의 의욕을 크게 불러일으켜, 농촌생산력을 해방시키고 발전시켰다.

도시의 경제체제개혁은 농촌개혁보다 훨씬 더 복잡했다. 1979년 4월 중국공산당 중앙 업무회의는 중국 경제체제개혁의 방향과 절차에 대해 원칙을 규정했다. 회의는 최근 몇 년간에는 국민경제가 조절중심으로 초점을 맞출 것이므로 도시개혁은 국지적으로 실시하고, 조사연구를 착실히 하며, 개혁시범을 잘 해야 한다고 했다. 또한 개혁은 기업의 자주권 확대에 치중하고, 기업의 활력을 증강시키며, 엄격한 경제 채산제도를 실행하며, 노동에 따라 분배하는 원칙을 진지하게 집행하며, 기업이 경영을 잘 하는가 못하는가를 종업원의 물질적

이익과 연계시킨다고 했다. 중앙정부와 지방정부의 관리권한을 분담하고, 중앙정부의 통일적인 지도하에서 경제 관리에 대한 지방정부의 열의를 동원한다고 했다. 행정기구를 간소화하고, 경제적 수단을 더 잘 적용해 경제를 관리해야 한다고도 했다. 국민경제 전반에서는 계획경제를 위주로 하면서 시장조정의 역할을 충분히 중시해야 한다고 했다. 이번 회의내용에 따라, 기업의 자주권 확대를 주요내용으로 하는 도시경제 체제개혁이 점차 전개되기 시작했다.

1979년 5월 국가경제위원회 등 6개 부문에서는 수도강철회사·톈진자전거공장·상하이디젤기관공장 등 8개 기업을 선택해 기업자주권 개혁시범을 진행했다. 같은 해 7월 국무원은 "국영·공업기업의 경영관리 자주권을 확대시키는데 관한 약간의 규정", "국영기업 이윤의 일부를 남겨두는 정책을 실시하는데 관한 규정", "국영 공업기업의 고정자산세 신설에 관한 잠정 규정", "국영 공업기업의 고정자산 감가상각율 제고와 감가상각비의 사용방법 개선에 관한 잠정 규정", "국영 공업기업의 유동자금을 전액 신용대부해 주는 데에 관한 잠정 규정" 등 5개 문건을 발부해, 지방정부와 부문에서 일부기업을 선정해 시험적으로 실시할 것을 요구했다. 1979년 말에는 전국에서 시범기업을 4,200개로 확대했고, 1980년 6월에는 6,600개로 발전시켜 전국 예산 내 기업의 약 16%를 차지했으며, 생산액과 이익은 각각 60%와 70% 가량을 차지했다. 기업의 자주권 확대개혁은 전통적인 계획경제체제에 돌파구를 열어, 기업으로 하여금 부분적 자주 계획권·제품 판매권·자금 사용권 및 부분적인 간부 임면권 등을 가지게 했다.

개혁 결과 기업들이 국가의 지령적 계획에 따라 생산만 하고, 시장의 수요를 이해하지 않게 되었으며, 제품의 판로에 관심을 갖지 않으며, 이윤과 결손을 관심하지 않던 상태를 초보적으로 변화시켰으며, 기업의 경영의식과 시장의식을 강화했다. 수도강철회사의 퇴직 직원인 천성즈(陳生志)는 1981년 수도강철회사는 "이윤도급제" 즉 그해 2억 7,000만 위안의 이윤을 상납하는 것을 보증하는 선에서 초과 부분의 이윤을 수도강철회사에서 일정한 비율로 자주적으로 분배해 사용할 수 있었다고 회억했다. 그 해 수도강철회사의 이윤은 3억 1,649만 위안에 달했다. 1979년 6월 25일, 『인민일보』에는 50자도 안 되는 광고가 실렸다. 쓰촨(四川)성에 위치한 닝장(宁江)선반공장은 광고를 통해 "우리 이곳에서 선반을 판매한다"는 소식을 전 사회에 알렸다. 이 공장의 적체된 선반은 신속히 인기제품이 되었다. 이 때문에 연관성 없던 생산자와 판매자 모두가 만족해했다.

이 시기 소유제 구조의 국부적 개혁도 시작되었다. 이전에는 '좌'적 사상의 영향으로 편파적으로 "규모가 크고 공유화 정도가 높은 것"만을 추구하여 소유제 형식이 갈수록 단일화 됐다. 이런 상황은 경제건설·노동고용·인민생활에 많은 어려움을 가져다주었다. 특히 천만 명에 달하는 지식청년들이 계속 도시로 돌아오면서 국영기업과 집체기업에 이들을 모두 안치할 수가 없어 고용문제가 큰 사회적 문제로 대두했다. 1979년부터 중국공산당 중앙위원회와 국무원은 과단성 있게 도시와 진(镇)의 집체경제와 자영경제의 발전을 지지하는 방침을 채택해 여러 가지 형식의 경제형식이 병존할 수 있도록 했다.

1980년 8월 전국노동취업업무회의가 열린 후 "나아가 도시와 진의 노동취업 업무를 잘 해야 한다"는 회의 문건을 발부해, 도시와 진의 노동취업 문제는 노동관련 부서에서 직업을 소개하거나, 자발적으로 조직하여 취업하거나 스스로 직업을 찾는 등의 방식을 결합해 해결할 것을 제의하였다.

베이징(北京)의 사발차(大碗茶)를 파는 청년찻집이 바로 이런 배경에서 생긴 것이다.

1979년 5월 베이징 따짜란(大栅栏) 가도사무처(동사무소) 공급판매 팀 인성시(尹盛喜) 팀장은 20여 명의 귀성 지식청년과 미취업 청년들의 취업문제를 해결하라는 임무를 받았다. 이 임무 때문에 인성시는 걱정이 이만저만이 아니었다. 가도사무소에 이렇게 많은 사람을 받아들일 수 없었기 때문이었다. 그는 오랫동안 첸먼(前门) 가도사무소에서 일했으므로 이 지역의 지형에 매우 익숙했다. 급하면 지혜가 떠오른다는 말이 있듯이, 인성시는 첸먼(前门) 전루(箭楼) 앞에 관광객이 아주 많으나 휴식하면서 한담할 수 있는 찻집이 부족하다는 것을 떠올렸다. 그는 사발차를 팔면 어떨까 하는 생각을 했다. 그는 20여 명의 귀성 지식청년들과 미취업 청년들을 동원해 밤새동안 천막을 치고 "청년찻집"이라 이름을 붙였으며 한 그릇에 2편(分, 전)씩 하는 사발차를 팔았다. 찻집은 개업 당일에 60여 위안을 벌었는데 이는 당시로서는 적지 않은 수입이었다. 그럼에도 불구하고 개혁개방이 막 시작된 그 시절에는 자영업을 하는 것이 여전히 불명예스러운 일로 여겨졌다. 1979년 말 6개월여의 노력과 신청을 거쳐 인성시는 마침내 "명함 세 개를 모아놓은 것 만한 크기의 영업허가증"을 따낼 수 있었다. 그것마저도 임시 허가증이었는데, 경영 범위는 찻물을 파는 데만 국한되었다. 그리하여 인성시는 사발차 장사에 전념할 수 있게 되었다. 이는 국영경제밖에 없었던 당시 상황에서는 아주 중대한 진전이라 할 수 있었다. 그 후부터 집체경제와 자영경제가 신속히 발전하여 점차 공유제를 주체로 하는 다양한 소유제의 경제형식과 다양한 경영방식이 병존하면서 노동에 따른 분배를 주체로 하고 다양한 분배방식이 병존하는 구도가 형성되게 되었다. 비공유제 경제에 대한 중국공산당의 인식도 심화되었다.

개혁개방의 생생한 실천 속에서 중국공산당은 사회주의 건설을 어떻게 해야 할 것인가에 대해 깊이 인식하게 되었다. 1982년 9월 1일 중국공산당 제12차 전국대표대회가 베이징에서 성대하게 개막되었다. 덩샤오핑은 개막사에서 "「중국특색의 사회주의」를 건설하자"라는 중대한 명제를 분명히 제시했다. 그 후 1984년 10월에 개최된 중국공산당 제12기 중앙위원회회 제3차 전체회의에서는 "경제체제개혁에 관한 중국공산당의 결정(이하 '결정'으로 약칭)"을 통과시키고, 신 중국이 창건된 후 특히 중국공산당 제11기 중앙위원회 제3차 전체회의 이래의 경제체제개혁의 경험을 종합하였으며, 경제체제개혁의 일련의 중대한 이론과 실천문제를 초보적으로 제기하고 논술했다. '결정'은 계획경제를 상품경제와 대립시키는 전통 관념을 타파하고 사회주의경제를 "공유제 기반의 계획적인 상품경제"'라고 제시하는데 중대한 이론적 기여를 했다. 또한 소유와 국가기관의 직접적인 운영을 혼동하는 전통 관념을 깨고 "소유권과 경영권은 적절히 분리할 수 있다", 자영경제는 사회주의경제의 필요하고도 유익한 보충부분이라고 제시했다. 이는 중국공산당이 "계획과 시장의 관계"에 대해 새롭게 인식한 것이었다. '결정'은 또 기업의 활력 증강, 사회주의 상품경제 발전, 경제 지렛대 역할 중시, 정부와 기업의 직책 분리, 경제 기술교류 확대 등 일련의 중대한 문제에 대해 조치했다. 그 후로부터 도시 중심의 경제 체제개혁이 본격화됐다.

개혁의 추진은 1984년부터 1988년 5년 사이에 중국의 경제는 급속한 발전단계를 거쳐 국가의 경제실력과 종합국력이 새로운 단계로 올라섰다. 5년 간 국내총생산(GDP)은 연평균 12.1% 성장했고, 공업총생산액은 6조여 위안에 달했다. 도시주민 1인당 가처분 소득은 1983년의 564.6위안에서 1988년의 1,180.2위안으로 늘어났고, 농촌주민 1인당 순수입은 1983년의 309.8위안으로부터 1988년의 544.9위안으로 늘어났다. 주민의 소비 수준은 1983년의 1인당 315위안에서 1988년의 684위안으로 늘어났다. 도시와 농촌의 저축성 예금은 1983년의 892억 9,000만 위안으로부터 1988년의 3,819억 1,000만 위안으로 늘어났다. 그러나 이 시기의 경제발전은 문제가 없는 것이 아니었다. 게다가 1980년대 말에서 1990년대 초 동유럽의 격변·소련의 붕괴·세계 사회주의 진영의 극심한 곡절은 중국에 일정한 영향을 미쳤다. 사회주의의 앞날에 대해 확신이 결여된 사람도 있었고, 개혁개방에 대해 의심을 품는 사람도 있었으며, "이것이 사회주의냐? 아니면 자본주의냐?" 하는 의문을 제기하는 사람도 있었다. 그리하여 당의 기본노선이 흔들림 없이 계속 견지해 나갈 수 있을지, 기회를 포착하고 발전을 가속화하여 개혁개방과 현대화 건설을 계속 앞으로 밀고 나갈 수 있을지 하는 것은 1990년대 중국의 발전과 진보에 영향을 주는 중대한 문제가 되었다. 이런 역사적 관건시기에 1992년 1월 18일부터 2월 21일까지 88세의 덩샤오핑은 우창(武昌)·선전(深圳)·주하이(珠海)·상하이(上海) 등지를 시찰하고 중요한 담화를 발표해, 계획경제가 꼭 사회주의인 것은 아니고, 시장경제가 꼭 자본주의인 것은 아니며, 계획과 시장은 수단으로써 모두 사용할 수 있다고 명확히 제기했다. 덩샤오핑이 발표한 남방담화는 중국공산당 제11기 중앙위원회 제3차 전체회의 이래의 실천, 탐구와 기본경험을 과학적으로 총체화하여 장기간 사람들의 사상을 당혹스럽게 하고 속박하던 많은 중대한 문제들을 이론적으로 깊이 있게 해답한 것이며, 개혁개방과 현대화 건설을 새로운 단계로 끌어올린 또 하나의 사상해방과 실사구시의 선언문이었다.

사회주의 시장경제체제를 수립하고 보완하다

1992년 10월 베이징에서 중국공산당 제14차 전국대표대회가 열렸다. 대회는 덩샤오핑의 남방 담화정신을 전면적으로 관철시키고, 경제건설에 집중할 것을 요구하면서 중국 경제체제의 개혁목표는 사회주의 시장경제체제의 구축임을 분명히 했다. 경제체제 개혁이 어떤 목표와 모델을 확정하느냐 하는 것은 전체 사회주의 현대화 건설의 전반적인 문제와 관계되는 중대한 문제이다. 이 문제의 핵심은 계획과 시장의 관계를 정확히 인식하고 처리하는 것이다. 사회주의 제도와 시장경제를 결부시켜, 사회주의 시장경제체제를 수립하고 보완하는 것은 전대미문의 위대한 창조이다.

중국공산당 중앙위원회와 국무원은 사회주의 시장경제체제의 수립에 관한 중국공산당 제14차 전국대표대회의 결정에 따라 일련의 상응하는 체제개혁과 정책조정을 하였다. 1993년 11월 중국공산당 제14기 중앙위원회 제3차 전체회의는 "사회주의 시장경제체제를 수립함에 있어서의 약간의 문제에 관한 결정"을 심의 통과시켰다. 이 결정은 개혁개방의 기본 경험을 총화하고, 시장경제가 발달한 국가들의 유익한 경험을 참고하여, 개혁 실천에서 나타난 많은 문제들에 대해 해답을 주었고, 이론과 정책적으로 새로운 돌파를 가져왔다. 이 결정은 개혁을 계속 심화시키기 위한 강령성 문건이다.

사회주의 시장경제체제를 수립하려면 현대의 기업제도를 만들어야 했다. 당시 막 시장에 내몰린 국유기업들은 갈수록 치열해지는 시장경쟁 속에서 힘에 부치는 모습을 보였다. 합자기업, 향진기업, 사영기업이 빠르게 성장하여 각종 소유제 경제가 효과적인 경쟁을 이루었다. 국유기업도 개혁을 하여 도급경영 책임제를 실시하고, 계약형식으로 국가와 기업 간의 책임·권리·이익관계를 확정해 국가이익을 보장하는 전제 하에서 기업경영자의 적극성을 효과적으로 동원해 국유기업의 발전을 촉진시켰다. 그러나 이 제도는 국유기업의 재산권 관계를 진정으로 건드리지 못했고, 국유기업 소유제 내부의 소유자가 상대적으로 부실한 근본적 폐해를 고치지 못해 현대의 기업제도를 수립하는 것이 시급해졌다. 예컨대 1998년 국유기업 2/3이상이 적자를 냈고, 전국 국유기업이 올린 이익은 213억 7,000만 위안에 불과했다. 국유기업의 개혁은 가장 해결하기 어려운 문제로 여겨지게 되었다. 국유기업 개혁의 어려움을 말한다면, 중국제1자동차그룹의 나이 든 직원들은 감회가 깊다. 자동차 공업의 원로기업으로 지린(吉林)성 창천(长春)시에 자리 잡은 중국제1자동차그룹은 과거 대형 국유기업과 계획경제의 본보기였다. 대공업의 공장규모, 대량생산 방식, 통일된 작업질서는 얼마나 많은 기업들의 부러움을 자아냈는지 모른다. 당시 중국제1자동차그룹에는 병원·중소학교·탁아소·유치원 등이 있었다. "제1자동차그룹에는 화장터가 없는 것 말고는 무엇이나 다 있다"고 당시 사람들은 중국제1자동차그룹을 이렇게 묘사했다. 무거운 보따리를 짊어진 '공화국의 장남'은 휘청거리며 겨우 앞으로 나가고 있었다. 쉬러장(徐乐江) 바오깡그룹(宝钢集团) 회장은 당시 국유기업의 어려움에 대해 "1993년 바오깡의 1인당 철강 생산량은 200t이었지만 국제 수준은 600t이었다. 무거운 인력부담이 노동생산성 향상을 제약하고 있었다."고 말했다. 무거운 사회적 부담, 방대한 유휴인력, 경직된 시스템, 낙후된 생산설비… 국유기업은 자체적으로 양성적인 발전메커니즘이 결여되어 있었을 뿐만 아니라, 효율이 낮아 심지어 시장에서 향진(乡镇)기업과도 경쟁할 수가 없었다.

중국공산당 제14기 중앙위원회 제3차 전체회의에서 통과된 "사회주의 시장경제체제를 수립함에 있어서 약간의 문제에 관한 결정"은 국유기업 개혁의 방향은 현대의 기업제도를 수립하는 것이라고 지적했다. 1994년부터 "재산권이 분명하고, 권리와 책임이 명확하며, 정부와 기업이 분리되고, 과학적으로 관리해야 한다."는 요구에 따라, 현대 기업제도의 시범이 100개 기업에서 추진되었다. 기업 정문 위에 걸린 쟁쟁한 간판들, 예를 들면 "○○공장", "○○본공장"들이 점차 "○○유한책임회사", "○○주식유한회사"로 대체되었다. 기업 지도부에는 '이사'·'이사장'·'회장'·'감사' 등의 신조어가 등장했다. 변화는 명칭뿐이 아니었다. 무엇보다도 중요한 것은 현대적 기업제도의 수립을 통해 국유기업이 진정으로 자주 경영을 하여 스스로 손익을 책임지는 시장 주체가 되게 했을 뿐만 아니라, 공유제와 시장경제가 유기적으로 결합되는 구체적인 길을 모색했다. 2000년에 이르러 국유 대·중형 기간기업의 80% 이상이 초보적으로 현대의 기업제도를 건립했다.

1998년 1월 23일 상하이(上海) 푸동(浦东)의 한 용광로에는 12만 추의 낙후된 면방추를 넣어져 폐기되었다. 이때로부터 방추를 줄이는 등 일련의 곤경 탈출 조치가 실시되었다. 국유기업 개혁 3년간의 난관 돌파 작전이 막을 열었다. 1999년 말 국유기업의 3년 개혁과 곤경 탈출에 대한 전환점이 나타났다. 2000년 국유 및 국유 지주기업의 공업이윤은 2,300억 위안 정도로 1997년보다 1.85배나 증가했다. 14개 업종 중 개별업종을 제외하고는 모두 전 업종에서 이익을 낼 수 있었다. 31개 성(省)·구(区)·시(市) 모두가 계속해서 이윤이 늘어나거나 혹은 전체적으로 결손을 만회할 수 있었다. 중·대형 부실기업 6,599개가 70% 안팎으로 감소됐다… 국유기업 전체가 적자에서 흑자로 전환되어 국유기업의 지속적이고 빠르고 건전한 발전에 양호한 기초를 닦

아놓았다. 그러나 개혁과 경제발전에서 속도를 내는 과정, 일부지방과 부처가 편면적으로 빠른 속도만 추구하고, 다른 한편으로는 낡은 거시적 조절 통제메커니즘이 점차 효력을 상실했지만, 새로운 조정 통제메커니즘이 완전하게 정립되지 않아 일부 새로운 문제들이 나타났다. 이런 상황에서 1993년 6월 중국공산당 중앙위원회와 국무원은 교란을 제거하고 과단성 있게 결책을 내려 거시적 조정과 통제를 강화하는 16가지 조치를 출범시켜 국민경제가 건전하게 운행되도록 인도했다. 3년여의 노력 끝에 거시적 조절과 통제는 눈에 띄게 효과를 보았다. '연착륙("软着陆")'의 실현은 시장경제 조건에서 거시적 조정과 통제를 할 수 있도록 경험을 쌓았을 뿐만 아니라, 국민경제의 지속적이고 빠르고 건전한 발전을 위해 기초를 다져 국내외의 찬사를 받았다. 1997년 하반기에는 동남아 국가들의 금융위기가 아시아 전역과 세계 다른 지역으로 빠르게 확산됐고, 이로 인해 중국의 대외무역 수출입도 감소하는 등 경제건설에서 큰 어려움을 겪었다. 이런 충격에 직면해 1998년 초 중국공산당 중앙위원회는 제때에 "믿음을 확고히 하고, 자신감을 가지며, 사전대비를 잘 하고, 침착하게 대응하며, 일에 매진하고, 이익이 되는 것은 좇고, 해가 되는 것은 피한다"는 가드라인 제시했다. 또한 이해득실을 잘 따진 기초위에서 내수 확대와 적극적인 재정정책과 통화정책을 펴는 등 대응에 나섰다. 일련의 적극적인 대응조치를 취했기 때문에 2000년에 이르러 국민경제는 중요한 전환기를 맞이했고, 경제발전도 안정적으로 회복되기 시작했다. 주변의 많은 나라들이 이 위기로 인해 경기가 침체되고, 통화가 대폭 하락한 와중에서도 중국은 지속적인 경제성장을 유지하고, 인민폐를 평가절하하지 않는다는 약속을 실현했으며, 위기의 직격탄을 맞은 나라들에 일정한 지원을 함으로써 전 세계에 영향을 미친 이 금융폭풍을 완화시키는데 긍정적인 공헌을 하였다.

2002년 11월 중국공산당 제16차 전국대표대회가 베이징에서 열렸다. 이것은 21세기에 들어선 후 처음으로 열린 중국공산당 당대표대회였다. 이때 중국은 사회주의 시장경제체제를 초보적으로 수립하여 사회생산력의 발전을 매우 크게 촉진시키고 있었다. 그러나 경제생활에는 아직 구조적으로 불합리하고, 분배 관계가 합리적이지 못했으며, 농민의 소득성장이 더뎠고, 취업모순이 두드러졌으며, 자원 환경 압력이 커지고, 경제의 총체적 경쟁력이 강하지 못한 점 등의 문제들이 존재하고 있었다. 이러한 문제들은 추가적으로 체제와 메커니즘을 개혁하고 보완하는 것을 통해 해결해야 했다. 중국공산당 제16차 전국대표대회에서 제기한 사회주의 시장경제체제를 완비하겠다는 데에 관한 조치에 따라 2003년 10월에 열린 중국공산당 제16기 중앙위원회 제3차 전체회의는 "사회주의 시장경제체제를 완비하는 데에 관한 약간의 문제에 대해 중국공산당 중앙위원회의 결정"을 통과시켰는데, 이는 21세기에 사회주의 시장경제체제를 보완하기 위한 강령성 문건이었다. 중국공산당 제16기 중앙위원회 제3차 전체회의 이후 경제체제의 개혁은 중점분야와 중요한 부분에서 안정적으로 추진되었다. 기본 경제제도를 보완함에 있어서는 주로 공유제 경제를 공고히 하고 발전시켜 국유경제의 주도적 역할을 발휘하게 했고, 비공유제 경제의 발전을 장려·지지·인도했다. 이를 위해 2003년 3월 국무원은 국유자산 감독관리위원회를 설립해 정부가 과거에 기업을 직접 관리하던 직능을 변화시켜, 기구 설치에서 정부와 기업의 직능 분리, 정부의 공공관리 직능과 국유자산 출자인의 직능 분리를 실현시킴으로서 국유자산의 가치 보전과 증대를 보장하는 책임이 구체화되었다. 그 후 중앙·성·시 3급 국유자산 감독관리 기구가 기본적으로 설립되었고, 국유자산 감독 관리에 관한 법률과 규정이 점차 완비되고, 출자자 재무 감독체계가 기본적으로 형성되었다. 이로써 국유기업 주식제 개혁이 큰 진전을 가져왔다. 개혁 후 국유기업의 수는 다소 줄었지만 실력은 크게 늘었다. 이 기간 동안 비공유제 경제발전 환경도 끊임없이 개선되었다. 2005년 2월 "자영경제·사영경제 등 비공유경제의 발전을 권장·지지·인도하는 데에 관한 국무원의 약간의 의견"이 인쇄 발부되었다. 그 후 관련 부문에서는 또 잇달아 40여 개의 부대 문건을 내놓아 비공유제경제의 발전을 권장하는 일련의 법률·규정·정책이 형성되었다. 이 일련의 정책조치의 추진으로 다양한 소유제의 경제는 모두 새로운 발전을 가져왔다. 2008년에 이르러 규모 이상의 공업에서 국유 및 국유지주 공업기업이 전체 규모 이상의 공업총생산에서 차지하는 비중이 28.3%로 떨어졌고, 집단기업은 2.4%를 차지했으며, 비공유제기업의 비중은 65.6%로 높아졌다.

중국공산당 제16차 전국대표대회 이후 국내외의 복잡한 환경과 일련의 중대한 위험에 직면해 중국공산당 중앙위원회는 전국의 여러 민족 인민들을 단합·인솔하여 한마음 한뜻으로 분발하여 과학적 발전을 견지하고, 정확하고도 강력한 거시적 조정을 실시해 국민경제의 빠른 성장을 실현시켰다. 2003~2011년 국내총생산(GDP)의 연평균 실질 성장은 10.7%였는데, 그 중 6년은 10% 이상 성장했고, 글로벌 금융위기의 충격이 가장 컸던 2009년에도 9.4%나 성장했다. 이 시기 연평균 성장속도는 같은 기간 세계경제의 3.9%라는 연평균 성장속도보다 훨씬 더 높았을 뿐만 아니라, 개혁개방 이래의 9.9%의 연평균 성장 속도보다도 훨씬 더 높았다. 경제 총생산량은 연속해서 새로운 단계를 뛰어넘었다. 2011년 국내총생산은 48억 9,000만 위안으로, 가격 요소를 제하면 2002년보다 1.5배 증가했다. 경제 총생산량의 세계 순위도 안정적으로 상승했다. 2008년 국내총생산(GDP)은 독일을 제치고 세계 제3위를 차지했고, 2010년에는 일본을 제치고 세계 제2위를 차지하며 미국에 버금가는 세계 2위의 경제체가 되었다. 중국의 경제성장이 세계경제에 기여하는 바도 끊임없이 높아졌다. 특히 2008년 하반기 글로벌 금융위기 이후, 세계 주요 경제체의 성장이 눈에 띄게 둔화되고, 심지어 쇠퇴할 때 중국경제는 여전히 상당히 높은 증가속도를 유지한 동시에 가장 먼저 회복되어 세계경제 회복을 이끄는 중요한 엔진이 되었다. 중국경제 총생산량의 세계 점유율은 2002년의 4.4%에서 2011년에는 10% 정도로 상승했고, 세계 경제성장에 대한 기여율은 20%를 넘었다.

경제의 고품질 발전을 추진하다

2012년 11월 중국공산당 제18차 전국대표대회가 베이징에서 열렸고, 시진핑은 중국공산당 중앙위원회 총서기로 선출되었다. 중국공산당 제18차 전국대표대회는「중국특색의 사회주의」가 새로운 시대에 들어섰음을 상징한다. 신시대 중국 경제발전의 기본 특징은 고속 성장단계로부터 고품질 발전단계로 전환했다는 것이다. 더 통속적으로 말하면 고품질 발전이란 바로 "있느냐?"에서 "좋으냐?"로의 전환을 말한다. 고품질의 발전을 추진하는 것은 중국 발전의 전반적인 국면에 대해 중대한 현실적 의의와 심원한 역사적 의의를 가지는 일이었다. 고품질의 발전을 추진하는 것은 경제의 지속적이고 건전한 발전을 유지하기 위한 필연적인 요구이다. 이전에는 조방형(粗放型)[4] 경제발전 방식이 중국에서 큰 역할을 발휘하여 중국의 경제발전에 박차를 가했지만, 이제는 과거의 조방형 발전방식대로 하면 국내여건은 물론 국제여건도 지지하지 않았다. 고품질의 발전을 추진하는 것은 또 중국사회 주요 모순의 변화에 부응하기 위한 불가피한 요구였다. 불균형적이고 불충분한 발전은 발전의 질이 높지 못한 표현이다. 이 주요모순을 해결하려면 반드시 고품질의 발전을 추진해야 했다. 게다가 고품질의 발전을 추진하는 것은 또 경제법칙에 따라 발전해야 하는 필연적인 요구이기도 했다. 1960년대 이래 전 세계 100여 개 중간소득 경제체 중 10여 개만 고소득 경제체가 되었다. 성공을 거둔 국가와 지역은 다수가 고속 성장단계를 거친 후 경제발전을 양적 확장에서 질적 제고로 전환시켰다. 경제의 고품질 발전을 실현하려면 경제발전의 새로운 상태를 파악하고 적응하며 인도할 수 있어야 한다.

---

4) 조방형 : 투입량은 많고, 생산량은 적으며, 소모와 낭비가 심한 방식.

시진핑은 "새로운 상태(뉴노멀)에서 중국 경제발전의 주요특징은 고속성장으로부터 중·고속 성장으로 전환하는 것이다. 발전방식은 규모 속도형으로부터 품질 효율형으로 전환시키는 것이며, 경제구조의 조정은 양적 증가와 확장 위주로부터 기존량 조정과 우량한 양적 증가가 병행하는 것이다. 발전의 동력은 주로 자원과 저 원가 노동력 등 요소의 투입에 의존하던 것으로부터 혁신적인 구동으로 전환한다. 이런 변화들은 중국의 경제형태가 더 고급화되고, 분업이 더 최적화되며, 구조가 더 합리적인 단계로 나아가는데 있어서의 필수적인 과정이다."라고 말했다.

개혁개방초기 중국의 경제총생산량은 세계에서 11위였고, 2005년에는 프랑스를 제치고 제5위를 차지했다. 2006년에는 영국을 제치고 제4위, 2008년에는 독일을 추월해 제3위를 차지했다. 2010년에는 일본을 제치고 제2위를 차지했다. 2010년 중국 제조업의 규모는 미국을 제치고 세계 제1위를 차지했다. 중국인들은 자신의 손으로 동방 대국의 발전 기적을 창조했던 것이다. 경제의 총생산량이 계속 증가하면서 중국은 발전과정에 새로운 상황과 새로운 문제에 부딪치게 되었고, 경제발전은 새로운 상태(뉴노멀)에 직면하게 되었다. 시진핑 주석이 지적했듯이 "경제발전은 변속 절점(节点, 전환점)에 직면했다. 마치 사람이 10~18세 사이에는 키가 부쩍 자라지만, 18세 후부터는 키가 자라는 속도가 느려지는 것과 같다. 경제 발전의 구조조정 전환점에 직면해, 저급산업의 생산력 과잉을 집중적으로 소화해야 하고, 중급·고급산업은 발전을 가속화해야 한다. 과거 무엇을 생산하든 모두 돈을 벌 수 있었고, 생산한 만큼 모두 다 팔 수 있었던 상황은 이제 더 이상 존재하지 않는다. 경제 발전의 동력 전환점을 맞아, 저 원가 자원과 요소의 투입으로 이루어진 구동력이 현저히 약화되어, 경제성장에는 더 많은 구동력 혁신이 요구된다." 새로운 상태에 직면해서는 어떻게 해야 할 것인가? 시진핑이 지적했듯이 "새로운 상태가 좋은 상태인가? 아니면 나쁜 상태인가? 하는 질문은 비과학적이다. 새로운 상태)는 객관적인 것이며, 중국경제가 지금의 단계로 발전한 후 필연적으로 나타나게 되어 있는 내재적 필연성으로 여기에는 좋고 나쁨의 구분이 없다. 우리는 그 정세에 따라 계획하고, 그 정세에 따라 움직이며, 그 정세에 따라 전진해야 한다", "새로운 상태에 무엇이나 다 포함시킬 필요는 없다. 새로운 상태는 주로 경제분야에서 나타나는 것이므로 개념을 남용해 많은 새로운 상태들을 만들어 낼 필요는 없는 것이다. 문화 뉴노멀·관광 뉴노멀·도시 관리 뉴노멀 등 많은 뉴노멀이 나타나고 심지어 나쁜 현상이면 모두 뉴노멀에 귀착시킨다", "새로운 상태(뉴노멀)는 피난처가 아니다. 하기 어렵거나 하기 힘든 일을 모두 새로운 상태에 귀결시키지 말아야 한다, 새로운 상태는 일을 하지 않는 것이 아니고, 발전하지 않는 것이 아니며, 국내총생산(GDP)의 성장을 요구하지 않는 것이 아니다. 오히려 주관적 능동성을 더 잘 발휘하고, 창조적 정신으로 발전을 추진해야 한다."

공급 측의 구조성 개혁을 추진하는 것은 경제발전의 새로운 정상 상태를 적응·파악·인도하는데 있어서의 중대한 혁신이고, 글로벌 금융위기 이후 종합국력을 경쟁하는 새로운 정세에 적응하기 위한 능동적 선택이며, 중국경제의 고품질 발전을 추진함에 있어서 필연적으로 요구되는 것이다. 시진핑은 공급 측 구조개혁을 추진하는 것은 격전이라고 하면서, 굳건한 의지와 진취적이고 과감히 책임지는 정신상태로 착실하고 실효성 있게 일해 이 어려운 전투에서 이겨내야 한다고 했다. 또한 공급 측 구조개혁을 추진하는 것을 현재와 향후 한시기 경제발전과 경제업무의 주선으로 삼고, 발전방식을 전환하고, 혁신동력을 육성해, 경제의 지속적이고 건전한 발전을 위해 새로운 엔진을 구축하고 새로운 버팀목을 구축해야 한다고 했다.

경제발전의 새로운 상태에서 철강업계의 공급 측 구조개혁은 특히 중요했다. 10여 년 동안 철강 생산량의 폭발적인 증가를 거쳐, 전국 철강업계에는 전반적으로 과잉생산 현상이 나타나, 조정과 재구성이 시급해졌다. 특히 중국 제1의 철강생산 성(省)인 허뻬이(河北)의 철강업계가 직면한 문제가 두드러졌다. 과잉 생산력을 해소하는 공방전이 스자좡(石家庄), 장자커우(張家口), 친황따오(秦皇岛), 탕산(唐山), 랑팡(廊坊), 바오띵(保定), 싱타이(邢台), 한단(邯郸) 등 8개 도시에서 동시에 시작됐다. 2015년 말까지 허뻬이성에서는 누계로 제철에서 3,391만 톤, 제강에서 4,106만 톤의 과잉생산 능력을 압축했다. 국민경제와 사회발전의 제13차 5개년 계획 기간 동안 과잉생산능력 해소 임무를 완수하기 위해 2016년 5월 허뻬이성 정부는 해당 시와 부문 및 기업과 과잉생산능력을 해소하는 목표에 대한 책임각서를 체결하여 2017년·2018년과 제13차 5개년 계획기간의 목표 임무를 명확히 했다. 이중 2016년 철과 철강 생산능력을 압축하는 것을 각각 1,726만 톤,

1422만 톤으로 늘렸다. 규정을 어기고 새로 철강 공장을 건설하거나 이미 폐쇄된 철강 생산설비를 가동했을 경우 소재지 당·정 제1책임자를 문책한다고 했다.

철강 생산으로 유명한 탕산시는 "기준으로 제약+차별화된 정책+말석 도태"의 방법을 취해 효과성 낮은 생산력의 퇴출을 정밀 추진하고, 반년 이상 생산을 중단한 철강 기업의 생산 재개에 대해서는 엄격하게 감독·관리했다. 한단(邯鄲) 우안(武安)시는 철강 생산력 거래 정책을 실시해, 생산력 압축 임무를 모든 기업에 분담시켰다. 철과 강철 생산력 매 1만 톤 당100만 위안이라는 기준을 설정하고, "철강 생산력 지표 치환 거래금"을 납부하게 하여, 효익(效益)이 좋은 기업은 '거래금'을 납부하고 생산력을 보류하게 했고, 효익이 떨어지는 기업은 용광로를 철거하고 보조금을 받게 했다. 이로부터 170만 톤의 제철, 277만 톤의 제강 생산력 감축 임무를 완수했다. 랑팡(廊坊)시는 이미 폐쇄된 장비가 있는 기업을 중점적으로 감시했는데, 기업의 전기사용량을 사정하는 방법을 취해 일단 전기사용량이 기준치를 초과하면 즉시 전기사용을 제한하는 조치를 취함으로써 폐쇄된 장비의 재사용을 불가능하도록 했다. 이와 함께 새 산업, 새 경영 방식, 새 모델이 끊임없이 나타났다. 2016년 상반기 전 성의 첨단기술 산업의 증가치는 15.3% 증가해 증가 속도가 전년 동기 대비 3.8% 포인트 빨라졌다. 인터넷·소프트웨어 정보기술 등 신흥 서비스업은 전년 동기 대비 각각 89.2%, 39.8% 씩 증가했다. 인터넷 소비·레저 관광 등 새로운 소비와 새로운 경영방식의 성장속도가 모두 30% 이상을 유지했다.

특히 탕산(唐山)시는 신흥 산업이 발전했다. 허뻬이성 통계국의 통계에 따르면, 2016년 상반기 허뻬이성은 장비 제조업의 증가치가 규모 이상 공업에서 차지하는 비중이 25.3%로 상승했는데 이는 철강업과 거의 동일했다. 이는 철강 산업 우세의 산업구조에 대한 조정이 획기적인 진전을 이룬 것을 상징한다. 현재와 향후 한 시기, 중국의 경제 발전이 직면한 문제는 공급과 수요 양쪽에 모두 있지만, 모순의 주요한 측면은 공급 쪽에 있다. 시진핑은 이에 대해 아주 명석한 인식을 가지고 있다. 그는 "중국의 일부 업종과 산업은 과잉생산이 심각하다. 하지만 대량의 중요한 장비·핵심기술·첨단제품은 여전히 수입에 의존하고 있다. 국내의 방대한 시장은 우리 손에 장악되지 못했다. 또 다른 예를 든다면, 중국의 농업발전 상황은 아주 좋지만, 일부는 공급이 수요의 변화에 잘 적응하지 못했다. 우유는 품질과 신용보장에 대한 소비자들의 요구를 만족시키지 못하고 있다. 대두는 생산량이 매우 많이 부족한 반면, 옥수수의 증산은 수요의 성장을 초과했다. 농산물의 재고량도 지나치게 많다. 그 외에도 대량 구매력을 가진 소비의 수요가 국내에서 효과적인 공급을 받지 못해, 소비자들이 많은 돈을 출국하여 쇼핑과 '해외 직구'에 쓰고 있다. 구매 품목은 이미 보석 장신구, 명품 가방과 시계·명품 의류·화장품 등 사치품으로부터 전기밥솥·비데·분유·젖병 등 일용품으로 확대됐다. 2014년 중국인의 해외여행 지출은 1조 위안을 넘어선 것으로 추산 된다"고 말했다. 이는 수요가 부족한 것이 아니라 사실상 수요가 변했는데 공급되는 제품은 변하지 않았고, 품질과 서비스도 따라가지 못했음을 설명한다. 상황이 바뀌면서 일부 기업들은 어려움을 맞받아 자발적으로 시장변화에 적응하면서 공급 측면의 구조개혁을 추진하는데 성공했다. 시진핑은 이에 대해 잘 알고 있었다. 2016년 초에 한 연설에서 그는 이렇게 말했다.

"지난 몇 년 동안 중국에는 여러 가지 휴대전화가 시장을 다투었다. 모토로라·노키아와 같은 해외 브랜드가 있었는가 하면 국내 제조업체가 만든 휴대전화도 있었다. 경쟁이 치열했고 일부 기업은 도산되기도 했다. 이런 상황에서 중국의 일부 기업들은 생산에서 시작해 자주적 혁신으로 프리미엄시장을 공략했고, 프리미엄 스마트폰 출시로 소비자들의 더 다양한 기능, 더 빠른 속도, 더 선명한 영상, 패셔너블한 외관에 대한 요구를 충족시켜 국내외 시장에서 점유율을 높이고 있다. 세계 휴대전화시장은 경쟁이 매우 치열하다. 한때 이름을 날렸던 모토로라·노키아·에릭슨 휴대폰은 이제 더 이상 인기를 끌지 못하고 있다. 심지어 사라진 브랜드도 있다. 신정이 지난 후 충칭(重庆)에 있는 한 회사를 방문한 적이 있다. 이들이 생산한 박막트랜지스터 액정표시장치는 공급 측 개혁의 성공사례라 할 수 있다. 최근 몇 년 사이 충칭 노트북 등 스마트단말기와 자체 브랜드 자동차 산업도 빠르게 성장해, 세계 최대 전자정보산업 클러스터와 국내 최대 자동차산업 클러스터를 형성했다. 전 세계 노트북은 3대 중 1대 꼴로 총칭에서 제조되고 있다. 이는 시장을 겨냥해 공급 측면의 개혁을 추진하면 산업 최적화와 업그레이드의 길은 얼마든지 뚫릴 수 있다는 것을 말한다."

중국공산당 제18차 전국대표대회 이래, 경제발전의 '새로운 상태(뉴노멀)'에 대해 심각하게 인식한 기초 위에서 공급 측의 구조적인 개혁을 강하게 추진한 결과 뚜렷한 성과를 거두었다. 산업구조로부터 볼 때, 서비스업의 비중이 꾸준히 높아지고 있다. 국가통계국의 데이터에 따르면 2013년 서비스업 비중이 제2산업을 제치고 국민경제 제1의 산업이 되었다. 2016년 이 비중은 51.6%로, 2012년보다 6.3% 포인트 높아져 "반벽강산(半壁江山)"을 이뤘다. 수요 구조로 보면 소비가 경제성장의 주된 추동력이 되었다. 통계에 따르면, 2013~2016년 최종 소비 지출의 경제성장에 대한 연평균 기여율은 55%로, 자본 형성 총액보다 8.5% 포인트 높았다. 도시와 농촌 구조를 보면 신형 도시화가 착실하게 추진되었다. 2016년 말 상주인구 도시화 율은 57.35%로, 2012년 말보다 4.78% 포인트 높아졌고, 연평균은 1.2% 포인트 높아졌다. 공간 구도적으로는 "3대 전략"이 깊숙이 실시되고, "4대 판"이 모두 추진되었으며, 새로운 성장벨트가 점차 형성되었으며 지역발전의 새로운 포인트가 쏟아졌다. 닝지저(宁吉喆) 국가발전개혁위원회 부주임 겸 국가통계국장은 "중국공산당 제18차 전국대표대회 이래, 각 지역, 각 부처는 경제발전의 새로운 상태를 선도하라는 요구에 따라,

산업구조를 대대적으로 최적화하고, 수요구조를 지속적으로 개선하며, 도시화를 적극 추진하여 지역 간 균형 발전을 힘써 추진했다. 경제구조 조정을 가속화하여 형태 전환과 고도화 추세가 양호하며, 경제발전이 중·고급 수준을 향해 매진하고 있다."고 말했다. 이와 함께 중국 경제는 새로운 상태에서 비교적 높은 품질의 발전을 이룩했다. 최근 5년간 중국경제는 중·고속 성장을 유지했다. 국가통계국의 수치에 따르면, 2013년부터 2016년까지 국내총생산(GDP)은 연평균 7.2% 성장해 같은 기간 세계 2.5%, 개발도상 경제체의 평균 4% 성장수준보다 높았다. 고용과 물가도 안정세를 유지했다. 통계에 따르면, 2013년~2016년 도시의 신규 취업은 4년 연속 1300만 명 이상을 유지했으며, 31개 대도시의 도시 실업률은 5% 정도로 안정되었다. 이와 함께 가격 상승세가 온화해 2013~2016년 주민 소비가격이 연평균 2% 올랐다. 국제적 영향력이 뚜렷이 제고되었다. 2016년 중국의 국내총생산(GDP)은 세계 경제 총생산량의 15% 정도를 차지해 2012년보다 3% 이상 증가했고, 세계 제2위를 굳건히 했다. 2013년부터 2016년까지 중국은 세계 경제성장에 대한 평균 기여율이 30% 이상에 달해, 미국·유로존·일본의 기여도를 모두 합친 것보다 높은 세계 1위를 차지했다. 이 같은 수치는 세계정세와 국정의 심각한 변화에 직면해, 중국이 새로운 발전이념을 확고히 수립하고 실시하며, 경제발전의 새로운 상태에 적응하고·파악하며·인도하여· 개척 혁신하여 앞으로 나아간다면, 경제사회 발전에서 찬란한 성과를 취득할 수 있음을 말한다.

3

사회주의 민주정치를 발전시키다

모델을 따르고자 한다는 말은 들은 적이 없다. 중국과 같은 개발도
상국들은 이런 문제에서 종종 '당신들은 남의 모델을 따라야 한다'는
훈계를 듣는데 이는 잘못된 것이다. 이것 역시 상당히 긴 시간 동안
외부에서 중국의 정치체제 개혁 및 중국의 전반적인 개혁과정에 대
해 제대로 이해하지 못하는 원인이기도 하다. 결론적으로 중국은 이
미 자신의 올바른 길을 찾았고, 또 성공을 거두고 있다. 그러니 이 개
혁을 견지하지 않을 이유가 없다."

정치체제의 개혁을 추진하다

　개혁개방 40년 이래 「중국특색의 사회주의」 정치의 발전과정은 주
로 「중국특색의 사회주의」제도의 끊임없는 자기완성과 자신감 확립
의 과정이었다. 「중국특색의 사회주의」제도는 바로 인민대표대회제도
의 근본적인 정치제도이며, 중국공산당이 이끄는 다당 협력과 정치협
상제도, 민족구역에서의 자치제도, 그리고 기층대중의 자치제도이고,
「중국특색의 사회주의」 법률체계와 공유제를 주체로 하고 여러 가지
다양한 소유제 경제가 함께 발전하는 기본 경제제도 및 이러한 제도
의 기초 위에서 건립된 경제체제· 정치체제·문화체제·사회체제 등
의 구체적인 제도이다. 이러한 일련의 제도들은 개혁개방 40년의 발
전과정에서 각자의 에너지를 방출하면서 매우 큰 효과를 보여주었다.
　물론 오늘날 과거를 돌이켜보면, 우리는 「중국특색의 사회주의」 정
치발전 과정에 일부 구체적인 정치제도(즉 정치체제)에 약간의 폐해
와 결함이 존재해 기본적인 정치제도의 효력 발휘를 어느 정도 방해

했음을 인정한다. 이미 1950년대 중반 마오쩌둥(毛泽东)을 비롯한 당과 국가 지도자들은 "국가 제도 일부에 결함이 존재하는 것"을 발견하고 조정과 개혁에 대한 발상을 제기했었다.

'문화대혁명'이 끝난 후인 1980년 8월 덩샤오핑은 중앙정치국 확대회의에서 "당과 국가 지도제도의 개혁"이라는 연설을 했다. 그는 당과 국가의 지도제도의 폐단을 반성했는데, 여기에는 관료주의, 권력의 지나친 집중, 가부장제도, 지도자 직무의 종신제와 특권 현상 등이 포함되어 있었다. 그는 제도의 건설을 강화함으로써 이러한 문제들을 근본적으로 해결할 것을 제기했다. 그는 "우리가 과거에 저지른 여러 가지 잘못은 일부 지도자들의 사상·기풍과 관련이 있지만, 조직제도·근로제도의 문제가 더 중요하다." "스탈린은 사회주의 법제를 심각하게 파괴했다. 마오쩌둥 동지는 이런 일은 영국·프랑스·미국과 같은 서방국가에서는 일어날 수 없다고 말했다. 그는 이것을 인식하기는 했지만 지도제도의 문제를 실질적으로 해결하지 못한 것과 기타 다른 이유로 인해 여전히 '문화대혁명'이라는 10년의 큰 재난을 초래했다. 이 교훈은 매우 심각하다. 개인에게 책임이 없다는 것이 아니라 지도제도·조직제도의 문제는 근본성·전반성·안정성·장기성이 있다는 것을 말하려는 것이다."라고 말했다. 같은 해 같은 달 이탈리아의 오린에나·팔라치 기자가 덩샤오핑에게 "어떻게 하면 '문화대혁명'과 같은 끔찍한 일이 다시 일어나지 않게 할 수 있는가?"고 물었을 때, 덩샤오핑은 "제도적으로 해결해야 한다. 우리의 과거의 일부 제도는 실제로 봉건주의의 영향을 받았다. 여기에는 개인숭배·가부장제

혹은 가부장적 기풍이 포함되어 있을 뿐만 아니라, 심지어 간부 직무의 종신제도도 포함되어 있었다. 이와 같은 현상이 반복되는 것을 막기 위해 우리는 제도개혁부터 할 생각이다"라고 대답했다. 덩샤오핑은 사회주의 민주정치의 건설은 당의 지도·법제·기율·질서 아래에서 이뤄져야 한다고 지적했다. 이를 표지로 중국의 정치체제 개혁이 의사일정에 올랐으며, 또한 "중국특색의"를 그 지침으로 했다.

1987년 중국공산당 제13차 전국대표대회는 정치체제 개혁을 전략적 임무로 내세웠다. 그러나 국문이 열리고 개혁개방 된 조건 하에서의 정치민주의 탐구는 외부환경의 영향을 피할 수 없었고 "전반적인 서구화론"이 반등했다. 이때 가장 큰 도전은 "자유 민주 가치의 보편화"와 "민주 발전 모델의 일치론"이었다. 일부 사람들은 "서방의 모식(유형)이 이렇게 완벽한데 중국은 왜 그대로 옮겨오지 않고 경험을 모색해야 하느냐?"라고 했다. 한동안 국내에서는 자본주의 자유화의 움직임이 활발했고, 해외에서도 '열성적인' 사람들이 '처방전'을 내놓았다.

1989년 미국 학자 후쿠야마(福山)는 "역사 종결론"을 내놓았다. 그의 견해에 의하면, 동유럽의 격변, 소련의 해체, 냉전의 종식은 공산주의의 종말을 상징하며, 역사의 발전에는 오직 하나의 길, 즉 서방의 시장경제와 민주정치밖에 없다는 것이었다. 그는 인류사회의 발전사는 바로 자유민주제도를 방향으로 한 인류의 보편사라고 보았으며, 자유민주제도는 "인류의 이데올로기 발전의 종착점"이자 "인류 최후의 통치형태"라고 보았다. 그러나 실천이 증명하다 시피 후쿠야마의 염원은 수포로 돌아가고 말았다. 그 후에는 또 "제3의 길"이라는 사조가 중국에 파급되었는데 이 길은 신자유주의 경제학과 사회민주주의의 사회정책의 혼합물로, 세계화의 도전에 대처하기 위한 정치적 방략과 대책은 중시할 만 하지만, 그 출발점과 지향점은 구미의 사회 실천이기에 중국사회에 억지로 적용시킬 수는 없는 것이었다.

우리는 남을 흉내 내는 일만 할 수가 없다. 민주주의를 포함한 제도와 길을 선택함에 있어서 중국 사람들은 자신만의 철학이 있다. 동유럽과 같은 격변의 도미노를 일으키는 한 장이 되지 않았거니와 "제3의 길"을 찾아 나아가지 않았다.(사실 중국혁명의 과정에도 소위 말하는 제3의 길이 있었지만 결과는 실패하고 말았다.) 그럼에도 불구하고 도전은 여전히 남아있다. 외부환경 특히 '서구화'는 여전히 중국 민주정치의 발전을 방해하는 도외시할 수 없는 겉으로 드러나지 않는 불온한 움직임이다.

민주발전 과정에 부딪친 수많은 도전에 대해 중국공산당은 자신만의 판단을 가지고 있다. 외국의 정치모델을 그대로 모방하지 않았고, 「중국특색의 사회주의」 정치발전의 길을 견지하려는 결심이 동요되지 않았을 뿐만 아니라, 그에 대한 믿음은 갈수록 확고해지고 있다. 중국공산당 제14차 전국대표대회, 15차 전국대표대회, 제16차 전국대표대회, 제17차 전국대표대회는 각각 "정치체제 개혁을 적극 추진하자", "정치체제 개혁을 계속 추진하자", "정치체제 개혁을 계속 안정적으로 적극 추진하자", "정치체제 개혁을 심화시키자"고 하는 임무를 제시해 왔다. 중국공산당 제18차 전국대표대회 보고에서는 "정치체제 개혁은 중국의 전면적인 개혁의 중요한 구성부분이다. 반드시 정치체제 개혁을 계속 안정적으로 적극 추진해야 하며, 더욱 광범위하고, 더욱 충분하며, 더욱 건전한 인민민주를 발전시켜야 한다"고 강조했다. 중국공산당 제19차 전국대표대회 보고에서는 "중국의 사회주의 민주정치를 지속적으로 발전시키고, 정치체제 개혁을 안정적으로 적극 추진하며, 사회주의 민주정치의 제도화·규범화·절차화를 추진해야 한다."고 재천명했다.

 이는 중국공산당이 정치체제 개혁을 추진하려는 노력이 그동안 중단된 적 없고, 「중국특색의 사회주의」 정치가 이미 자체 논리에 따라 운행되고 있음을 보여주는 것이다. 개혁개방 40년 동안 중국은 민주정치 건설에서 중국의 국정에 부합되고, 중국의 현대화 건설의 수요를 충족시킬 수 있는 사회주의 정치발전의 길을 찾아냈는데, 이를 견지하지 않을 이유가 없는 것이다. 시진핑이 전국인민대표대회 창립 60주년 경축대회에서 말한 것처럼, "세상에는 완전히 똑같은 정치제도가 존재하지 않고, 모든 국가에 적용될 수 있는 정치제도의 모델도 없다. 나라마다 국정이 다르므로 나라마다 정치제도는 다르기 마련이다. 이는 이 나라의 인민에 의해 결정된 것이며, 이 나라의 역사와 문화전통, 경제 사회발전의 기초 위에서 장기간 발전해 왔고, 점진적인 개선에 따라 내생적(內生的, 내부에 형성된 것—역자 주)으로 진화한 결과이다. 「중국특색의 사회주의」 정치제도가 실행될 수 있고, 생명력이 있으며, 효율성이 있는 것은 중국사회의 토양에서 성장했기 때문이다. 「중국특색의 사회주의」 정치제도는 과거와 현재 모두 줄곧 중국의 사회 토양 속에서 성장했으므로 앞으로도 계속해서 성장하려면 반드시 중국사회의 토양 속에 깊숙이 뿌리를 내려야 한다."

인민대표대회제도를 완벽화하다

인민민주는 시종 중국공산당이 높이 추켜든 빛나는 기치이며, 인민의 주인이 되는 것은 중국 사회주의 민주정치의 본질적인 특징이다.

현행 "중화인민공화국 헌법" 제1장 '총강' 제1조는 "중화인민공화국은 노동자계급이 영도하고, 노동자 농민의 동맹에 기초한 인민민주주의독재의 사회주의 국가"라고 명시하고 있다. 이어 제2조에서는 "중화인민공화국의 모든 권력은 인민에게 있다. 인민이 권력을 행사하는 기관은 전국인민대표대회와 지방 각급 인민대표대회이다. 인민은 법률 규정에 따라, 여러 가지 경로와 형식을 통해, 국가 사무를 관리하고, 경제와 문화 사무를 관리하며, 사회 사무를 관리한다"고 규정했다. 제3조는 "전국인민대표대회와 지방 각급 인민대표대회는 모두 민주선거에 의해 선출되며, 인민 앞에 책임지며, 인민의 감독을 받는다. 국가 행정기관·감찰기관·재판기관·검찰기관은 인민대표대회에 의해 산생되며 인민대표대회 앞에 책임지고 인민대표대회의 감독을 받는다."고 규정했다. 이러한 규정들은 국가의 성격과 국가권력의 귀속문제를 보여주고 있을 뿐만 아니라, 인민대표대회 제도가 중국의 근본적인 정치제도의 특징임을 잘 보여주고 있다.

사람들은 인민이 주인으로서의 권리행사를 보장하는 근본적인 정치제도인 인민대표대회의 권력이 어디서 나오는지를 물을 수가 있다.

간단히 답하면 국민으로부터 위임을 받았다고 할 수 있다. 인민은 선거를 통하여 자신의 의사를 대변하는 대표를 선출하고, 대표기관을 구성하며 인민을 대표하여 국가권력을 행사하는 것이다. 그러므로 민주선거는 인민대표대회 제도의 조직적 기반이자 각급 인민대표대회 권력의 원천인 것이다.

헌법·인민대표대회 선거법과 인민대표대회 대표법의 규정에 따라, 인민대표대회의 대표들은 광범한 대표성을 가지고 있다. 정치적 권리를 박탈당한 자를 제외하고는 중화인민공화국의 만 18세 이상인 공민은 민족·인종·성별·직업·가정출신·종교 신앙·교육정도·재산상태·거주기간에 관계없이 모두 선거권과 피선거권이 있다. 인민대표대회 대표는 광범위한 대표성을 가지고 있다. 각 방면에는 모두 국가·사회에서의 지위와 역할에 적합한 대표가 있다.

개혁개방 이래 인민대표대회의 기능이 개선되고 강화되어 갈수록 활동이 활발해지고 권위가 높아졌다. 일본 학자 카모 토모키(加茂具樹)는 1980년대 이래 전국인민대표대회는 "고무도장"이라 불리던 것과 "당위원회에서 손을 흔들고 정부에서 손을 쓰면 인민대표대회에서 손을 든다."고 하던 난처한 역할이 바뀌어, 중국정치에서의 역할이 지속적으로 강화되면서 지금은 이미 중국 정치권력 중심의 하나가 되었다고 보았다. 시대가 변하면서 인민대표대회와 관련한 제도도 중요한 개정과 보완이 이루어졌다. 매우 중요한 점은 대표수와 할당을 규범화한 것이다. 전국인민대표대회의 농촌과 도시에서는 매 대표가 대표하는 인구비율을 원래의 8:1로에서 점차 4:1로 수정하였으며, 2010년

3월에 열린 제11기 전국인민대표대회 제3차 회의에서는 1:1로 수정했다. 즉 도시와 농촌에서 동등한 인구비율로 인민대표대회 대표를 선거하는 것이다. 이렇게 하는 것은 사람마다 평등하고, 각 지역이 평등하며, 모든 민족이 평등하다는 원칙을 더 잘 구현해 인민민주를 한층 더 확대하고, 인민이 나라의 주인이 되는 것을 보장하기 위하는데 목적이 있다. 선거법 등 법률의 규정에 따라 제11기 전국인민대표대회 상무위원회의 주최 하에, 2012년 12월 중순부터 2013년 1월까지 전국적으로 도합 2,987명의 제12기 전국인민대표대회 대표를 선출했다. 이번 선거는 2010년 선거법 개정 이후 처음으로 도시와 농촌에서 동등한 인구비율로 전국인민대표대회 대표를 선거한 것으로, 전국의 도시와 농촌에서 약 67만 명에서 1명의 대표를 배정한 것이다. 제12기 전국인민대표대회 대표 2,987명의 명단 중 당과 정부 지도간부 대표가 1,042명으로, 대표 총수의 34.88%를 차지해 제11기보다 6.93% 포인트 낮아졌다. 관원대표의 비율이 하락한 것과 대조적으로 일선에서 온 노동자·농민대표는 총 401명으로 전체대표수의 13.42%를 차지해 11기보다 5.18% 높아졌는데, 그 중에서도 농민공(農民工)의 대표수가 대폭으로 증가했다. 광동(广东) 한 개의 성에서만 해도 농민공 전국인민대표대회 대표가 3명이나 선출되었다. 2008년 3월 제11기 전국인민대표대회 제1차 회의 때만 해도 상하이, 광동과 총칭(重庆)에서 3명의 농민공 전국인민대표대회 대표가 처음 등장했는데, 그들은 전국 1억여 명의 농민공들의 정치주장을 대표했던 것이다.

2017년 12월 중순부터 2018년 1월까지 선출된 제13기 전국인민대표대회 대표 2,980명은 전국인민대표대회 대표들이 광범한 대표성을 띠고 있음을 더욱 잘 보여주었다. 각 지역, 각 민족마다 적당한 수의 대표가 있게 되었고, 일선 노동자·농민대표·여성대표의 비율이 상승했으며, 당과 정부 지도간부 대표 비율은 낮아졌다. 통계에 따르면 선출된 대표 중 소수민족 대표가 438명으로 대표 총수의 14.70%를 차지했으며, 전국 55개 소수민족이 모두 자기 민족의 대표가 있었다. 귀국화교의 대표는 39명으로, 대표 총수의 1.31%를 차지했다. 연임한 대표는 769명으로 대표 총수의 25.81%를 차지했다. 제12기에 비해 여성대표는 742명으로 대표 총수의 24.9%로, 1.5% 증가되었다. 일선 노동자·농민 대표는 468명(그 중 농민공 대표는 45명)으로, 대표 총수의 15.70%를 차지해, 2.28%가 높아졌다. 전문기술직 대표는 613명으로 대표 총 수의 20.57%를 차지해, 0.15% 높아졌다. 당과 정부 지도간부 대표는 1,011명으로 대표 총수의 33.93%를 차지해 0.95%가 떨어졌다. 선출된 전국인민대표대회 대표는 각계각층의 목소리와 의지가 최고 권력의 전당에 전달할 수 있고 그에 대한 응답을 받을 수 있다. 인민이 주인으로서의 권리를 행사하는 것은 바로 여기에서 구현된다. 또 대표들의 공통성도 구현되는데, 중국공산당의 영도를 옹호하고, 「중국특색의 사회주의」 제도를 옹호하며, 정치의식, 대국의식, 핵심의식, 일치의식이 확고하며, 헌법과 법률을 모범적으로 준수하고 대중과 밀접히 연계하며, 본업에서 모범적인 역할을 하고, 자각적으로 사회의 공중도덕을 지키며, 청렴 자율해야 하며, 공정하고 단정해야 하며, 직무 수행 의지와 직무 수행 능력을 구비해야 함으로써 좋은 사회적 이미지를 갖고 있기 때문에 대중의 폭넓은 인정을 받게 되는 것이다. 현재 중국에는 전국인민대표대회 대표를 포함해 260여 만 명의 각급 인민대표대회 대표가 있다. 이들은 모두 겸직하며 인민대중 속에서 일하고 생활하며, 인민대중과 밀접한 연계를 가지고 있으며, 인민대중의 의견과 요구에 대해 잘 알고 있고, 헌법·법률, 당과 국가의 국정방침을 관철시키고 실시하는 상황에 대해 깊이 체득하고, 실생활 속의 실제문제들에 대해 깊이 이해하고, 민생 각 방면의 문제에 대해 가장 직접적인 감수가 있어 더욱 전면적으로 인민대중의 의견과 소망, 목소리를 이해하고 반영할 수 있다.

물론 보완해야 할 점도 있다. 특히 현(县), 향(乡) 2급 인민대표대회 대표는 250여 만 명으로 각급 인민대표대회 대표 총수의 95%를 차지하는데, 당과 국가가 인민대중과 연계하는 중요한 교량이다. 하지만 "대표는 대회기간에만 대표"라는 것이 인민대표대회 대표에 대한 인상으로 남아 있었다.

이에 2013년 전국인민대표대회 상무위원회는 위원장회의 구성원·상무위원회 위원의 대표 연락제도를 건립해, 대표가 대중과 연계하는 제도를 보완했다. 중국의 인민대표대회 대표는 서양의 의원들과는 상황이 다르다. 절대다수의 인민대표대회 대표는 겸직이므로 평소 각지, 각 분야, 각자의 직장에서 근무하며, 전문적인 업무팀과 조수를 두지 않는다. 그렇게 함으로써 객관적으로 인민대표대회 대표 연락기구를 설립해, 대표들이 법에 따라 직책을 이행하는데 서비스 보장을 제공하고, 대표들이 대중과 연락하는 방식과 경로를 넓히며, 사회

실태와 민의의 표달과 반영 경로를 원활히 해, 선거인들의 감독을 받게 할 필요가 있었다.

이를 위해 중국공산당 제18차 전국대표대회와 중국공산당 제18기 중앙위원회 제3차 회의는 인민대표대회 대표의 연락 기구를 설립할 것을 명확히 제기했다. 이는 인민이 인민대표대회를 통해 국가권력을 행사하도록 지지하고 보장하는 실제적이고 구체적인 조치이며, 인민대표대회 대표의 역할을 더욱 잘 발휘케 하는 중요하고 기초적인 업무이다. 이런 면에서 전국 각지에서는 적극적으로 모색하고 실천하여 좋은 효과를 거두었다.

예컨대, 장시(江西)성 상라오(上饶)시 칭윈(靑云)진의 인민대표대회 주석 황여우창(黃有昌)은 8년 가까이 향진(乡镇) 인민대표대회 주석을 지냈다. 그 전에 그는 부진장(副鎭長), 상무 부진장, 기율위원회 서기 등 여러 직위에서 경력을 쌓았다. 그는 기층 인민대표대회에 대해 깊은 이해를 가지고 있었다. 그는 "과거에는 당위원회와 정부가 1선이고 인민대표대회는 제2선이었다. 그러나 지금은 다르다. 인민대표대회도 1선이다"고 말한다. 황여우창에 따르면 최근 2년 남짓한 동안 향진 인민대표대회는 조직기구, 경제보장과 인원배치에서 모두 과거보다 많이 보강되었다. 황여우창 인상 속 과거의 인민대표대회는 "회의나 하고 손을 들거나 할 뿐 별로 큰 역할이 없었다."는 것이었다. 그러나 2015년 이후 현지에서는 대표와 대중이 연계하는 플랫폼을 구축하는데 중시를 돌리기 시작했고, 기층의 인민대표대회 대표들도 역할을 더욱 잘 발휘하기 시작했다. 황여우창에 의하면 2014년 칭윈(靑云)

진 츠탕완(祠堂湾)촌에는 촌민들의 생산과 생활에 심각한 영향을 주는 위험한 다리가 있었다. 현지의 한 백성이 인민대표대회 대표 연락소에 찾아왔는데, 마침 그를 맞이한 사람은 현지의 기업인 대표였다. 이 대표는 진(镇)인민대표대회 주석단에 이 상황을 설명한 후 또 자발적으로 기부를 했다. 진에서도 현교통국(县交通局)에 비용을 신청해 공동으로 새 다리를 건설함으로써 179명의 촌민들이 외출하기 어려운 문제를 해결했다. 문제가 해결되자 촌민들은 "대표는 권력이 작지 않네, 법에 따라 직무를 수행해 모두가 좋다고 하네"라는 구어로 지은 즉흥시를 만들어냈다. 황여우창의 소개에 따르면 칭원진에는 모두 57명의 인민대표대회 대표가 있는데, 이들은 동급 당위원회의 지지를 받아 '대표 연락소'를 건립했으며 촌에 '인민대표대회 대표 연락작업실'을 만들었다. 이 57명의 향진 인민대표대회 대표들은 지금도 6개 그룹으로 나뉘어 돌아가며 '대표 연락소'로 가 선거인들과 머리를 맞대고 대화를 나눈다.

또 다른 예를 든다면, 상하이 지역사회(가도)에 인민대표대회 대표 연락사무실을 설치한 것은 지렛대처럼 각급 인민대표대회 대표의 직무 이행의욕을 살리고 민의가 기층으로부터 제때에 관리 층에 도달하도록 하기 위함에서였다. 류정동(刘正东) 상하이시 인민대표대회 대표는 "우리는 간접선거이지만 간접적으로 연계할 필요는 없다. 어느 층 대표이든 모두 서민층과 친화적이 되어야 한다. 그렇지 않으면 서민들은 대표들이 하는 말이 거리가 먼 일이라고 생각할 것이다"고 말했다. 대표 연락사무실을 제외하고도 상하이시 각급 인민대표대회는 대표들이 선거인들과 연계하고, 대중과 연계할 수 있도록 많은 특색 있는 통로를 만들어 주었다. 예를 들면, 인민대표대회 상무위원회·전문위원회 대표 연락제도를 이용해 정기적으로 대표들을 조직해 지역사회로 내려가 대중과 연계하는 등의 활동을 하고 있다. "예전에는 인민대표대회 대표가 어디에 있는지 몰랐는데, 지금은 곳곳에서 그들을 볼 수 있으니 바로 서민들 가까이에 있다". 대중의 평가는 대표들이 직무를 이행했다는 가장 유력한 증명이 되었던 것이다.

역사는 발전하고 시대는 전진한다. 시진핑은 전국인민대표대회 창립 60주년 기념대회 연설에서 "새로운 상황에서 인민대표대회 제도를 흔들림 없이 견지하고, 인민대표대회제도도 시대와 더불어 보완돼야 한다"고 말했다. 이를 위해서는 반드시 중국공산당의 영도를 흔들림 없이 견지하고, 인민이 주인으로서의 권리를 보장하고 발전시켜야 하며, 법으로 나라를 다스리는 것을 전면적으로 추진하며, 민주집중제를 견지해야 한다. 그는 현재와 향후 한 시기 입법 강화 및 개선, 법 집행 강화 및 개선, 감독업무 강화 및 개선, 인민대표대회 대표와 대중과의 연계 강화, 인민대표대회 업무 강화 및 개선 등 몇 가지 중요한 부분의 일을 잘 해야 한다고 지적했다. 중국공산당 제19차 전국대표대회 보고는 "인민대표대회 제도는 당의 영도, 인민이 주인으로서의 권리 행사, 법으로 나라를 다스리는 것이 유기적으로 통일된 근본 정치제도의 배치로, 반드시 장기적으로 견지하고, 끊임없이 보완해야 한다"고 지적했다. "당의 영도, 인민이 주인으로서의 권리 행사, 법으로 나라를 다스리는 것의 유기적인 통일을 견지해야 한다. 당의 영도는 인민이 주인으로서의 권리를 행사하는 것과 법으로 나라를 다스리는 것의 근본적인 보장이다. 인민이 주인으로서의 권리를 행사하는 것은 사회주의 민주정치의 본질적인 특징이다. 법으로 나라를 다스리는 것은 당이 인민을 영도하여 나라를 다스리는 기본 방식이다. 이 3자는 중국 사회주의 민주정치의 위대한 실천에 의해 통일된다." 당의 영도, 인민이 주인으로서의 권리 행사, 법으로 나라를 다스리는 것의 유기적인 통일은 중국에서 사회주의 민주정치를 건설하는 내재적 법칙을 깊이 있게 반영한 것이다. 이 법칙에 따라 일을 처리하면 반드시 중국의 민주정치를 잘 건설하고 발전시킬 수 있다. 그렇지 않고 이 3자를 분리·분할하거나 심지어 대립시킬 경우 인민이 주인이라는 명분으로 무정부주의가 실행될 수 있고, 당의 영도를 강화한다는 명분으로 개인이나 소수인의 전횡을 덮어 감출 수 있게 되며, 법에 따라 나라를 다스린다는 명분으로 서방의 헌정주의를 밀어붙이는 등의 잘못된 경향이 나타날 수 있는 것이다.

협상민주주의를 발전시키다

일이 있으면 좋게 의논하고, 여러 사람의 일은 여러 사람이 의논하는 것이 인민민주의 진정한 의미이다. 협상 민주는 당의 영도를 실현하는 중요한 방식이고, 「중국특색의 사회주의」 민주정치의 특유한 형식이고 독특한 이점이다.

협상 민주는 중국공산당이 영도하는 다당 협력 및 정치협상 제도와 불가분의 관계에 있다. 중국 정치에 관심 있는 많은 사람들은 중국공산당 중앙위원회가 중대한 결책을 내리기 전에 모두 민주당파와 협상하고, 인민정치협상회의에서 협상을 했다는 점에 주목할 것이다.

한때 이 제도는 새 중국의 역사적 선택에서 종말의 경지에 이르렀지만 중국공산주의자들은 주동적으로 수용을 선택했다. 새 중국 창건 전야에 일부 민주당파 지도자들은 혁명이 승리했으니 새 중국은 공산당의 영도에 따라 나아갈 것이고, 민주당파는 역사적 임무를 완성했으니 은퇴해야 한다고 생각했다. 이 역사적 전환점에서 중국공산당은 자발적으로 다당 협력의 정치 구도를 선택했다. 마오쩌둥은 이에 대해 생동적이고도 형상적으로 논술한 적이 있다. 그는 "'천하가 평정되면 공신을 없앤다(飞鸟尽, 良弓藏)'는 말이 있는데 지금은 그 말을 변화시켜 '천하가 평정되면 공신을 변화시켜야 한다(飞鸟尽, 良弓转)'. 즉 더 좋고, 더 진보적인 방향으로 돌아서게 해야 한다는 의미이다. '큰 건물은 외기둥으로 지탱할 수가 없다(大厦将建, 独木难支)'는 말처럼 새 중국의 설립은 한 당파에만 의존해서는 안 되고, 여러 당파가 힘을 합쳐 새 중국이라는 이 큰 건물을 지어야 한다."고 말했다.

개혁개방 후인 1987년에 열린 중국공산당 제13차 전국대표대회 보고에서는 "인민대표대회 제도와 중국공산당 영도 하의 다당 협력과 정치협상 제도는 우리의 특징이고 장점이다. 공산당 영도 하의 다당 협력과 협상제도를 보완해 민주당파와 무소속 애국인사들이 국가 정치생활에서 한층 더 역할을 발휘할 수 있도록 해야 한다."고 했다. 중국공산당 제13차 전국대표대회 보고는 또 "사회협상대화제도를 수립해야 한다."고 했다. 즉 "사회협상대화제도의 기본원칙은 '대중 속에서 나와 대중 속에 들어가는(从群众中来,到群众中去)' 훌륭한 전통을 살리고, 지도기관의 활동의 개방도를 높이며, 중대한 상황은 인민이 알게 하고, 중대한 사안은 인민이 토론하도록 하는 것이다". "전국적·지방적·기층 단위 내부의 중대한 사안에 대한 협상대화는 국가·지방·기층 세 개의 다른 차원에서 이루어져야 한다. 각급 지도기관은 이를 업무의 대사로 삼아야 하며, 기존 협상 채널의 역할을 더 잘 발휘하고 새로운 채널를 만드는데 신경 써야 한다."고 했다.

시대와 실천의 발전과 더불어, 1990년대에 중국공산당은 중국의 사회주의 민주에는 선거민주와 협상민주라는 두 가지 중요한 형식이 있다고 이론적으로 개괄해 냈다. 장쩌민(江澤民)은 1991년 3월 23일 제7기 전국인민대표대회 제4차 회의와 중국인민정치협상회의 제7기 전국위원회 제4차 회의 중국공산당 당원책임자회의에서 처음으로 "두 가지 민주 형식"에 대해 제기했다. 그는 "인민이 선거·투표를 통해 권리를 행사하는 것과 인민 내부 각 방면에서 선거·투표 전에 충분히 합의하고, 가능한 한 공통적인 문제에 대해 의견의 일치를 보는 것은, 우리 사회주의 민주주의의 두 가지 중요한 형식이다. 이것은 서구 민주주의와 비교할 수 없을 뿐만 아니라, 그들이 이해할 수 없는 것이다. 두 가지 형식은 한 가지 형식보다 낫고, 사회주의 사회에서 인민이 주인으로서의 권리를 진실하게 구현할 수 있다"고 했다.

중국공산당의 지도 아래, 중국 인민정치협상회의 전국위원회가 망라한 8개 민주당파와 계별(界別)은 조직이 건전하고 질서 있게 발전해 뚜렷한 역할을 발휘했다. 2018년에 개정된 "중국 인민정치협상회의 규약"은 "중국 인민정치협상회의 전국위원회와 지방위원회의 주요 기능은 정치 협상, 민주 감독, 참정·의정"이라고 명시했다.

정치 협상, 민주 감독, 참정·의정은 모두 실제적인 중요한 업무이다. 1990년 중국 인민정치협상회의 제8기·제9기 전국위원회 위원인 황치싱(黃其興) 구삼학사(九三学社) 중앙위원회 전임 부주석은 '국기법(国旗法)' 제정에 관한 제안을 제출했다. 그는 "국가 관념은 민족의 응집력의 근본이다. 국가 관념이 희박해지고 인심이 흩어지는 것은 경제문제보다 더 무서운 일이다. 그러므로 민주응집력을 증진시키기 위해 '국기법'을 제정해야 한다"고 말했다. 같은 해 6월, 제7기 전국인민대표대회 상무위원회 제14차 회의는 황치싱의 건의를 받아들여 전 민족의 국가 관념에 관계되는 '국기법'을 채택했다. 황치싱은 "내가 10년간 제안했던 것을 보면 민주당파의 제안은 대부분 회답이 있었고, 그것도 긍정적인 회답이었다. 몇몇은 '당신의 의견은 이미 어떤 계획에서 고려되었다'고 회답이 왔다. 내가 직접 체득한 바에 의하면 다당협력은 공언이 아니고, 있어도 되고 없어도 되는 형식이 아니라 심각한 내용을 가지고 있다"고 말했다.

정치 협상, 민주 감독, 참정·의정은 중국공산당이 정책을 제정함에 있어서의 과학화 수준을 높였다. 산싸(三峡)공사 논증 작업은 1980년대 중반부터 시작되어 세간의 이목을 집중시켰다. 중국공산당 중앙위원회와 국무원은 여러 차례 회의를 열어 논증하고 각 방면의 의견을 청취했다. 중국 인민정치협상회의 제7기 전국위원회는 1988년과 1991년 두 번이나 대표단을 조직해 산싸지구에 현지 시찰을 갔다. 정치협상회의 위원들이 제출한 관련 제안은 47건에 달했고, 50여 명이 직접 논증과 심사 작업에 참가했다. 덩샤오핑은 "공산당이 어느 한 차원에서 문제를 본다면, 민주당파는 다른 한 차원에서 문제를 보고 아이디어를 낼 수가 있다. 그리하여 반영되는 문제가 더 많아지고, 문제를 처리하려고 하면 더 전면적이 될 수 있으며, 결심을 내리는 데에도 유리하다. 또한 이렇게 제정된 지침과 정책이 더 적절하고, 문제가 생기더라도 시정하기 비교적 쉽다"고 말했다. 21세기에 들어서서 정치 실천과 이론 혁신에 의해 정치 협상은 민주주의 길에서 더욱 비약적으로 발전했다. 협상 민주는 중국 정치사전에 새 명사로 올랐고 중국 정치문명 발전에서의 새로 핀 꽃이 되었다.

2007년 10월 중국공산당 제17차 전국대표대회는 "정치 협상을 정책 결정의 절차에 넣어야 한다"는 요구를 명확히 제기했다. 2007년 11월 『중국의 정당제도』백서는 처음으로 '선거민주'와 '협상민주'라는 개념을 공식화했다. "선거민주와 협상민주의 결합은 중국 사회주의 민주주의의 큰 특징이다", "선거민주와 협상민주의 결합은 사회주의 민주주의의 깊이와 폭을 넓혔다"는 것이다.

2009년 9월 개혁개방의 전원지인 광동성 성소재지 광쩌우(广州)시는 「중국공산당 광저우시위원회 정치협상규정(시행)」을 제정했다. 이 규정은 "사회주의 협상 민주의 역할을 발휘하는 것은 언로를 넓히고, 지혜를 모으며, 결책의 과학화와 민주화를 추진하는데 유리하다. 또한 이해를 증진하고, 공감대를 확대하며, 단합되고 민주적이며, 활발하고 조화로운 정치국면을 형성하는데 유리하다"고 명확히 제시하였다. 협상의 원칙에 관해 문건은 "정치협상을 정책결정 절차에 포함시키고, 중대한 사안은 정책을 결정하기 전과 정책결정을 집행하는 과정에 협상하는 것을 원칙으로 한다. '중대한 사안은 시위원회가 결정하기 전 시인민대표대회 상무위원회에서 통과하기 전, 시정부가 시행하기 전 협상하는 것'을 확실하게 실행해야 한다. 중대한 사안에 대해서는 결책 집행과정에서의 협상을 실제적으로 강화해야 한다. 당이 전체 국면을 총람하고, 각 방면을 조율하며, 시위원회가 통일적으로 배치하고 조율하며, 진지하게 조직·실시한다. 민주적 협상, 평등한 논의, 이견 보류와 합의점 도출(求同存异), 공감대 증진의 원칙에 따라 민주를 발양하며, 다양한 의견의 충분한 표현과 소통을 장려해야 한다."라고 했다. 2010년 5월 「중국공산당 광동성위원회 정치 협상 규정(시행)」이 반포, 실시되었고, 시행경험을 총화한 기초위에서 2011년 8월 규정이 정식으로 출범되었다. 광동성은 협상 절차에 대해 다음과 같이 규정했다. ① 정치협상은 모두 기요 혹은 건의안을 작성해야 한다. ② 정치협상은 감독과 실행체제를 수립해야 한다. ③ 정치협상을 중시하는가, 정치협상의 기능을 잘 발휘시켰는가 하는 것을 지도수준과 집권능력을 검증하는 중요한 내용으로 삼고, 지도부와 간부의 고찰과 심사에 포함시킨다. 현재 광동성위원회와 성정부 유관부처 및 각 시는 정치협상을 당연한 것으로 보며, "초대에 의해 참석하던 것"으로부터 "능동적으로 참가"하고, "연설을 발표"하던 것으로부터 "의견을 제기하는 것"으로 바뀌었다.

인식의 승화는 중국공산당 중앙위원회의 결책에 집중적으로 구현되었다. 2011년 중국공산당 중앙위원회는 '협상민주'라는 개념을 '중앙 11호 문건'에 써넣었다. 2012년 중국공산당 제18차 전국대표대회에서는 "사회주의 협상민주제도를 건전하게 하자."는 개혁 임무를 명확히 제시하고, 처음으로 "협상민주의 중요한 경로로서의 인민정치협상회의의 역할을 충분히 발휘시켜야 한다."는 내용을 보고서에 써넣었다. 이는 중국 정치민주행정에서의 획기적인 상징이다. 중국공산당 제18기 중앙위원회 제3차 전체회의는 "협상민주는 중국 사회주의 민주정치의 특유한 형식이고, 독특한 강점이며, 당의 대중노선이 정치 분야에서의 중요한 구현이다"라는 것을 거듭 확인했다.

　인민정치협상회의가 진정으로 협상민주의 중요한 무대로 되자면, 인민정치협상회의 전국위원회가 앞장서서 시범을 보여야 한다. 인민정치협상회의 제11기 전국위원회는 이를 위해 노력했다. 5년 동안 상무위원회는 특강을 12번 조직했고, 북경에 있는 위원들의 학습보고회를 11번 조직했으며, 전국위원들의 세미나와 간부 양성 반을 37회나 개최하여 인민정치협상회의 협상민주 실천을 적극 전개했다. 전체회의, 상무위원회회의, 주석단회의 등 기존의 협상형식을 보완하고, 특정문제 협상, 계별 협상, 부문별 협상, 제안 처리 협상 등 협상 플랫폼을 혁신해 5년 동안 총 420여 회에 걸쳐 각종 협상을 전개했다. 각 지방에서 제정한 정치협상규정의 성공적인 방법을 진정으로 총화·보급하고, 협상 의제를 과학적으로 확정했으며, 협상절차를 효과적으로 규범화했고, 성과의 상용화를 추진해 협상의 질을 높였다. 중국 인민정치협상회의 제11기 전국위원회 기간 위원들과 정치협상회의 각 참가 부문, 정치협상회의 각 전문위원회는 경제와 사회발전에 관한 중대한 문제와 대중의 직접적인 이익과 관련되는 실제 문제를 둘러싸고 28,930건의 제안을 제출했으며, 그중 26,699건이 입건됐다. 그중 위원들의 제안이 25,114건이었고, 8개 민주당파 중앙위원회와 중화전국공상업연합회의 제안이 1,347건, 인민단체의 제안이 26건, 계별(界別) 소조의 제안이 190건, 정치협상회의 전문위원회의 제안이 22건이었다. 2013년 2월 20일까지 26,583건의 제안을 처리·회답하여 처리·회답 율이 99.57%에 달했다.

중국공산당 제18차 전국대표대회 이래 시진핑 동지를 핵심으로 하는 중국공산당 중앙위원회는 협상민주의 건설을 매우 중시해 왔다. 2013년 12월 인민정치협상회의 전국위원회 신년다과회에서 시진핑은 "우리는 가장 광범위한 애국통일전선을 공고히 하고 발전시켜야 하며, 중국공산당이 이끄는 다당 협력과 정치협상제도를 견지 보완하며, 최대 공약수를 찾고, 개혁의 공감대를 집결하고, 개혁의 긍정 에너지를 집결시켜야 한다."고 말했다. 2015년 중국공산당 중앙위원회는 "사회주의 협상민주건설을 강화하는데 관한 의견"을 반포하고, 중국공산당 중앙위원회 판공청(办公厅)은 "인민정치협상회의 협상민주건설을 강화하는데 관한 실시 의견"을 하달해 인민정치협상회의의 협상과 당위원회 정부업무의 효과적인 접목을 강화할 것을 요구함과 아울러 구체화 세분화했다. 인민정치협상회의 조직 차원에서 인민정치협상회의 조직원칙, 직능수행, 협상에서의 구체적인 규칙 등을 명확히 했다. 협상민주의 성과는 국가 관련 정책의 결정, 발전계획 또는 부문 업무에서 구현되었으며, 경제의 안정적이고 비교적 빠른 발전, 민생개선과 사회의 조화 속에서 구현되었다.

정치협상은 협상민주의 한 유기적인 중요한 구성 부분일 뿐이다. 2017년 중국공산당 제19차 전국대표대회는 "협상민주의 광범위하고 다층적이며, 제도화된 발전을 추진해야 한다. 정당 협상, 인민대표대회 협상, 정부 협상, 정치협상회의 협상, 인민단체 협상, 기층의 협상, 그리고 사회조직 협상을 일괄적으로 추진해야 한다. 협상민주제도의 건설을 강화하고 완전한 제도·절차와 참여 실천을 형성하여 인민이 일상의 정치생활에서 광범하고 지속적으로 깊이 참여할 권리를 가지도록 보장해야 한다"고 했다.

"새싹이 자라 아름드리 나무가 되고, 한 층 한 층 흙이 쌓여 9단의 높은 축대가 만들어진다.(合抱之木, 生于毫末；九层之台, 起于累土)" 새로운 시대에 중국에는 이미 협상 민주주의가 뿌리를 내리고 싹이 텄으며 생기가 흘러넘치고 있다. 이 새싹은 꼭 하늘을 찌를 듯한 큰 나무로 성장할 것이다.

기층대중의 자치를 실시하다

1980년대 중국농촌에는 천지개벽의 변화가 일어났다. 인민공사(人民公社)가 해체되고 향(진)인민정부가 설립되었으며, 따라서 인민공사 산하의 생산대대(生产大队)가 촌민위원회(村民委员会)로 변하여 원래의 정사(政社)합일의 농촌 관리체제가 타파되었다. 촌민 자치의 본래의 뜻에 따르면, 촌민위원회는 촌민의 선거에 의해 구성되며, 전체 촌민을 이끌고 자치권을 행사해야 한다. 그러나 관련 법률이 없었기 때문에 촌 간부는 여전히 향(진)에서 임명하고, 촌의 크고 작은 일 역시 촌 간부가 결정했다. 촌민 자치라는 정치 권리는 탁상공론에 지나지 않았다. 중국은 농촌시장경제의 발전과 기층 민주정치의 확대에 걸맞게 새로운 현대 향진행정 관리체제를 모색해야 했다.

모든 일은 시작이 어렵다. 촌민 자치가 처음 실시됐을 때도 마찬가지였다. 한때는 역사적 당사자였고, 후에는 민정부 재해구호사(司) 사장(司长), 민정부 사회복지와 자선사업추진사(司) 사장(司长)을 지낸 적 있는 왕전야오(王振耀)는 "변하지 않는 것은 원칙이요, 변화하는 것은 방법이다(不变的是原则, 万变的是方法)"라는 저서에서 이렇게 썼다.

"1987년 11월 전국인민대표대회는 「중화인민공화국 촌민위원회 조직법(시행)」을 통과시키고, 1988년 6월 1일부터 시행하기로 했다. 하지만 도대체 어떻게 조직할 것인가 하는 것은 사회 전반에 걸쳐 보편적으로 경험이 부족했다.
1990년 8월 5일부터 10일까지 산동성 라이시(莱西) 현에서는 전국 촌급 조직 건설 좌담회를 열고 촌민위원회 선거에 대한 의견을 통일했다. 즉 논쟁하지 말고, 먼저 시험적으로 실시하며, 실천하는 가운데서 농촌선거를 추진한다는 것이었다. 1991년 말부터 1992년 봄까지 우리는 산동성 라이시 현에서 여러 번 촌민 자치 시범 강습반을 조직했다. 1992년 지린성(吉林省) 리수(梨树)현에서 '해선(海选, 많은 참가자 중에서 그 다음 시합의 참가자를 선출해 내는 선정 방식 – 역자 주)' 경험이 나왔다. 이 현에서는 진지하게 모색을 한 끝에 선거하는 자들이 입후보자를 선출하는 방법을 보급하기로 결정했다. 즉 백지를 선거하는 자들에게 발급하고 그들이 입후보자 이름을 써넣도록 했던 것이다. 득표수가 많은 사람이 정식 입후보자로 되는 것이었다. 그 이전에는 중국에 '해선'이라는 단어가 없었다. 리수현에서 이 단어를 만들어 내어 선거제도를 규범화하는데 사용했던 것이다. 이 제도는 중국 농촌선거에 중요한 영향을 주었다. 흥미로운 것은 당시 국내의 많은 학자들이 농촌에서의 선거는 종족과 가문의 세력이 크고, 뇌물 선거도 있는데다 농민들은 오로지 농촌의 도로 보수나 촌무 처리와 같은 간단한 사항만 토론할 것이므로 별로 큰 의미가 없다고 생각했다. 그러나 나는 농촌에서 선거를 실시한다면, 선거인들이 줄을 서서 투표용지를 수령하고, 비밀 화표실(画票间)에 들어가 선거 표를 작성하는 훈련을 하는 것이, 중국농민들에게 민주적인 습관을 심어주고, 민주적인 절차를 습득하게 하고, 민주적인 방법을 적용해 농촌 내부의 갈등을 해결할 수 있다는 것을 알게 해, 무력과 패권으로 일반 민중의 권익을 탈취하던 전통적인 정치문화를 근본적으로 바꿔놓을 수 있다는 것을 발견했다.

이러한 가치를 발견한 나는 농촌선거에 아예 푹 빠져버렸다. 향진정부에서 일하는 어느 한 친척은 우연히 내게 농촌선거에 대해 불평을 늘어놓았다. 그의 말에 따르면, 농촌에서 선거제도를 실시한 후, 촌 간부에 대한 임직 결정권이 향진 간부가 아닌 선거 표에 달렸으므로, 촌에 내려가도 촌 간부들이 슬슬 피해 다녀 밥 한 끼 얻어먹기가 어렵게 되었다고 했다. 이 말을 들은 나는 선거 후의 변화에 대해 기쁘게 생각했다. 물론 그 친척에게 매일 닭 한 마리를 적게 먹으면 이 사회가 더 좋아질 수 있다고 말했다."

여러 해 동안의 탐색과 실천을 통해, 중국공산당은 억만 농민을 이끌고 중국 실정에 맞는 농촌기층의 민주정치건설을 추진할 수 있는 길을 찾았다. 이것이 바로 촌민자치를 실시하는 것이었다. 오늘날 많은 농촌에서 흔히 볼 수 있는 장면은 농민들이 손에 투표용지를 들고 비밀 투표실에 들어가 규범적이고도 자유롭게 자신의 의사를 표현하는 것이다.

중국 농촌의 기세 드높은 촌민자치 실천은 국제사회의 눈길을 끌었다. 2000년 1월 7일 새 천년의 종소리가 울릴 때, 미국 카터센터의 선거문제 전문가와 언론인들로 구성된 대표단이 중국에 왔다. 이들은 허뻬이(河北)성 딩싱(定興)현을 찾아, 꾸청(固城)진 베이타이핑좡(北太平庄)촌 촌민위원회의 선거 예선을 참관했다.

추운 날씨임에도 불구하고 1,000여 명의 유권자들이 베이타이핑좡촌 초등학교의 넓은 운동장에 줄지어 앉아있었다. 전체의 선거과정은 엄격히 법정절차에 따라 진행되었다. 즉 회의 참가자 수를 점검하고, 대회의 예선을 통과하는 방법, 총감표원과 감표원, 창표원(唱票員, 투표결과를 보고하는 사람 - 역자 주), 계표원 등 선거 요원을 선출하는 것등이었다. 1,000여 명의 유권자들이 전 과정을 지켜보며 높은 열정을 보였다.

「촌민위원회 조직법」은 촌민위원회 후보자의 지명과 확정 권한을 유권자들에게 완전히 위임함으로써 처음으로 어떠한 조직도 후보자를 지명하는 것을 법적으로 금지했다. 1000여 명의 베이타이핑좡 유권자들이 100여 명의 사람들에게 신임표를 던졌다. 선거 요원들은 오후 1시까지 여전히 긴장된 표정으로 개표를 했다. "이 같은 선거는 의심할 여지없이 매우 민주적이다." 덴마크 출신의 선거와 선거시스템 관련 전문가인 구겐 에이크레 박사가 말했다. 그는 또 "한 번의 선거에 수백 명이 지명돼 시간낭비가 많았다. 응당 선거 전에 경선을 해서 유권자들이 경쟁자들에 대해 이해할 수 있도록 해야 하며, 표가 집중될 수 있도록 해야 한다"고 말했다. 미국 카터센터 민주프로젝트부 주임인 카스텔로 박사는 유권자들의 적극성에 깊은 인상을 받았다고 말했다. "날씨가 매우 추웠지만 유권자들은 의욕이 대단히 높았다. 그들은 그 어떤 조직의 관여도 없이 자신의 뜻에 따라 후보자를 지명했다. 이는 아주 민주적인 예선이었다".

1월 9일 오전 대표단은 두 갈래로 나뉘어, 한 갈래는 허뻬이성 첸시(迁西)현 사허차오(洒河桥)진 산(三)촌, 다른 한 갈래는 사허차오진 따관좡(大关庄)촌으로 갔다. 대표단은 세 번의 선거를 관전하면서 농촌

유권자들의 민주 열정에 깊은 감명을 받았다. 선거장소가 거대한 얼음구멍처럼 춥긴 해도 대다수 유권자들은 전혀 자리를 뜰 생각을 하지 않았다. 점심시간이 되어도 촌민들은 여전히 찬바람 속에 서서 작은 칠판 위에 적혀지고 있는 표수를 바짝 주시하며 선거 결과를 참을성 있게 기다렸다.

보스턴대 출신의 조지프 펠 스미스는 푸스줘(傅士卓)라는 중국어 이름이 있다. 그는 또 하버드대 페이정칭(费正清)연구소 중국연구 담당 부연구원이기도 하다. 그는 중국연구 분야에서 활발하게 활동해 오며 여러 차례 중국에 와 회의에 참가하고 강연을 했지만 중국에서 농촌선거를 실제로 지켜본 것은 이번이 처음이었다. 그는 보는 것과 보지 않는 것이 크게 다르다고 생각했다. "보완해야 할 부분이 있기는 하지만, 중국농촌에 이미 이런 기층선거가 있는 것을 보니 확실히 큰 발전이라고 느껴졌다", "선거를 통해 촌민들은 자치권리와 관원을 감독할 권리가 있게 되었다. 뿐만 아니라 절차적으로도 상당히 잘 되어 있었다. 경제여건이 다르고 풍속습관이 다른 곳을 포함해 중국농촌 선거에 대한 인식을 심화시킬 수 있도록 더 많은 곳을 방문해 보고 싶다."고 푸스줘는 이렇게 말했다.

촌민 자치의 민주선거, 민주적인 의사결정, 민주적인 관리, 민주적인 감독의 실천은 작은 불꽃이 들판을 태울 수 있는 것처럼 크게 발전했다. 중국공산당 제18차 전국대표대회 이래 시진핑 주석은 기층 민주자치제도를 견지·보완하고, 기층의 민주를 발전시키며, 인민이 법에 의해 민주 권리를 직접 행사할 수 있도록 보장하며, 기층의 민주건설에 유력한 지도와 중요한 이론적 지지를 제공해, 끊임없이 기층 민주의 심층적 발전을 촉진시켜야 한다고 여러 번 강조했다.

우선 중국공산당의 리더십이 기층의 민주건설에서 잘 드러났다. 시진핑 동지를 핵심으로 하는 중국공산당 중앙위원회는 과학적 집권·민주적 집권·법에 의한 집권 수준의 제고를 긴밀히 둘러싸고, 당 제도건설의 심화, 민주 집중제의 건설강화, 협상민주의 광범위하고 다층적인 제도화 발전을 추진하여 기층 민주의 발전에 강대한 원동력과 강력한 보장을 제공해주었다. 각급 당위는 자발적으로 당의 대중노선을 실행하고, 정치 지혜의 성장, 국정의 운영능력 증강을 인민의 창조적 실천 속에 깊이 뿌리박게 하고, 당내 민주로 기층의 민주를 이끌고 추진해 나가도록 했다. 당의 기층조직은 기층 대중의 자치 과정에서 핵심적인 지도역할을 충분히 발휘하여, 기층의 민주발전이 당의 방침정책, 결책의 배치와 일치하도록 효과적으로 보장해주었다. 2016년 말까지 전국 촌민위원회 중 당원 수는 전체 성원 수의 약 57.78%를 차지했다. 촌 당 조직서기가 촌민위원회 주임 직책을 겸임하는 것이 촌민위원회 주임 수의 약 34.23%를 차지했다. 주민위원회(居民委員会)에서는 당원 수가 53.92%를 차지했으며, 지역사회 당 조직서기가 주민위원회 주임 직을 겸임한 것이 전체 주민위원회 주임 수의 41.05%를 차지했다. 촌민위원회(주민위원회), 촌민소조(주민소조), 마을, 아파트단지, 아파트 건물 사이가 상하로 연결되고, 횡적으로 연동할 수 있는 기층의 대중적인 자치조직체계가 이루어졌으며, 당조직의 추천을 받은 많은 사람들이 법정절차를 통해 촌민위원회(주민위원회)에 들어가 촌과 지역사회의 리더로 되어 당의 노선이 기층에서 실행되어 효과를 볼 수 있도록 했다.

다음으로 기층 민주제도건설에서 중대한 진전이 있었다. 제12기 전국인민대표대회 제5차 회의에서는 「중화인민공화국 민법총칙」을 심의 통과시키고 촌민위원회와 주민위원회는 기층 대중성 자치조직의 법인 자격으로 직능 수행에 필요한 민사활동에 종사할 수 있음을 명확히 했다. 2016년 말까지 전 중국 25개 성(자치구, 직할시)에서 촌민위원회 조직법의 실시방법을 제정 또는 개정했고, 27개 성(자치구, 직할시)에서 촌민위원회 선거법을 제정 또는 개정했다. 「중화인민공화국 도시 주민위원회 조직법」개정도 적극 추진되었다. 중국공산당 중앙위원회·국무원은 도농 지역사회의 협상, 도농 지역사회의 관리, 향진정부의 서비스 능력건설 등과 관련해 문건을 하달했다. 중앙 관련 부서는 선후로 농촌 기층조직 건설, 지역사회 서비스체계 건설, 지역사회 부담 감소와 효율증가 등과 관련해 정책조치를 내놓았다. 민주선거가 질서 있게 추진되었다. 2016년 말까지 전국 27개 성(자치구, 직할시)에서 촌민위원회와 주민위원회 임기교체 선거에서 기한을 통일하고, 통일적으로 배치하고, 통일적으로 지도하고, 통일적으로 실시해, 선거 참여율이 90% 이상에 달했으며, 촌민위원회(주민위원회)의 지도부 구조를 최적화했다. 민주관리메커니즘을 보완했다. 전국 98%의 촌에서 「촌민규약」 또는 「촌민자치규약」을 제정하였고, 도시지역 사회에서는 「주민공약」 또는 「주민자치규약」을 보편적으로 제정해, 사회주의 핵심가치관이 충분히 체현되도록 했다. 민주적 감독이 안정적으로 추진되었다. 농촌에서는 촌 사무감독위원회가 전 농촌을 커버하였으며, 도시에서는 지역사회 사무 감독형식이 날로 풍부해졌고, 촌(지역사회) 사무 공개제도가 보편적으로 실시되었다. 업무보고와 문책 등의 메커니즘이 건전해졌다. 전국적으로 매년 170만 명의 촌 간부들이 직무수행과 청렴상황에 대해 보고하고, 23만여 명에 달하는 촌 간부에 대해 경제책임 회계감사를 했으며, 연인수로 근 210만 명에 달하는 촌간부에 대해 민주평의를 했다. 농촌 기층조직의 건설을 끊임없이 강화했다. '농촌의 불량배'와 종족의 악 세력에 대한 단속 강도를 높이고, 각종 법률 위반행위와 기율 위반행위를 엄벌했다. 촌민소조 또는 자연촌을 기본단위로 하는 촌민자치 시범을 질서 있게 추진했으며, 촌민자치의 지역 범위가 농촌 실제상황과 농민의 염원과 일치하도록 추진했다.

그 다음으로 기층 협상민주의 경로를 끊임없이 넓혔다. 중국공산당 중앙위원회와 국무원은 도농 지역사회 협상업무를 매우 중시했다. 시진핑 주석은 도농 지역사회 협상업무에 대해 여러 번이나 중요한 지시를 내렸다. 각 지방에서는 실제와 결부해 구체적인 방법을 연구, 제정하고, 착실하고 효과적인 조치를 취해 도농 지역사회 협상 실천이 끊임없이 심화되도록 추진했다. 2016년까지 각 성(자치구, 직할시)은 모두 도농지역 사회 협상을 강화하는데 관한 실시의견을 출범했으며, 각급 당위원회와 정부는 도농 지역사회 협상을 중요한 의사일정에 포함시키고 실제와 결합시켜 구체적인 방법을 마련했다. 일부 지방에서는 기층 대중의 이익에 관련된 사항을 놓고 협상목록을 작성해 협상

내용을 명확히 함으로써 지역사회 협상을 전개하는데 제도적 보장을 제공했다. 전국의 약 85%의 촌에서 촌민회의 또는 촌민대표회의제도를 건립하고, 89%의 지역사회에서 주민(성원)대표대회제도를 건립했으며, 64%의 지역사회에서 협상의사(议事)위원회를 설립했고, 57%의 촌에서 매년 1회 이상 촌민대표회의를 개최했다. "일이 있으면 의논하고, 일이 있으면 좋게 의논하는 것"이 이미 도농지역 사회에서 사회적 풍조로 되었다. '촌민(주민)의사(议事)', '아파트단지 협상', '부동산 소유주 협상', '촌민(주민) 결정 공청회' 등 협상형식이 전국 도농지역 사회에서 점차 보급되어, 대중이 협상에 참여하는 형식이 끊임없이 다양해지고 경로가 끊임없이 확대되었다.

2013년 11월 중국공산당 제18기 중앙위원회 제3차 전체회의에서 채택된 결정은 기층 민주를 발전시키는 데에 대해 다음과 같이 규정했다. "민주 경로를 원활히 하고, 기층의 선거·의사·공개·업무보고·문책 등 메커니즘을 완비토록 한다. 형식이 다양한 기층의 민주협상을 전개하고, 기층협상의 제도화를 추진하며, 주민·촌민 감독 메커니즘을 완비토록 한다. 도농지역 사회 관리와 기층 공공사무 및 공익사업에서 대중이 법에 따라 자기관리·자기봉사·자기교육·자기감독을 하도록 촉진한다. 기업과 비영리기관의 직원대표대회를 기본으로 하는 민주 관리 제도를 완비토록 한다. 사회조직의 민주 메커니즘 건설을 강화하고 직원이 관리와 감독에 참여하는 민주권리를 보장 한다."

이 짧은 세 구절의 규정은 이제 막 발전 중인 기층민주의 과거의 성취를 요약했고, 앞으로의 발전방향을 분명히 밝혔다.

중국 개혁개방 40년의 실천은 '역사 종결론'을 제기한 미국 학자 후쿠야마(福山)가 자신의 관점을 수정하게 했다. 그는 "중국 모델의 유효성은 서구 자유민주주의가 인류역사 진화의 끝이 아니라는 것을 증명한다. 인류사상의 보고는 중국전통에 한 자리를 남겨야 한다"고 했다. 중국의 정치민주가 이 한 자리의 중요한 구성부분이라는 데는 의심의 여지가 없다. 미국의 중국문제 전문가 데이비드 샴바(沈大伟)는 "경제개혁의 경험과 마찬가지로, 중국공산당은 점진적 정치개혁을 실시할 가능성이 가장 크다. 도처에서 새로운 방법을 시험한 후, 점차 전국적 범위에서 널리 보급하는 것이다. 성공한 경험은 받아들이고, 실패한 경험은 포기한다. 이러한 조심스러운 점진적 과정에서 새로운 정당·국가 즉 '서로 다른 모든 것들을 수용하고 축적하는 국가'가 형성되고 있다. 빠르게 변화하는 경제·사회 그리고 다른 분야와 마찬가지로 당대 중국의 정치는 다양한 외국의 실천과 본토의 실천을 반영할 것이며, 그것들을 종합하여 새로운 종류의 신형 혼합 정치 체제로 만들 것이다."라고 말했다.

국외자의 판단은 우리에게 다른 계발을 주었으며 달리 사고하게 만들었다. 중국 정치 체제개혁과 민주정치건설에는 새로운 민주가치의 선택이나 제도재편의 문제가 존재하지 않는다. 민주정치의 가치차원의 문제는 중국이 신민주주의 혁명의 역사적 단계에서 이미 선택을 했다. 중국 인민은 최종적으로 공산당의 영도, 인민대표대회 제도, 중국공산당이 이끄는 다당 협력과 정치협상제도, 민족 구역자치제도와 기층 대중자치제도 등 근본적이고 기본적인 정치제도를 확립했다.

'대역사'의 차원에서 본다면, 중국의 국정과 수천 년의 흥망성쇠의 역사적 경험에 따른 선택이다.

시진핑은 2013년 3월 러시아 방문 당시 모스크바 국제관계학원에서의 강연에서 "'신발이 맞는지 안 맞는지는 신어봐야 안다'고 한 나라 발전의 길이 적합한가, 적합하지 않은가 하는 것은 그 나라 국민에게 가장 발언권이 있다."고 말했다. 그는 또 전국인민대표대회 창립 60주년 경축대회에서 "「중국특색의 사회주의」 민주주의는 새로운 것이자 좋은 것이다. 물론 중국 정치제도가 완벽하여 보완과 발전이 필요 없는 것은 아니다. 제도에 대한 자신감은 스스로 고명하다고 생각하거나 스스로 만족하는 것이 아니며, 더우기는 앞으로 발전하지 않고 제자리걸음만 하는 것이 아니다. 제도에 대한 자신감과 끊임 없는 개혁 혁신을 통일시키고, 근본적인 정치제도와 기본적인 정치제도를 견지하는 기초 위에서 제도체계의 완성과 발전을 끊임없이 추진해야 한다. 우리는 줄곧 우리의 민주와 법치건설이 인민민주주의를 확대하는 것과 경제사회발전의 요구에 제대로 부응하지 못했고, 사회주의 민주정치의 체제, 메커니즘, 절차, 규범 그리고 구체적인 실행에 있어서 미비한 점이 있으며, 인민의 민주권리를 보장하고, 인민의 창조정신을 발휘하는 데 있어서도 약간의 부족함이 있으므로 계속 보완해야 한다고 인정해 왔다. 개혁을 전면 심화하는 과정에서 우리는 정치체제 개혁을 적극적으로 온당하게 추진하여, 인민의 주인으로서의 권리행사를 보장하는 것을 근본으로 하고, 당과 국가의 활력을 증진시키며, 인민의 적극성을 동원하는 것을 목표로 하여, 사회주의 정치문명을 끊임없이 건설해야 한다"고 말했다.

　이것이 바로 「중국특색의 사회주의」 정치의 발전 방향, 즉 명확하고도 확고한 것이며, 이것이 바로 「중국특색의 사회주의」 정치의 태도 즉 선명하고도 자신감이 있는 것이다.

4

문화의 번영과 발전을 추진하다

문화의 번영과
발전을 추진하다

　문화는 한 나라·한 민족의 영혼이다. 문화가 흥하면 국운이 흥하고 문화가 강하면 민족이 강해진다. 세계의 동방에 있는 중국은 문화가 유구하고 독보적이다. 세계 4대 문명 가운데서 중국문명만이 수천 년을 내려오면서 그 맥이 끊기 지를 않았다. 28년 동안 중국에 거주한 이탈리아인 마테오리치는 중국은 "일반적으로 온화하고 예의 바름을 중시하는 것으로 널리 알려져 있다"고 했으며, 또 "그들은 이미 가진 것에 만족하며 정복하려는 야심이 없다"고 말했다. 농업에 기반을 둔 중국문화는 19세기 중엽에 공업에 기반을 둔 구미문명의 강력한 충격을 받았고, 한때는 분할과 망국, 멸종의 위기에 직면했지만 결국에는 이를 이겨냈고, 중화문화도 이어질 수 있었다. 개혁개방 이래 종합적으로 국력이 높아지면서 중국은 문화적 자신감을 고양하여 정신문명건설에 있는 힘을 다 했다. 문화체제 개혁을 심화시키고, 시대에 맞는 신인을 육성하는데 주력했으며, 중국에 대한 설명을 잘 하는데 힘써 중화문화의 영향력과 경쟁력이 끊임없이 증강되었다. 지속적인 문화건설은 중국이 개혁개방을 추진하는데 중요한 버팀목이 되었다.

문화적 자신감을 굳히다

구미의 선진국이든 수많은 신흥국가든 대부분 특색이 다양한 문화 전통을 가지고 있다. 농경시기 중국의 농업문명은 세계적으로 독보적인 위치를 차지하면서 수백 년간 세계 각국을 앞섰다. 공업문명시대에는 영국이 산업혁명을 통해 세계의 정상에 올라섰으며 2세기에 걸쳐 번영해 왔다. 제2차 세계대전 후에는 미국이 영국을 대체하여 세계를 이끄는 패권국이 되었다. 국가의 흥기는 필연적으로 문화의 번영과 흥성을 동반하게 된다. 일찍이 휘황찬란했던 중국은 개혁개방이후 도광양회(韜光養晦)[5]와 고된 내공의 수련을 거쳐 경제·사회·문화 등 여러 면에서 세계가 주목하는 거대한 성과를 거두었다. 국력이 급속히 커지면서 중국인들은 자신의 문화에 대해 날로 자신감을 갖게되었다. 시진핑 주석은 문화에 대한 자신감을 확고히 하는 것은 국운의 흥망성쇠·문화안전· 민족정신의 독립에 관련된 일이라고 말했다. 문화의 자신감은 더욱 기초적이고, 더욱 광범위하며, 더욱 깊은 자신감이며, 더욱 기본적이고 더욱 깊고 지속적인 힘이다. 고도의 문화에 대한 자신감이 없고, 문화의 번영과 흥성이 없으면 중화민족의 위대한 부흥은 있을 수 없다.

문화에 대한 자신감을 확고히 함으로써 중국인들은 저력이 넘친다. 중화문화는 수천 년을 지나오면서 없어지지 않았고, 세인의 공인을 받았다. 중화문명이 후세에 길이 전해지고, 대대로 이어올 수 있었던 근본적인 원인은 중화 전통문화가 역사가 유구하고, 찬란하며,

---

5) 도광양회 : 자신을 드러내지 않고 때를 기다리며 실력을 기른다는 의미.

넓고 심오하며, 개방적이고 포용적이며 강한 생명력이 있기 때문이었다. 중화문화의 한자는 가로 획, 세로획과 왼 삐침, 오른 삐침으로 중국의 기나긴 문화 역사를 기록해 왔고, 중국인의 건곤(乾坤) 대 세계를 담아 왔다. '정(正)', '직(直)' 두 글자를 예로 들자면, 행(行)이 궤도를 벗어나지 않으면 정(正)이고, 한눈을 팔지 않으면 직(直)이다. 한자를 만든 의도는 세인들에게 길을 똑똑히 보고 목표를 향해 돌진하라고 알려준다. 이는 옛사람들의 사상이지만 오늘의 정신에도 부합된다. 한자만의 매력과 변천사는 세계 각지의 한자를 사랑하는 사람들을 매료시켰다. 중국 CCTV의 보도에 따르면, 미국에서 온 '한자아저씨' 리차드는 반평생을 한자 연구에 쏟아 부었다. 그는 한자를 연구하기 위해 저금을 다 써버렸는가 하면, 하마터면 추방당할 뻔하기도 했다. 그는 20년 동안 갑골문(甲骨文), 금문(金文), 소전(小篆) 등의 자형(字形)을 정리해 인터넷에 올렸다. 더 많은 사람들이 한자에 대해 이해하고, 한자를 알게 하며, 한자를 보급하기 위해서였다. 그는 "내가 젊은 사람들의 삶을 조금이나마 변화시킬 수 있다고 생각한다"고 말했다. 그는 비록 금발에 푸른 눈이었지만, 언어 전달에 있어서 더듬거리며 말을 했지만, 끈질긴 추구와 반짝이는 눈빛, 기품 있는 행동거지는 한자가 전승해 온 정신과 전통문화 속의 겸손한 군자의 세계적 이미지가 아닌가 한다.

한자를 저장장치로 하는 중화문화는 넓고 심오하여, 중화민족이 대대로 이어지고 발전·장대해지는데 있어서 강한 정신적 뒷받침이 되었다. 특히 중화의 우수한 전통문화가 함축하고 있는 사상관념, 예를 들면 낡은 것을 타파하고 새로운 것을 창조하는 것(革故鼎新), 시대와 더불어 발전하는 것(与时俱进), 실제에 입각하는 것(脚踏实地), 실사구시 하는 것(实事求是), 백성에게 혜택을 주고 이롭게 하는 것(惠民利民), 백성이 안정되고 부유한 삶을 누리게 하는 것(安民富民), 자연법칙에 따르는 것(道法自然), 천일합일(天人合一)에 이르는 것 등은 사람들이 세상을 인식하고 개조하는데 유익한 계발을 주었으며, 국정운영에 유익한 귀감이 되었다. 중화의 우수한 전통문화에 내포된 인문정신, 예를 들면, 이견은 보류하고 합의점을 도출하는 것(求同存异), 남과 어울리면서도 자기 입장을 지키는(和而不同) 처세 방법, 글로써 사상을 표현하는 것(文以载道), 문화인의 교화사상으로 이루어진 외양과 내용이 겸비되고(形神兼备), 경물과 감정 잘 어우러진(情景交融) 미학적 추구, 근검한 태도(俭约自守), 중화되고 온건한(中和泰和) 생활이념 등은 중화민족의 독특하고 풍부한 문학예술, 과학기술, 인문학술을 자양해 냈으며, 오늘날까지 여전히 심후한 영향을 미치고 있다. 중화의 우수한 전통문화에 내포된 도덕규범, 이를테면, 천하의 흥망은 필부에게도 책임이 있다(天下兴亡, 匹夫有责)는 책임의식, 나라에 대한 충성심(精忠报国)과 애국심, 도덕을 숭상하고 선한 것을 지향하며(崇德向善) 현명한 사람을 따라 배우려는(见贤思齐) 사회풍조, 부모에게 효도하고 형제간에 우애하며, 친구에게 신의를 지키며(孝悌忠信), 예의가 있고 의리가 있으며 청렴하고 부끄러움을 아는(礼义廉耻) 영욕(荣辱)관념은 시비곡직을 판정하는 가치기준을 구현하고 있으며, 은연 중에 중국인의 행동방식에 영향을 미치고 있다.

중국의 방대한 역사·문화 전적에는 풍부한 철학지혜, 생활지혜, 정치지혜가 포함되어 있으며, 풍부한 역사경험, 국정운영 이념 및 독특한 징표가 되는 중국정신, 중국지혜, 중국이념, 중국가치 등이 포함되어 있다. 중국적 특색을 극명하게 담고 있는 이런 이념과 지혜는 일단 각국 사람들에게 이해되면 모두가 진심으로 칭찬하게 되며, 깊은 영향을 받게 된다. 예컨대 "자신이 원하지 않는 것을 남에게 강요하지 말라.(己所不欲, 勿施于人.)"는 것은 다른 사람의 생명존엄과 생명가치를 소중하게 여기는 것으로 인간관계를 처리함에 있어서의 큰 지혜일뿐만 아니라, 국가와 국가 간의 관계를 처리하는 도의준칙으로서 이미 세계 각국과 국제기구가 공감하고 있는 것이다. 또 다른 예로 중화문화는 화합을 제창하고, 사람들이 성실하고 신용을 지키며, 관대하고 장중하며, 겸손하고 온화한 품성을 함양할 것을 주장하고, "화합을 중히 여기는 것(和为贵)"을 실현할 것을 요구한다. 중국인이 문화에 대한 자신감은 우선 중화문화의 정보전달에 내재된 중국정신, 중국지혜, 중국이념, 중국가치에 대한 전반적인 이해와 파악을 기반으로 한다. 또한 중화의 우수한 전통문화가 가진 '해납백천(海纳百川)'[6]의 큰 포용력, "개방적이고, 포용적이며, 여러 가지 다양한 것들을 받아들일 수 있는" 큰 기상·큰 흉금 위에 세워진 것이다.

　　문화에 대한 자신감은 중화문화가 잉태한 발달된 농업과 수공업에서 비롯되었을 뿐만 아니라, 수많은 위대한 사상가·과학가·발명가·

---

6) 해납백천 : 바다는 수많은 강물을 모두 받아들인다는 뜻으로, 다른 사람을 탓하지 않고 너그럽게 감싸 주거나 받아들이는 마음을 이르는 말.

정치가·군사가·문학가·예술가들이 나타난 것과 풍부한 문화전적에서도 비롯되었다. 또한 근대에 와서 중화민족이 가난과 약세에 처했을 때 나타난 수많은 인인지사들이 국가를 구하고 민족의 생존을 도모하는 어려운 투쟁 속에서, 특히 중국공산당이 중국 인민을 영도하여 민족해방·국가독립·사회진보를 쟁취하는 위대한 투쟁 속에서 형성된 혁명문화와 홍색문화 등 우량한 전통에서 비롯된 것이다. 또한 사회주의 길을 선택한 후의 어렵고도 굴곡적인 탐색과 좌절, 실수와 실책 속에서 형성된 특히 개혁개방 40년 동안 형성되고 풍부해진 「중국특색의 사회주의」 선진문화에서 비롯된 것이다. 혁명문화와 사회주의 선진문화는 모두 중화문화 속에 있는 매우 풍부한 새로운 장이며 새로운 전통이다.

새로운 시대에 들어서서 계속 문화의 자신감을 확고히 하고 중화문화의 번영과 발전을 추진하며, 국가의 문화 소프트 실력을 끊임없이 제고해야 한다. 또한 우수한 중화 전통문화의 창조적 전환과 혁신적인 발전을 촉진시켜야 한다. 혁명문화를 계승하고 사회주의 선진문화를 발전시키며, 근본을 잊지 않고 외래문화를 흡수하며, 미래지향적인 중국정신·중국가치·중국역량을 더욱 좋게 구축해야 한다.

문명건설을 하다

개혁개방 이래 중국사회의 문명수준은 눈에 띄게 향상되었지만, 일부 사람들은 여전히 부귀를 추구하고 욕망·허영·안일 등 직접적 즐거움을 추구하는 얕은 차원에 머물러 있었다. '금전만능'의 영향으로 세상풍조가 날로 나빠지고 인심이 각박해졌다. 문명 건설을 진행하는 것은 사회주의 현대화와 중화민족의 위대한 부흥을 실현하는 과정에서의 필수과목으로서 전반적인 개혁개방 과정에 일관되게 들어 있다. 지난 수십 년 동안 중국은 사회문명의 수준을 높이기 위해 문명건설에 비교적 힘을 기울여 적극적이고 유익한 사업을 많이 하였다. 1980년대에는 "다섯 가지를 지키고, 네 가지를 아름답게 하며, 세 가지를 사랑하는(五讲四美三热爱)" 활동을 전개했다. 이 활동은 중국 청소년들에게 사회주의 정신문명 건설을 위한 일종의 교육형식이다. 활동의 기본내용은 문명·예절·위생·질서·도덕을 지키며, 마음·언어·행동·환경을 아름답게 하며, 조국·사회주의제도·당을 사랑하는 것이다. 1983년 3월 11일 중국공산당 중앙위원회가 "다섯 가지를 지키고, 네 가지를 아름답게 하며, 세 가지를 사랑하는(五讲四美三热爱)" 활동 위원회를 설립한데 이어, 각 성·자치구·직할시에서도 "다섯 가지를 지키고, 네 가지를 아름답게 하며, 세 가지를 사랑하는(五讲四美三热爱)" 활동위원회를 설립했다. 중국공산주의청년단 중앙에서는 또 이 교육활동을 실제화 하여 전국에서 "다섯 가지를 지키고, 네 가지를 아름답게 하며, 세 가지를 사랑하는" 우수한 청년 프로젝트를 대대적으로 보급했다. 1985년 12월 23일 전국적으로 98건의 "다섯 가지를 지키고, 네 가지를 아름답게 하며, 세 가지를 사랑하는" 우수한 청년 프로젝트가 중국공산주의 청년단 중앙으로부터 표창을 받았다. 1980년대 중기 이후에 이 활동은 더욱 깊이 있게 전개되어 사회주의 정신문명 건설의 중요한 사업이 되었다.

전국적으로 레이펑(雷鋒)[7] 따라 배우기 활동을 전개하는 것도 문명 건설의 중요한 정보 전달이었다. 1980년대 덩샤오핑은 전국 인민을 이끌고 업무의 중심을 전환하여 개혁개방과 사회주의 현대화 건설의 새로운 장을 여는 동시에, 레이펑정신의 시대적 의미를 예리하게 보고 다시 한 번 레이펑을 따라 배우라고 호소하면서 레이펑 따라 배우기 활동이 다시 열기를 띠기 시작했으며, 각 전선에서 많은 레이펑 식 선진 인물들이 쏟아져 나왔다. 1990년대에는 공헌을 주제로 하는 자원봉사정신이 이어지고 고양되었으며, 청년 자원봉사자 활동과 대중성 레이펑 따라 배우기 활동이 유기적으로 잘 결합되어 전 국민이 레이펑을 따라 배우는 조직체계를 갖추게 되었고, 레이펑을 따라 배우는 활동이 광범한 대중성을 띤 기초에서 일상화 되었다. 2001년 중국공산당 중앙위원회는 "공민 도덕 건설 실시 요강"을 발부하여 레이펑 따라 배우기 활동은 공민도덕건설과 상호 결합되면서 새로운 활력을 보였다. 2011년 10월 레이펑 서거 50주년에 즈음하여 중국공산당 제17기 중앙위원회 제6차 전체회의는 "레이펑 따라 배우기 활동을 깊이 있게 전개하고, 조치를 취해 레이펑 따라 배우기 활동의 상시화를 추진해야 한다"고 강조했다. 이는 레이펑을 따라 배우는 활

7) 레이펑 : 레이펑은 후난(湖南)성 창사(長沙) 출신으로 본명은 레이정싱(雷正興)이다. 빈농의 가정에서 자라난 그는 7세에 부모를 여의고 삼촌 밑에서 자라났다. 1957년 공청단(共靑團)에 가입했다. 1960년에 키 154cm, 몸무게 55kg의 왜소한 체구로 우여곡절 끝에 숙원(宿願)하던 인민해방군에 입대했다. 그는 트럭 운전병으로서 매사에 솔선수범하던 평범한 병사였다. 그리고 누구보다도 마오쩌둥 사상 학습에 열성적이었다. 입대 후 2년 반 되던 해인 1962년 8월, 후임병사가 운전하는 차의 후진을 거들다 각목에 두부를 맞는 불의의 사고를 당해 22살의 나이로 순직했다. 국방부는 이듬해 초, 그가 속했던 수송반 이름을 '레이펑 반(雷鋒班)'으로 명명하면서 그를 기렸다.

동을 계속 깊이 있게 전개하는데 새로운 발전방향을 제시했으며, 새로운 역사발전의 계기를 제공했다. 2012년 3월 중국공산당 중앙위원회 판공청(办公厅)은 "레이펑 따라 배우기 활동을 깊이 있게 전개하는데 관한 의견"을 발부하여 사회주의 핵심가치체계를 구축하는데 초점을 두고, 사회공덕·직업도덕·가정미덕·개인덕목 건설을 추진하는데 초점을 두며, 공민의 사상도덕 자질과 사회문명 정도를 향상시키는데 초점을 두어야 한다고 했다. 또한 레이펑정신을 전승·고양하는 것을 주제로 하고, 청소년을 중점으로 사회 자원봉사를 담체로 삼아, 현실에 접근하고, 생활에 접근하며, 대중에 접근하고, 내용을 혁신하며, 형식을 혁신하고, 수단을 혁신하여 레이펑 사적과 레이펑정신, 레이펑식 모범에 대한 선전교육을 더욱 광범위하게 진행하고, 레이펑을 따라 배우는 실천 활동과 사회 자원봉사활동을 폭넓게 전개하고, 애국·프로정신·성실·친절 등 기본 도덕규범을 보급하며, 레이펑 따라 배우기 활동의 일상화와 제도화를 추진해야 한다고 했다. 그리하여 레이펑정신을 실천하고, 선진모범을 쟁취하는 생동적인 국면이 이루어지고, 사람마다 서로 상대방을 위하는 양호한 분위기가 이루어지도록 한다는 것이었다. 이에 선전부문은 신중한 절차를 걸쳐 2015년·2016년·2017년 등 세 번에 걸쳐 전국 레이펑 따라 배우기 활동시범 지와 전국 각 직장에서의 레이펑 따라 배우기 모범을 발표했다. 이들 시범 지와 모범은 자신의 영역과 위치에서 선도적 역할을 톡톡히 했다. 궈밍이(郭明义)는 레이펑 따라 배우기의 모범이다. 그는 시시각각으로 레이펑을 본받으려고 했다. 궈밍이와 레이펑 사이에는 깊은 인연이 있었다. 궈밍이를 군에 입대시킨 정위(政委)는 과거 레이펑을 군에 입대시킨 노 홍군인 위신위안(余新元)이다. 레이펑과 마찬가지로 궈밍이도 선양군관구(沈阳军区)의 운전병이었다. 군 입대 후 궈밍이는 자발적으로 당 조직에 접근하였고, 여러 번이나 당 조직에 입당신청서를 제출했다. 1981년 6월 20일 궈밍이는 소원대로 선홍색 당기 아래에서 "나는 중국공산당에 가입하기를 자원한다…"고 정중하게 선서했다. 1982년 궈밍이는 군대를 제대하고 안산강철회사에 들어갔다. 안산강철회사 치따산(齐大山)철광산에 들어간 궈밍이는 6가지 다른 일을 했다. 대형자동차 기사로부터 작업장의 공산주의청년단 서기에 이르기까지, 철광산 당위원회 선전부 간사로부터 작업장 통계원 겸 인사 관련 직원으로 일하기까지, 그리고 영어 번역으로부터 채광장 도로 관리원으로 일하기까지, 그는 어떤 직위에서든 모두 최선을 다 했다. 1990년 치따산철광은 직원들에게 의무적으로 헌혈할 것을 호소했다. 궈밍이는 즉각 헌혈하겠다고 신청했다. 궈밍이는 사회와 기업, 그리고 타인에게 의미 있는 일이 생겼을 때면, 항상 자신은 공산당원이라는 점을 생각하게 된다고 말했다. 그리하여 궈밍이가 처음으로 헌혈한 것이다. 바로 이번 헌혈에서 그는 그들이 헌혈한 피가 타인의 생명을 구할 수 있지만, 혈액은행에는 늘 혈액원이 부족하다는 사실을 알게 되었다. 그때로부터 그는 해마다 무상 헌혈을 해왔고, 때로는 1년에 두 번씩이나 헌혈했다. 그는 이와 같은 무상 헌혈을 멈추지 않았다. 그는 모두 6만 밀리리터나 되는 피를 헌혈했다. 이는 그의 신체 혈액량의 10배가 넘었다. 당시 궈밍이는 월급이 600위안 미만이었는데, 연로한 부모와 학교에 다니는 딸이 있었다. 그들 일가족 3명은 도시 외곽에 있는 1980년대 중반에 지은 40㎡도 안 되는 집에서 살았다. 하지만 더 많은 아이들이 공부할 수 있도록 하기 위해, 10여 년 동안 그는 모두 7만여 위안을 기부했으며, 100여 명의 가난한 아이들을 도왔다. 궈밍이의 이야기는 많은 사람들에게 알려졌다. 그는 "당원이라면 일반인과 달라야 한다. 우리는 그들보다 더 많은 것을 해야 한다. 즉 '하는 것'에 방점을 두어야 한다. 레이펑을 따라 배운다고 말해야 하고, 앞에 나서야 하며, 나아가 실천해야 한다"고 말했다. 찬양을 받은 궈밍이는 자신은 당기 아래에서의 맹세를 이행했을 뿐이라고 했다. 물론 레이펑 따라 배우기 활동을 국민교육과 정신문명 건설·당 건설을 하는 전반과정에 융합시켜야 한다는 정세 하에서, "어떻게 반세기 남짓한 동안을 진행해 온 레이펑 따라 배우기 활동의 역사적 경험을 거울로 삼아 사회주의 핵심가치 체계의 건설을 추진할 것인가?" 하는 것이 레이펑 따라 배우기 활동이 새로운 시대에서 직면한 새로운 과제였다.

  사회주의 영욕관에 대한 제기도 문명건설을 진행하는 중요한 내용이었다. 그 기본내용은 "여덟 가지 영광과 여덟 가지 수치(八榮八恥)"였다. 즉 조국을 사랑하는 것을 영광으로 여기고, 조국에 해를 끼치는 것을 수치로 여기며, 인민을 위해 봉사하는 것을 영광으로 여기고, 인민을 배반하는 것을 수치로 여긴다. 과학을 숭상하는 것을 영광으로 여기고, 우매와 무지를 수치로 여기며, 부지런히 노동하는 것을 영광으로 여기고, 일하기 싫어하는 것을 수치로 여긴다. 단결하고 서로 돕는 것을 영광으로 여기고, 남에게 손해를 끼치면서 자신의 이익만 도모하는 것을 수치로 여기며, 성실하고 신용을 지키는 것을 영광으로 여기고, 사리사욕에 눈이 어두워 의리를 저버리는 것을 수치로 여긴다. 법과 규율을 지키는 것을 영광으로 여기고, 법을 어기거나 규율을 위반하는 것을 수치로 여기며, 고된 분투를 영광으로 여기고, 교만하고 사치스러우며 방탕한 생활을 하는 것을 수치로 여긴다. "여덟 가지 영광과 여덟 가지 수치(八榮八耻)"는 대중의 사상도덕 발전 수준과 공동의 이상을 기초와 근본적인 의거로 하며, 사회주의 사상도덕체계를 풍부히 하고 발전시킨 것으로, 풍부한 내용과 선명한 시대적 특징을 가지고 있다. 사회주의 영욕관의 수립은 좋은 사회적 풍토를 확립하는 근본적인 길이며, 사회주의 조화로운 사회를 구축하는 사상 도덕적 기반이다. "여덟 가지 영광과 여덟 가지 수치(八榮八耻)"를 구체 내용으로 하는 사회주의 영욕관은 국민도덕 건설에 새로운 기준을 세우고, 사회주의 사상도덕 건설을 강화하는데 긍정적인 영향을 주었다.

문명도시 건설은 문명창조 활동의 중요한 형식이었다. 1984년 6월 전국 "다섯 가지를 중시하고, 네 가지를 아름답게 하며, 세 가지를 사랑하는 활동" 실무회의가 푸젠(福建) 산밍(三明)에서 개최되어 전국 문명도시 건설의 서막을 열었다. 산밍시는 전국의 대중적인 정신문명 건설 발상지의 하나가 되었다. 1996년 10월 중국공산당 제14기 중앙위원회 제6차 전체회의는 "사회주의 정신문명 건설을 강화하는 데에 관한 약간의 중대한 문제에 대한 중국공산당 중앙위원회의 의견"을 통과시켜, 문명도시, 문명 촌, 문명 업종을 대표로 하는 대중적 정신문명 건설 활동을 전면적으로 전개했다. 20여 년 동안 문명도시 건설이 심도 있게 진행되어 일련의 선진 전형이 배출되었고, 일련의 전국 문명도시가 선정되어 각지에서 문명도시를 건설하는 붐을 일으켰다. 특히 중국공산당 제18차 전국대표대회 이래 시진핑 동지를 핵심으로 하는 중국공산당 중앙위원회의 강력한 지도하에서 문명 도시건설은 새로운 발전을 이룩하였고, 새로운 국면을 개척했다. 2014년 9월 16일 전국 "다섯 가지를 중시하고, 네 가지를 아름답게 하며, 세 가지를 사랑하는 활동" 30주년 기념세미나가 푸젠성 산밍에서 개최되었다. 전국 정신문명 건설업계의 종사자들이 한자리에 모여 30년간의 문명건설 성과를 회고했다. 2015년 2월 28일 시진핑 주석은 제4회 전국 문명도시, 문명 촌·진, 문명 부문과 미성년 사상도덕 건설사업 선진 대표들을 회견하고, 중요한 연설을 발표해, 문명도시 건설의 진로를 제시하고 근본적인 준거를 제공하여 전국적으로 문명도시 건설 열망이 전에 없이 높아지게 했고, 건설수준이 뚜렷이 제고되었다.

문화체제 개혁을 심화시키다

개혁개방 이래 특히 중국공산당 제16차 전국대표대회 이래 문화체제에 존재하는 많은 문제들에 비추어, 중국공산당 중앙위원회는 결심을 내리고 문화체제 개혁을 추진했다. 중국공산당 제16차 전국대표대회에서는 문화산업과 문화 사업을 구분할 것을 제기함으로써 문화체제 개혁의 방향을 명확히 했다. 2003년 6월 중앙위원회는 문화체제

개혁 시범작업회의를 소집하고, 9개 지역과 35개 문화부문에서 시범작업을 하기로 확정했다. 2년여의 탐색과 내실 있는 작업을 거쳐, 각 지역의 시범구와 시범부문은 중앙에서 확정한 임무를 기본적으로 완성했고, 개혁의 일반화에 점차 널리 보급할 수 있도록 전형적인 시범을 제공하고 새로운 경험을 쌓았다. 시행경험을 진지하게 총체화한 기초 위에서 2006년 초 "문화체제 개혁을 심화시키는데 관한 중국공산당 중앙위원회와 국무원의 약간의 의견"을 반포해 실시했다. 2006년 3월 베이징에서 열린 전국문화체제개혁실무회의는 문화체제 개혁이 직면한 형세와 임무를 분석하고, 문화체제 개혁의 중대한 의의를 논술하였으며, 문화체제 개혁의 전면적인 추진에 대해 구체적으로 조치했다. 2007년 중국공산당 제17차 전국대표대회는 문화건설의 극단적인 중요성을 깊이 있게 논술하고, 전 당에 더욱 자각적이고, 더욱 주동적으로 문화의 대 발전과 대 번영을 추진하고, 사회주의 문화건설의 새로운 고조를 불러일으키며, 국가의 문화소프트 실력을 제고시킬 것을 호소했다. 2008년 4월 중앙위원회는 전국문화체제개혁실무회의를 열고 중국공산당 제17차 전국대표대회의 정신을 심층적으로 실시하여, 문화체제 개혁이 끊임없이 새로운 실질적 진전을 이루도록 추진해야 한다고 강조했다. 문화예술·라디오·영화·텔레비전, 신문출판 등 분야의 체제개혁이 전면적으로 추진되었고, 종심으로 확장하는 새로운 단계에 진입했다. 그 후부터 지금까지 중앙위원회는 해마다 문화체제개혁실무회의를 열고 문화체제 개혁에 대해 조치하고, 개혁경험을 종합하며 교류해 왔다. 특히 중국공산당 제18차 전국대표대회 이래 각 지역·각 부문은 시진핑 동지를 핵심으로 하는 중국공산당 중앙위원회의 지도하에 정확한 여론 선도를 견지하고, 문화체제 개혁 발전의 주도권을 단단히 움켜쥐었으며, 문화개혁 발전에서 중대한 진전과 뚜렷한 성과를 거두었다.

공공문화 사업이 계속 진보발전하고, 공공문화 시설이 계속 보완되었으며, 도시와 농촌을 커버하는 공공문화 서비스네트워크가 기초적으로 구축되었고, 공공문화 서비스의 이념이 심화되었으며, 공공문화 서비스의 능력과 균등화 수준이 점차 높아졌다. 국가통계국이 발표한 개혁개방 40년 경제사회 발전성과에 대한 계열별 보고에 따르면, 2017년까지 전국적으로 대중문화기구는 모두 44,521개로, 1978년보다 37,628개가 늘어나 5.5배 증가했고, 1979년부터 2017년까지 연평균 4.9%가 신장되었다. 박물관은 4,721개로, 1978년에 비해 4,372개 늘어나 12.5배 증가했고, 연평균 6.9% 신장했다. 공공 도서관은 3,166개로, 1978년에 비해 1,948개 늘어나 1.6배 증가했고 연평균 2.5% 신장했다. 라디오·텔레비전 방송이 커버하는 지역도 지속적으로 확대됐다. 2017년 말까지 전국 라디오방송 종합인구 커버율은 98.7%로, 1985년에 비해 30.4% 포인트 높아졌다. 전국 TV방송 종합 인구 커버율은 99.1%로 1985년에 비해 30.7% 포인트 높아졌다. 출판업도 활발히 발전했다. 2017년 전국 도서출판 종류 수는 512,000가지로, 1978년에 비해 498,000가지가 늘어나 35.6배 증가했다. 도서의 총 인쇄량은 92억 4,000만 부(部)로, 1978년에 비해 54억 7,000만 부 늘어나 1.4배 증가했고, 연평균 2.3% 신장했다. 전국 정기간행물 수는 10,130개로, 1978년에 비해 9,200개가 늘어나, 9.9배 증가했고, 연평균 6.3% 신장했다. 이로부터 개혁개방 이래, 특히 중국공산당 제18차 전국대표대회 이래 기층의 공공문화 시설이 지속적으로 개선되고, 공공문화 사업이 지속적으로 진보했으며, 주민의 문화소비 수준이 지속적으로 향상되었음을 알 수 있다.

문화체제 개혁의 추진 하에 문화산업의 규모가 계속 커지고 질이 끊임없이 향상되었다. 국민 문화소비 수요의 질적 향상, 양적 확대와 더불어 문화의 시장진입 기준이 완화되고, 시장주체와 경영방식이 날로 다원화되고 문화산업의 규모가 날로 커졌다. 특히 중국공산당 제18차 전국대표대회 이래, 현대 문화산업시스템의 구축이 가속화되었고, 공급 측면의 구조적인 개혁이 계속 심화되면서 일련의 문화기업과 브랜드가 크게 발전하고 강해졌으며, 문화산업 발전의 질과 수익성이 높아졌다. 초보적인 추산에 따르면, 2017년에는 문화산업 증가치가 2004년에 비해 9.3배 증가한 3조5,462억 위안을 기록했고, 2005년부터 2017년까지 연평균 19.7% 성장하여 같은 기간 국내총생산 현재가보다 연평균 6.3% 포인트 높아 문화산업의 쾌속 성장추세를 보였다. 문화산업의 지속가능한 발전을 추진하기 위해, 문화시장 주체를 끊임없이 육성·발전시키고, 기간 문화기업 육성의 강도를 높이고, 사회자본의 문화산업 진출을 권장·인도해, 공유제를 주체로 하고, 다양한 소유제가 함께 발전하는 문화산업 구도를 형성했다. 2010년 중국공산당 중앙위원회 선전부, 국가라디오텔레비전방송총국(国家广电总局)의 비준을 거쳐, 중국영화그룹회사(中国电影集团公司)는 중국국

제방송총회사(中国国际电视总公司), 양광미디어발전총회사(央广传媒发展总公司), 창잉그룹유한책임회사(长影集团有限责任公司), 중국연합인터넷통신그룹유한회사(中国联合网络通信集团有限公司) 등 7개 기관과 공동으로 중국영화주식유한회사를 설립했다. 2016년 8월 9일, 중국영화주식유한회사는 A주 시장에서 성공적으로 상륙해 상하이증권거래소에서 정식으로 상장했다. 이 회사의 업무는 영화제작·배급·상영 및 영화 서비스 등 4대 업무가 포괄되었는데, 영화의 제작·배급·마케팅·상영관 체인·영화관·기자재 생산과 판매·상영시스템 임대·연예 매니지먼트 등의 업무를 다루며 해외 유명 영화업체 수백 곳과 긴밀한 협력관계를 맺고 있다. 중국영화주식유한회사는 사회적 효익을 우선순위에 놓고 사회적 효익과 경제적 효익의 상호 통일을 실현하기 위해 노력하여 최근 몇 년 동안 100여 편의 각종 영화를 제작해 냈다. 「대당현장(大唐玄奘)」, 「미인(美人鱼)」, 「울프토템(狼图腾)」, 「건당위업(建党伟业)」, 「건국대업(建国大业)」, 「건군대업(建军大业)」등의 영화는 광범위한 사회적 영향력을 가졌다. 또한 1000여 편의 영화와 드라마 제작에 서비스를 제공했으며, 현재 중국 영화계에서 활약하고 있는 작가·감독·배우 및 여러 유형의 영화 관련 전문기술 인력을 대거 양성해 냈다. 회사 산하의 국가중영디지털제작기지(国家中影数字制作基地)는 기술이 선진적이고, 시설이 완벽하며, 세계적인 규모의 5,000m2의 스튜디오를 포함한 16개를 스튜디어를 가지고 있다. 풀 디지털화된 영화후기제작센터는 영화사운드 제작·화면 편집·디지털 인터미디에이트 제작·시각적 특수효과 제작, 애니메이션 제작 등의 완벽한 영화 제작

능력을 갖추고 있다. 중국영화주식유한회사는 전국에서 가장 큰 디지털 영화배급 관리플랫폼을 가지고 있으며, 디지털 영화배급 분야에서 시장의 주도적 지위를 차지, 최근 몇 년간 거의 1000여 편의 국내외 영화를 배급했다. 회사 산하에는 7개의 지주·합자 상영관 체인 및 100여 개의 지주 영화관이 있으며, 박스오피스 수입이 전국 박스오피스 총액의 1/4을 초과했다. 통계에 따르면, 2018년 제10회 "전국 문화기업 30강"의 경영 수입·순자산·순이익 3가지 지표가 사상 최대치를 기록했다.

문화산업을 규모화·집약화·전문화 방향으로 발전시키고, 집적효과를 충분히 발휘시키기 위해 각 지역과 관계부문은 문화산업단지와 기지계획건설을 강화했으며, 지역문화 산업의 조화로운 발전을 강력 추진하고, 자원 통합을 추진했으며, 산업구도를 최적화하고, 구조조정을 가속화했다. 문화 기간기업의 수가 해마다 늘어나고, 기업규모가 지속적으로 확대되었으며, 규모화·집약화·전문화 수준이 한층 더 높아졌고, 문화산업의 발전 동력이 끊임없이 증강되었다.

실천의 발전은 끝이 없고, 개혁과 혁신은 끝이 없으며, 문화체제 개혁은 진행형만 있고 완성형은 없었다. 중국공산당 제18차 전국대표대회에서 제기한 샤오캉사회의 전면 실현과 개혁개방의 전면적인 심화라는 "두 가지 전면"에 대한 요구는 문화체제 개혁에 새로운 지평을 열고, 새로운 동력을 불어넣었으며, 새로운 요구를 제시하였다. 2018년 8월 시진핑 주석은 전국선전사상실무회의에서 문화산업의 고품질 발전을 추진하고, 현대 문화산업 체계와 시장체계를 건전화하며, 각종 문화시장 주체가 발전 장대하도록 추진하고, 새로운 문화산업 형태와 문화소비 모델을 육성해, 고품질 문화를 공급함으로써 사람들의 문화에 대한 획득감과 행복감을 증가시켜야 한다고 강조했다. 그는 또 문화체제 개혁을 확고부동하게 심화시키고, 문화 혁신창조 활력을 끊임없이 불러일으켜야 한다고 말했다. 이는 문화 개혁발전을 가속화함에 있어서의 기본준칙을 더욱 명확히 한 것이었다. 문화체제 개혁을 계속 심화하고, 개혁의 체계성·전체성·협동성을 계속 강화하며, 문화자원 배치에 있어서의 시장의 적극적인 역할을 발휘하고, 문화분야 종사자들과 사회 전반의 문화 창조열의를 불러일으키고, 문화사업과 문화산업의 번영발전을 추진하며, 더 많고 더 훌륭한 문화제품과 문화서비스를 제공해야만 샤오캉사회를 전면적으로 실현하는 위대한 행정에서 대중의 날로 늘어나는 정신문화 관련 요구를 더욱 잘 충족시킬 수 있고, 개혁을 전면적으로 심화시키는 위대한 사업에서 각 분야의 제도가 보다 성숙되고 정형화되어야 하는 시대적 요구에 더욱 잘 부응할 수 있으며, 혁신과 창조에 유리한 문화발전 환경을 조성할 수가 있다.

문화건설을 추진하는 과정에서 중국 대지에는 우수한 문화팀들이 많이 나타났다. 네이멍꾸(內蒙古) 대 초원에 나타난 우란무치(乌兰牧骑)가 바로 그 걸출한 대표이다. 우란무치의 몽골어 뜻은 "붉은 새싹"인데, 이는 붉은 문화공작대를 말한다. 즉 초원의 농가와 몽골 파오(包)에서 활약하는 문예단체이다. 개혁개방 이래 우란무치는 시종 꾸준히 전심전력으로 농목민을 위해 봉사해 와 그들로부터 "우리들의 우란무치"라고 불렸고, 우란무치 대원들은 "우리의 아이들"이라고 불렸다. 우란무치의 대원들은 대부분 초원의 농목민이다. 이들은 작은 팀이지만 대원들마다 다재다능하다. 진행자가 노래를 부를 수 있는가 하면, 가수가 마두금[8] 반주를 할 수도 있다. 마두금을 내려놓으면 사발춤을 출 수 있다. 더욱 중요한 것은 그들이 무대에 서면 멋진 공연을 할 수 있고, 무대에서 내려오면 요리도 할 수 있고, 빨래도 할 수 있으며, 농목민들을 위해 전기기구를 수리하고, 과학문화 지식을 전파할 수도 있다는 점이다. 우란무치의 프로들은 대부분 스스로 만들고 연기하는데 주로 농목민들의 생활을 반영했다. 이런 프로들은 규모는 작지만 다양하다. 2017년 11월 21일 시진핑 주석은 네이멍구자치구 수니트(苏尼特)우기(右旗)의 우란무치 대원들에게 보내는 편지에서 "우란무치는 전국 문예전선의 기치로서 첫 번째 우란무치가 여러분들의 고향에서 태어났습니다. 60년 동안 우란무치대원들은 눈보라 속에서, 추위와 더위 속에서 장기간 사막과 초원을 전전하며, 하늘을 무대의 커튼으로, 땅을 무대로 광범위한 농민과 목민들에게 즐거움과 문명을 전해주었고, 당의 목소리와 배려를 전해 주었습니다."라고 썼다. 우란무치가 오랫동안 흥성할 수 있은 것은 인민이 예술을 필요

8) 마두금(馬頭琴) : 몽골의 민속 현악기로 우리나라의 해금과 같은 2현의 찰현악기인데, 몸통 위쪽 끝에 말 머리 장식이 있어 마두금이라고 한다. 몸통은 사각형, 육각형, 팔각형의 모양인데 양 가죽이나 말가죽으로 싸여 있으며, 여기에 약 1m 길이의 대를 세우고, 대의 위쪽 끝에 보통 2개의 줄감개가 달려 있다. 몸통 아랫부분부터 줄감개까지 말총이나 명주실로 만든 두 개의 긴 현이 연결되어 있으며, 연주할 때는 왼손으로 현을 누르고 오른손으로 활을 당겨 말총을 현에 마찰시켜 소리를 낸다. 현의 긴장도(느슨함과 조임의 정도)에 따라 음높이가 정해진다. 독주와 합주 및 노래의 반주에 쓰이며, 국가적 축제나 결혼식 등 모든 행사에서 흔히 사용되는 악기이다.

로 하고, 예술도 인민을 필요로 한다는 것을 보여주었다. 사실 네이멍꾸 대지에는 많은 우란무치가 있다. 1961년에 설립된 네이멍꾸 항진(杭锦)기(旗)의 우란무치는 하늘을 무대의 커튼(막)으로 하고, 땅을 무대로 하며, 마차를 교통수단으로 하고, 야영 노숙하면서 봉사하는 단계를 지나왔다. 지금의 항진기 우란무치는 무대 차량 한 대와 교통 차량 한대, 그리고 일부 간단한 공연복과 음향설비들이 있다. 그들은 차에서는 휴식을 취하고, 차에서 내려서는 공연을 한다. 그들은 이렇게 시골을 다니면서 과거와 다름없이 대중을 위한 공연을 계속하고 있다. 최근 몇 년간 항진기 우란무치는 해마다 기층농민과 목민을 위해 120여 번씩 공연했다. 1년 사이 그들이 다닌 여정은 2만여 킬로미터에 달했고, 그들의 공연을 본 대중은 10만여 명에 달했다. 2018년 1월 16일 항진기 우란무치는 중국공산당 중앙위원회 선전부·문화부와 국가신문출판라디오텔레비전총국(国家新闻出版广电总局)으로부터 제7회 전국농민을 위해 봉사하고, 기층대중을 위해 봉사하는 문화건설 선진집체의 칭호를 받았다.

시대적 신인을 육성하다

매 세대마다 모두 그들만의 장정의 길이 있고, 매 세대마다 모두 자신만의 장정의 길을 잘 걸어야 한다. 「중국의 꿈」은 세세대대로 이어지는 분투과정에서만 현실로 될 수 있다. 바로 이 때문에 시진핑 주석은 중국공산당 제18차 전국대표대회 이래, '신인 육성'을 사상 선전에서의 중요한 사명과 임무로 삼아 덕을 세우고 인재를 키우며(立德树

人), 문화로 사람을 감화시키며(以文化人), 민족부흥의 대업을 맡을 수 있는 시대의 신 인재를 육성할 것을 요구했다. 어떠한 시대의 신 인재를 육성하고, 또 어떻게 시대의 신 인재를 육성할 것인가 하는 것은 새로운 상황에서 사상 선전과정에서 반드시 풀어야 할 과제가 되었다.

'시대적 신 인재'란 겉모습이나 외모를 가리키는 것이 아닌 내적인 것과 관념을 말하는 것이다. 혁명전쟁시기 압박에서 벗어나고 해방을 실현하기 위한 항쟁정신을 선전하던 데로부터 새 중국 창건 후 사상도 붉고, 실무에도 정통한 사회주의 건설 자를 육성하자고 제기하기까지, 그리고 또 개혁개방 시대, 이상이 있고, 도덕이 있으며, 문화가 있고. 규율이 있는 '네 가지가 있는' 신인을 육성하자고 발의하기까지 중국공산당은 시종 시대의 요구에 부합되는 인재를 육성하는데 중시를 돌려왔다. 오늘날 「중국특색의 사회주의」가 새로운 시대에 접어들면서, 고품질의 발전을 이룩하자는 비전과 대중의 아름다운 생활에 대한 기대에 직면해 오직 사상 각성, 도덕수준, 문명소양 등에서 시대의 요구에 부합되어야만 민족부흥의 중임을 맡을 수 있는 것이다.

위대한 시대는 위대한 정신이 뒷받침되어야 하고, 위대한 사업은 그와 한마음 한뜻을 가진 분투 자가 그를 위해 헌신할 것을 필요로 한다. 민족부흥의 대임을 담당할 시대적 신 인재를 육성하려면 우선 확고한 이상과 신념으로 정신적 기반을 닦고, 이상과 신념의 등대로써 정신의 안개를 몰아내고, 정신의 고향을 밝게 비춰주도록 해야 한다. 2013년 5월 4일 시진핑은 각계 우수 청년대표들과의 간담회에서 "이상은 인생의 방향을 인도하고, 신념은 사업의 성패를 결정한다. 이상과 신념이 없으면 정신적인 '칼슘부족'을 초래할 수 있다."고 말했다. 이 이상과 신념은 바로 마르크스주의에 대한 신앙이고, 사회주의와 공산주의에 대한 신념이며, 「중국특색의 사회주의」길·이론·제도·문화에 대한 자신감이다. 오직 전체 인민, 특히 청소년들 속에서 이상과 신념에 대한 교육을 강화하고, 사회주의와 공산주의에 대한 선전교육을 심화하며, 「중국특색의 사회주의」와 「중국의 꿈」에 대한 선전교육을 심화하고, 애국주의를 핵심으로 하는 민족정신과 개혁·혁신을 핵심으로 하는 시대정신을 고양해야만 이상과 신념의 등불이 전국 여러 민족 인민들의 마음속에서 영원히 빛나게 할 수 있는 것이다. 시대의 신 인재를 육성함에 있어서 사회주의 핵심가치관의 선도적 역할이 관건이다. 중국공산당 제18차 전국대표대회 이래, 사회주의 핵심가치관을 육성하고 실천하는 것은 뚜렷한 성과를 거두었다. 하지만 이 일을 잘 하려면 여전히 '오랫동안'과 '항상'이라는 두 가지를 잘 지켜야 한다. 그러므로 시진핑은 중국공산당 제19차 대표대회 보고에서 "사회주의 핵심가치관은 당대 중국정신의 집중적인 구현이고, 전체 인민의 공통된 가치 추구가 응축되어 있다. 민족부흥의 대임을 담당할 수 있는 시대의 신인을 육성하는 것을 착안점으로 하여, 교육에 의한 유도, 실천에 의한 양성, 제도적 보장을 강화하고 국민교육, 정신문명건설, 정신문화 제품의 창작과 생산, 전파에 대한 사회주의 핵심가치관의 선도적 역할을 발휘하고, 사회주의 핵심가치관을 사회발전의 각 면에 융합시켜 사람들의 정서적 공감과 행동습관으로 바꿔나가야 한다."고 지적했다. 여기에서 교육에 의한 유도, 실천에 의한 양성, 제도적 보장이 사회주의 핵심가치관이 사회발전의 각 면에 융합됨에 있어서의 중요한 역할을 두드러지게 했다. 이를 위해서는 선진 모범을 따라 배우는 선전활동을 광범위하게 전개해야 한다. 그래야만 악을 물리치고 선을 고양하고, 정기를 북돋우고 사악한 기운을 없애어 사회주의 핵심가치관이 공기와도 같은 존재가 되어 국민이 부지불식간에 사용하는 행위준칙이 되게 할 수 있다.

시대적 신 인재를 육성함에 있어서 또한 시대의 새로운 풍기를 대대적으로 선양하고, 사회문명의 진보를 추진하는 과정에서 대중의 자기교육과 자기향상을 실현해야 한다. 2018년 8월 시진핑 주석은 베이징에서 열린 전국사상선전실무회의에서 "사상 선전은 사람에 대한 일로 민족부흥의 대임을 맡을 시대적 신 인재를 육성하는 것을 중요한 직책으로 삼아야 한다. 우리는 계속 사상도덕건설을 강화하고, 공민도덕건설을 깊이 있게 실시하며, 사상정치 사업을 강화·개진하고, 신시대 문명의 실천중심건설을 추진해야만 인민의 사상 각성, 도덕수준, 문명소양과 전 사회의 문명수준을 끊임없이 높일 수 있다. 또한 계속 새로운 기풍을 고양하고, 낡은 풍속을 고치며, 문명된 농촌기풍, 순박한 민풍을 육성해야만 농촌문명의 새로운 기상을 불러일으킬 수 있다."고 강조했다.

시대의 신인을 육성하자면 각 방면의 공동노력이 필요하며, 각 업종에서 모두 새로운 인재를 육성하기에 힘써야 한다. 문예계의 경우, 중국문학예술계연합회와 관련 부문은 당 중앙위원의 정책을 성실히 실행하고, 민족부흥의 대임을 질 수 있는 사회주의 신인을 육성하는 것을 임무로 삼아, 인재를 양성하고, 발견하며, 인재를 아끼고 집결하여 업계발전에서 주도적 역할을 할 수 있도록 힘써왔다. "네 개 분야(四个一批, 일련의 이론가, 명기자·명편집·명앵커, 출판인, 작가와 예술가들)"의 인재 양성프로젝트와 청년 인재 선발·추천 작업을 통해 교류와 연구 토론·연수·훈련 등을 폭넓게 전개하고, 문예관련 종사자들이 정확한 역사관·민족관·국가관·문화관을 수립하도록 인도해, 그들이 정치 사상 각성과 예술소양을 전면적으로 제고하도록 했다. 특히 2016-2017년 처음으로 대규모적인 전국 문예골간 교육을 조직하여 85,000명이 교육 받았다. "전국의 덕예가 겸비된 중청년 문예인" 선정과 표창, 중국연극상 등 12개 전국적인 문예상 선정, "종신성취를 거둔 예술가(终身成就艺术家)" 영예칭호 수여 등을 통해 예술적 이상을 지키고 뛰어난 업적을 추구하도록 독려했다. '저녁노을'·'채색 노을'·'아침노을' 프로젝트, '예술계의 대가' 녹음·녹화프로젝트 등 중대한 서비스 프로젝트를 실시하고, 해마다 "백화영춘-중국 문학예술계 음력설 연환회(大联欢)" 등을 정성들여 만들어 내는 등로 인재 대오 건설에 대한 시범과 인도적 역할, 격려와 촉진 역할을 발휘케 했으며, 우의를 깊이하고 응집력을 강화시켰다. 문예계의 핵심 가치인 "애국(爱国)·위민(为民)·숭덕(崇德)·상예(尚艺)"를 제시하고, "중국 문예 종사자 직업윤리 협약"을 제정, 반포했으며, 중국 문예종사자 직업도덕건설위원회와 전국문예가협회 직업기풍건설위원회 등 전문기구를 설치하고, 옌쑤(阎肃), 리쉐젠(李雪健) 등 문예계의 선진전형 따라 배우기 활동을 깊이 있게 전개했으며, 사회적 반영이 강렬한 불량 현상에 대한 연구·판정·처리 등의 조치를 지속적으로 강화함으로써 문예 종사자들이 자각적으로 품위·격조·책임을 중시하고, 국가의 법률과 법규를 자각적으로 준수하며, 도덕품성의 수양을 강화하고, 건전하고 진취적인 문예작품과 처세로 고상한 취미를 키우고, 지혜를 계발하며, 기풍을 선도하도록 했다. 각 측의 공동노력으로 이미 덕과 재주가 뛰어난 많은 문예계 인재들을 키워낼 수 있었다. 중국문학예술계연합회 소속 11개 문예가협회의 회원 수는 1979년의 12,000명에서 현재의 126,000명으로 늘어났고, 많은 대가와 명가들을 배출했으며, 문예계 전반이 분발 향상하는 정신적 풍모를 보여줬다.

"시로 일으키고, 예로 세우며, 음악으로 완성한다(兴于诗, 立于礼, 成于乐)"고 했다. 중화민족은 예로부터 인간의 자유로운 발전의 중요한 의의를 중시해 왔다. 새로운 시대에 들어서서 시진핑은 지덕체미(智德体美)가 전면적으로 발전한 사회주의 건설자와 후계자를 양성한다는 차원에서 사상수준, 정치적 각성, 도덕품성, 문화소양, 정신상태 등 면에서 새로운 시대의 요구에 부합되는 '시대적 신 인재'를 육성할 것을 명확히 제기했다. 이는 인간의 자유와 전면적인 발전을 추진하고, 중화민족의 위대한 부흥에 보조를 맞춘 위대한 사업에 중요한 의미를 가진다.

중국에 관한 이야기를 제대로 하다

중국이 세계무대의 중심에 가까워지면서 중국에 대한 외부의 시각도 다원화 되고 있는 추세이다. 한편으로 대다수 사람들은 중국의 궐기는 막을 수 없는 추세라는 것을 의식했으며, 중국이 가져다 준 기회를 보았다. 특히 많은 개발도상국들에게 있어서 중국의 성공은 고민해 볼 가치가 있으며, 중국이 제공한 도움과 지원은 그들이 발전 중의 난제를 극복하는데 새로운 기회를 제공하고 있다. 중국이 제기한 글로벌 거버넌스 제안과 중국이 제공한 공공제품들은 날로 고착화되고, 보수적인 세계에서 동방에서 불어오는 청신한 바람을 느끼게 했으며, 국제질서를 보다 공정하고 합리적인 방향으로 변혁시킬 수 있는 새로운 희망을 안겨주었다. 그러나 다른 한편으로 중국의 급속한 발전은 적지 않은 국가들의 불안을 야기 시켰고, '중국붕괴론', '중국위협론', '중국책임론' 등 논조가 난무하게 되었으며, 중국이 계획대로 진행하고 있는 과학탐구마저 정치적 의미를 부여하고 있다. 중국이 '신(新)식민주의'를 내세워 다른 나라를 착취하는 것을 통해 자기 이익을 키우고, 심지어 역사상의 열강들처럼 패권 다툼의 길로 들어서는 것이 아니냐는 우려까지 나오고 있었다. 가장 분명한 것은 현존하는 세계 강대국과 전통세력이 중국에 대한 경계와 방비를 강화하고, 중국의 부상을 가로막으려고 생각하고 있으며, 또한 그러한 포석을 시도하고 있다는 점이다. 누군가 이런 이야기를 한 적 있다. "일곱 명이 식당에서 요리를 시켜 회식을 하려는데, 갑자기 들이닥친 거물이 요리가 나오자마자 금방 먹어치웠다". 여기서 일곱 명은 서방의 일곱 나라를 가리키고, 거물은 떠오르고 있는 중국을 말한다. '얻어맞던 일'과 '굶주리던 일'을 해결하고 나서, 이제는 '욕먹는 일'을 어떻게 풀어나갈 것인가가 중국인들 앞에 놓여 있다. "우리는 중국의 일을 잘 할 능력이 있다. 그렇다면 왜 중국의 이야기를 잘 할 능력이 없겠는가? 우리는 자신감을 가져야 한다!" 시진핑의 이 말은 간단명료하게 중국의 이야기를 잘 해야 하는 중요성을 보여주고 있다.

중국의 이야기를 잘 하려면 우선 국제적인 관심사에 잘 응답해야 한다. 여론 조사에 따르면 2012년 11월 중국공산당 제18차 전국대표대회 이후 국제사회는 보편적으로 중국공산당의 지속적인 성공과 새로운 중앙 지도부가 세계에 어떤 영향을 끼칠 것인지, 중국이 어떤 길로 나아갈지에 대해 알고 싶어 하는 것으로 나타났다. 서방 국가들은 중국의 대외정책과 글로벌 관리에서의 표현에 깊은 관심을 가지고 있었으며, 개발도상국들은 중국의 경제발전, 부패척결, 정단건설의 경험과 방법에 더 많은 관심을 가졌다. 이런 배경에서 중국 관련 부서는 "시진핑 국정운영을 말하다"를 공들여 편집 출판했고, 중국 지도자의 해외 방문, 양자 또는 다자간 중요 행사, 중요 도서전시회 참가 등을 계기로 대상국과 어종별로 출판기념회·세미나·좌담회·월간전시판매 등 일련의 행사를 개최했으며, 훈센 캄보디아 총리, 셰리프 파키스탄 총리, 반다라 네팔 대통령 등 많은 나라의 정치요인, 저명한 싱크탱크 학자들과 언론인들을 초청해 국제적인 지명도와 영향력을 확대했다. 2014년 9월에 출판된 이래 이 책은 21개 언어, 24개 판본으로 출판되었고, 전 세계적으로 625만여 권을 발행, 160여 개 국가와 지역을 커버했다. 이 책은 2019년에는 34개 어종으로 출판될 전망이다. 『시진핑 국정운영을 말하다』가 해외에서 성공할 수 있던 것은 이 책이 국제사회의 관심거리에 잘 대답했기 때문이다. 중국공산당 제18차 전국대표대회 이래 시진핑은 당대 중국의 국정과 발전 실천에 입각해, 개혁·발전·안정, 내정·외교·국방·치당(治党)·치국(治国)·치군(治军)을 둘러싸고 일련의 치국리정(治国理政)의 새로운 이념과 사상·전략을 제기했는데, 『시진핑 국정운영을 말하다』에서 집중적으로 구현되었다. 이 책을 읽음으로써 해외 독자들은 중국의 발전이념과 발전의 길에 대해 알 수 있게 되었고, 세계문제를 보는 중국의 관점과 방안을 알 수 있게 되었으며, 중국이 국제사회와 공동으로 발전·번영하려는 아름다운 염원과 진심을 알 수 있게 되었다. 『시진핑 국정운영을 말하다』는 당대 중국과 그 미래상을 국제사회가 전반적으로 들여다볼 수 있는 열쇠라고 할 수 있다.

새로운 시대는 중국이 대국에서 강국으로 나아가는 시대이며, 중국이 세계에 더 큰 공헌을 해야 하는 시대이다. 국제사회는 중국이 어디로 가고 있는지 매우 관심을 두고 있으므로 반드시 주동적으로 중국공산당의 치국리정에 관한 이야기, 중국인민이 노력하여 꿈을 실현한 이야기, 중국이 견지한 평화적 발전과 협력 상생의 이야기를 잘 하여 세계가 중국에 대해 더 잘 이해할 수 있도록 해야 한다. 이 몇 년 동안 중국은 "중국공산당은 왜 해낼 수 있었는가?" 시리즈, "중국공산당의 정신" 시리즈, '일대일로' 시리즈, 「중국의 꿈」시리즈, "중국 키워드" 시리즈, "대중화문고(大中华文库)" 등 일련의 중국공산당과 중국의 기본 국정, 중국의 당대 발전성과와 중국의 우수한 문화 테마에 관련 도서들을 출판하고, 대외적으로 발행했다. 최근 몇 년 동안 중국은 APEC회의, G20 정상회담, '일대일로' 국제협력 정상회의 등 국제행사를 개최할 때마다 기회를 비러 공공외교를 전개하고, 홈스테이지 장점을 살려 중국의 좋은 이미지를 전시하고, 세계에 친선 협력의 우정을 전달했다. 2018년 9월 중국·아프리카 협력포럼 베이징 정상회의는 40명의 대통령, 10명의 총리, 1명의 부통령을 포함한 51명의 아프리카 국가 지도자들을 맞이했다. 이는 중국과 아프리카 관계가 잘 발전하고 있음을 보여주며, 또한 중국의 국제적 영향력이 점차 커지고 있음을 보여준다.

시진핑 주석은 중국 이야기를 잘 하기 위해 몸과 마음을 다 해 솔선수범했다. 중국 이야기의 '제1 해설자'로서 그는 많은 외교장소에서 '이야기하기' 방식으로 중국문화를 전파하고, 중국이념을 해석해주었으며, 중국의 우정을 전달하고, 세계에 대한 관심을 보여주면서 국제 사회에 깊은 인상을 남겼다. 예컨대 그는 잠삼(岑參)의 "장안성중백만가(长安城中百万家)"는 시구로부터 시작해 당·송시기 중국 도시문명의 찬란함을 설명하고, 고대중국의 뛰어난 업적을 돌이켰으며, 근대 중국의 후진성과 굴욕에 착안점을 두어, 현대중국이 코너에서 경쟁자를 추월할 수 있던(弯道超车) 원인을 분석하고, 중국 지도자로서의 넓은 시야를 보여주었으며, '중국의 기적'이 쉽게 오지 않았음을 실감케 했다. 그는 3명의 중국 화교가 위험을 무릅쓰고 12명의 콩고 이웃을 구해낸 이야기를 하는 것으로써 두 나라 국민의 우정을 설명했고, "자기가 원하지 않는 것을 남에게 강요하지 말라(己所不欲, 勿施于人)"는 중국고전을 이야기하며 중국외교의 의리관을 전했다. 그는 또 '신

(新)사자론'으로 '중국위협론'을 교묘히 반박했다… 그는 자신의 경력을 말했을 뿐만 아니라 역사 이야기도 하였다. 그는 또 전통적 우의에 대해서도 이야기하고, 최근의 진전에 대해서도 이야기했다. 이런 생생한 이야기들은 그의 감칠맛 나는 진술을 통해 사람을 놀라게 하는 사상적 힘과 인격적인 힘, 그리고 친근한 언어적인 힘으로 중국의 매력을 풀어내어 세계 청중의 마음을 사로잡았다. 그의 이야기가 사람을 끄는 이유는 주로 국가 간, 그리고 서로 다른 국가의 국민 간의 공약수를 찾아내는데 주의를 기울이고, 진실한 이야기로 협력 상생과 평화 공존의 중국 이념을 전승했기 때문이다.

중국 이야기를 잘 하기 위해 모두가 행동에 나섰다. 중국넷은 해외 소셜미디어를 대상으로 한 영어로 된 단편 동영상 리뷰 프로그램인 '중국3종(中国三钟)'을 제작했다. 이 프로그램은 설립 2년 만에 이미 117회를 제작해 방송했으며, 해외 소셜미디어 플랫폼에서 총 조회 수가 2억 2,700만 회를 넘어섰고, 동영상 총 재생 량은 1,700만 회를 초과했는데, 총 인터랙티브(상호 활동적으로 이루어지는 방식 또는 형태 −역자 주) 양은 130만 회가 넘었다. 이 프로그램이 성공하고, 해외 네티즌들의 인정을 받을 수 있었던 원인은 시사 이슈에 초점을 맞추고, 국제적인 관심사에 대응해 중국의 입장을 밝히는 등 중국적 관점이 뚜렷했기 때문이었다. 중국 이야기를 잘 하려면 진실한 이야기를 해야 한다. 예를 들면, 인도 대통령이 상하이를 방문차 교외로 왔을 때, 향장(乡长)은 GDP는 얼마이고, 1인당 소득은 얼마이며, 집은 얼마나 많이 지었느냐 등에 대해 소개했다. 인도 대통령은 이어 한

농가의 새 집을 참관하면서 "왜 아들 며느리의 집이 노부부의 집보다 더 좋고, 크고 밝은가?"하고 물었다. 이 농촌 여성은 "며느리는 우리가 가장 중요하게 여기는 사람이고, 우리가 모셔온 손님이므로 반드시 잘 대해야 한다."고 대답했다. 향장은 도리를 말했고, 여성은 그냥 사실을 말했다. 그럼 어느 것이 더 좋은 방식인가? 실제로 이야기를 하면 더 잘 기억된다. 외국인과 교류할 때 신변의 이야기나 자신의 이야기를 하면 되는 것이다. 이는 중국의 유명한 공공외교 전문가인 자오치쩡(趙启正)이 수업하면서 한 말이다.

중국 이야기를 잘 하려면 입장이 확고해야 하며, 기교를 중시해야 한다. 중미 간 무역마찰 속에서 중국은 세계를 향해, 미국을 향해 이해관계를 확실하게 설명했다. 2018년 9월 중국은 "중미 경제무역 마찰에 관한 사실과 중국 측의 입장에 관하여"라는 백서를 발표해, 대량의 사실과 상세하고 확실한 숫자로 미국의 보호주의와 무역 패권주의가 세계 경제발전에 주는 위해를 설명했으며, 중국이 국익을 수호하고 다자간 무역체제를 확고히 유지하려는 결의와 의지를 과시했다. 존 테일러 미국 세인트 토머스대학 휴스턴 분교 교수는 이 백서가 중국의 입장을 천명한 것으로, 중·미 간 무역이 미국이 생각하는 것보다 훨씬 균형을 이루고 있음을 밝힌 것이라고 주장했다. 스티븐 로치 미국 예일대학 선임 연구원도 이 백서가 미국 측의 주장에 대한 중국의 대응을 매우 상세히 밝히고 미국의 부당행위를 분명히 지적한 것이라고 보았다. 중국이 이 시기에 백서를 발표한 것은 무역마찰이 가일층 확대되는 것을 피하기 위해 취한 건설적인 방법으로, 대화와 협상을 통해 분쟁을 해결하려는 중국의 태도를 충분히 보여준 것이다.

오늘날 세계에서의 발언권은 확실히 "서방이 강하고 우리가 약한" 상황이다. 중국은 때로는 일리가 있어도 "설명이 잘 안 되었거나", "설명할 수 없었거나" 혹은 "설명할 줄 몰랐거나" 또 혹은 "말로써는 이길 수 없었다." 그러므로 중국의 이야기를 잘 하는 능력을 크게 향상시키는 것은 매우 필요한 것이다. 이를 위해서는 국제적 커뮤니케이션 역량을 강화하고, 대외 발언권 체계를 잘 구축하며 대외 발언에서의 창의성·호소력·공신력을 강화해야 하며, 중국의 목소리를 잘 전파하고, 중국의 특색을 잘 설명해야 한다. 국제적 커뮤니케이션 작업구도를 개선하고, 선전이념을 혁신하며, 운행시스템을 혁신하여 더욱 많은 자원과 역량을 집결시켜야 한다. 사람마다 국가 이미지의 대변자라는 이념을 세우고, 국민의 도덕수양과 문명자질을 부단히 향상시키며, 전 사회의 문명수준을 향상시켜야 한다. 반드시 문화적 자신감을 높이고, 문화번영을 촉진하며, 나라의 문화 소프트파워를 확실하게 향상시켜야 한다. 대처 전 영국 총리는 중국은 영원히 초강대국이 될 수 없다고 말한 적 있다. 왜냐하면 중국은 텔레비전은 수출할 수 있지만, 텔레비 프로그램은 수출하지 못하기 때문이라는 것이다. 새로운 시대에 들어선 후, 중국은 텔레비전을 수출해야 할 뿐만 아니라 나아가서는 텔레비전 프로그램도 수출해야만 세계가 중국을 더 많이 이해하게 되는 것이다.

2018년 8월 시진핑 주석은 새로운 정세 하에서, 사상문화를 선전하는 일을 잘 하려면 반드시 자발적으로 기치를 들고, 민심을 집결시키고, 새로운 인재를 육성하며, 문화를 발전시키고, 이미지를 전시하는 사명을 맡아야 한다고 지적했다. 이는 문화건설을 한층 더 강화하고, 중화문화의 소프트파워를 향상시키며, 중화문화의 영향력을 높이기 위한 노력의 방향과 분투목표를 명확히 한 것이다.

5

민생을 보장하고 개선하다

민생을 보장하고
개선하다

　개혁개방 40년 동안, 중국 당과 정부는 민생의 이익을 도모하고, 민생의 근심을 해소하는데 중점을 두었다. 40년 동안 중국의 사회 변화는 전대미문의 "거대한 변화"였다. 사회건설 40년간은 전체 주민들이 개혁발전의 성과를 공유하고, 생활수준이 현저하게 제고된 40년이며, 인민생활이 풍족하지 못한 데로부터 전면적인 샤오캉으로 빠르게 전진한 40년이었으며, 빈곤퇴치 성과가 세계의 주목을 받고 세계적으로 가장 큰 보장안전망을 촘촘하게 짠 40년이었다. 민생분야의 대폭적인 개선은 개혁개방이 가져다 준 성과이며, 또한 개혁개방을 위한 민심의 토대를 마련한 것이었다.

교육을 우선적으로 발전시키다

　"나무를 기르는 데는 10년이 걸리지만 인재를 육성하는 데는 100년이 걸린다.(十年樹木, 百年樹人)"고 했다. 교육을 중시하지 않는 민족과 국가는 희망이 없는 민족과 국가이다. 중국에서 교육은 발전의 대계이다. 중국의 개혁개방에서는 교육개혁이 앞장서 가고 있다. '문화대혁명' 시기 교육 분야의 건전한 교육체계, 특히 대학입시제도의 폐지는 각급 교육, 특히 대학교육의 발전에 심각한 영향을 주었다. 1977

년 8월 8일 덩샤오핑은 과학과 교육업무 좌담회에서 대학의 고중 본기 졸업예정자 모집에 대해 이렇게 말했다. "올해는 결심을 내리고 고중 졸업생 대학 입학시험으로 학생을 모집하는 제도를 회복시켜야 한다. 또한 군중 추천은 폐지해야 한다. 고중에서 직접 학생을 모집하는 것은 인재를 일찍 키워내고 성과를 일찍 내는 좋은 방법이다".

9월 19일 덩샤오핑은 교육부 주요 책임자와 "교육 분야에서의 혼란상태를 바로잡을 문제"에 대해 토론할 때, 재차 대학의 학생모집 조건은 주로 (1) 본인이 잘하는 것과 (2) 우수한 학생을 선택해 모집하는 것 두 가지라고 말했다. 1977년 10월 12일 국무원은 덩샤오핑의 의견에 따라, 교육부의 "1977년 대학교 학생 모집에 관한 의견"을 비준 이첩했다. 이 문건은 대학교의 새로운 학생모집 정책에 대해 규정했다. 즉 노동자·농민·하향 및 귀향 지식청년과 제대군인, 간부 및 본기 고중 졸업생으로서 조건에 부합되는 사람은 가정출신 여하를 불문하고 모두 응시할 수 있다는 것이었다. 수험생은 고중을 졸업했거나 혹은 그에 맞먹는 문화수준을 갖추어야 한다고 규정했다. 통일시험을 회복하고 입학원칙은 지(智)·덕(德)·체(体)를 전면적으로 평가하여 우수한 자를 받아들이는 것이다. 즉 추천 제도를 폐지하고, 문화시험을 회복시켜 우수한 자를 받는 것이다. 1977년 말 전국적으로 약 570만 명의 청년들이 대학교 학생모집 시험에 참가하였고, 각 대학교들에서는 그중에서 우수한 자로 273,000명을 선발하여 신입생의 질이 크게 제고되었다. 1978년 여름에는 또 610만 명의 수험생이 시험에 참가했다. 이 두 번의 시험에 모두 1,180만 명이 참가하여 중국은 물론 세계 시험 역사상 최대 규모를 기록했다. 대학입시의 회복은 단순한 시험을 보는 제도의 회복이 아니라, 사회의 공평과 공정성을 재건하고, 전 사회적으로 지식을 존중하고, 인재를 존중하는 관념을 다시 수립한 것이다. 이는 교육의 질을 높이는 데 중요한 의미가 있을 뿐만 아니라, 나라 전체의 운명에 심각한 영향 미친, 한 시대의 전환점이라 할 수 있다.

1977년 대학입시 제도가 회복된 후 대학교육도 다시 살아나기 시작했다. 1978년 2월 17일 국무원은 교육부의 "전국 중점 대학교를 회복시키고 잘 운영토록 하는 데에 관한 보고"를 이첩하고 제1진으로 중점 대학교 88개를 확정했다. 그중 60개 대학은 기존의 중점 대학이었고, 새로 28개 대학을 추가시켰다. 12월 28일 국무원은 169개 일반대학교의 회복 혹은 증설에 대한 정책결정을 통지했다. 이와 동시에 대학교육 체제개혁에 대해서도 상응하는 조치를 취하였다. 1979년 9월 중국공산당 중앙위원회는 교육부 당조(党组)의 "'대학교의 통일적인 지도와 급별 관리를 강화하는 데에 관한 결정'을 다시 반포하는 데에 관한 건의 보고"를 비준하고 이첩시켜 1963년에 확립된 "중앙 통일 지도, 중앙과 성·시·자치구 2급 관리" 체제를 되살렸다. 이는 중앙과 지방 각급 정부의 학교운영에 대한 적극성을 충분히 동원해 대학교육의 신속한 발전을 위해 기반을 마련했다. 1979년에 전국의 일반 대학교는 633개로 늘어났고, 1980년에는 675개로 늘어났다. 학부교육 외에 대학원 교육도 일정에 올랐다. 1978년 전국의 210개 대학교와 162개 과학연구기관이 모집한 대학원생은 모두 10,708명이었다. 1980

년 2월 전국인민대표대회 상무위원회는 "중화인민공화국 학위조례"를 통과 및 공포했으며, 1981년 10월 국무원 학위위원회는 첫 박사·석사 수여부문 및 학과와 전공 명단을 채택했다. 1982년 첫 박사학위 대학원생 모집이 시작됐다. 일련의 개혁과 조정을 거쳐 당과 정부는 개혁 초기에 상대적으로 완전한 대학교육시스템을 구축했다. 이와 동시에 중소학교의 기초교육체계도 복원하고 재건하였다.

개혁이 심화됨에 따라 과학과 교육에 의한 국가 진흥전략의 실시와 교육체제 개혁의 심화도 상정되었으며, 끊임없는 혁신·개혁과 탐색·노력을 거쳐 대학교 교육이 비약적으로 발전했을 뿐만 아니라 점차 사회발전에 부응하는 다층적인 수요를 충족시켰고, 중소학교 기초교육 분야의 여러 가지 개혁도 꾸준히 추진돼 효과를 톡톡히 봤다. '큰 눈' 여자아이('희망 프로젝트' 홍보사진)의 운명의 변화는 그녀 한 사람의 운명의 변화를 대표할 뿐만 아니라, 한 시대의 교육체제 개혁의 하나인 "희망 프로젝트"의 역사적 성취를 대변했던 것이다.

중국공산당 제18차 전국대표대회 이래 시진핑 동지를 핵심으로 하는 중국공산당 중앙위원회는 교육문제를 국가의 발전과 민족의 흥망성쇠에 관련한 백년대계로 보았으며, 억만 가정의 아름다운 생활에 대한 기대를 기탁한 민생프로젝트로 간주했다. 그중에서도 특히 공평을 교육개혁과 발전의 우선순위에 두어야 한다고 제기했는데, 확실히 그 효과는 뚜렷했다. 교육의 단점을 보완하고 교육의 공평함을 구현하는 것이 근년의 교육 개혁의 역점이 되었다. 나무통의 용량은 가장 짧은 판자에 달려 있다. 교육을 발전시킴에 있어서의 관건은 빈곤

지역에 있으며, 가난한 가정의 아이들이 출발선에서부터 뒤떨어지지 않도록 하는 것은 개혁에서의 가장 핵심적인 지표이다. 편벽한 산간 마을이든, 번화한 도시이든 아이들의 행복한 모습과 백성들의 진실한 획득감은 모두 교육개혁이 성공하고 교육이 발전했다는 가장 직관적이고 생동적인 구현이다. 허난(河南) 종머우(中牟)현 청동루(城東路) 소학교에서는 새 4층 교사가 사용되기 시작했다. 이 학교 교장의 말에 따르면, 원래의 교사는 1990년대 마을 사람들이 자금을 모아 지은 것으로, 벽에는 군데군데 금이 가 있어서 아이들이 수업을 받을 때면 늘 마음이 조마조마했다. 이제 아이들은 안전하고 편안한 교실에서 수업을 들을 수 있게 되었다. 뿐만 아니라 도서실·실험실·음악실 등이 모두 갖추어져 있다. 이런 엄청난 변화는 "빈곤지역의 의무교육에서 취약한 학교의 운영여건을 전면적으로 개선시킨다"는 대형 프로젝트 덕분이다. "빈곤지역의 의무교육에서 취약한 학교의 운영여건을 전면적으로 개선시킨다"는 프로젝트를 2013년 12월 가동·실시한 이래 약 2억 2천만 평방미터의 교사를 신축 또는 개축·증축하였고, 1,066억 위안의 교육기기 설비를 구입하여 전국 2,600여 개 현의 근 22만 개의 의무교육 학교에 혜택을 주었다. 이같이 건설자금 투입량이 많고, 프로젝트 포괄범위가 넓으며, 수혜 받는 학생의 포괄범위가 넓은 것은 중국교육사상 전례가 없는 일이었다. 가난한 학교들은 가난의 모자를 벗어버렸고, 학생들은 즐거운 표정을 짓게 되었다. 빈곤지역의 교육상 부족했던 점을 보완한 것은 사실 민생의 최저 선을 지키고, 교육의 공평과 사회의 공정성을 지킨 것이다. 모든 학생을 대상으로, 모든 학교를 잘 운영하여 모든 아이들이 공평하고 질 좋은 교육을 받을 수 있도록 하는 것이, 바로 교육의 균형발전의 기본 요구이며, 억만 대중의 요구이기도 하다.

중국은 2015년부터 대학교의 새로 증가된 학생모집 계획 주체를 모두 중서부 지역과 인구가 많은 큰 성으로 돌리는 등 3년 간 중서부 지역 학생모집 협력계획에 90여만 명을 배정했다. 이는 중서부지역에 학생 수가 1만 명에 달하는 대학을 근 100개 증설한 셈이었다. 농촌과 빈곤지역 특별 학생모집 계획의 매년 정원을 원래의 1만 명에서 96,000명으로 늘려 모두 37만 명을 모집하게 되었다. 이로부터 농촌과 빈곤지역 학생들이 중점대학에 입학할 수 있도록 보장하는 장기적인 효과를 얻을 수 있는 메커니즘을 구축했다. 공평은 교육발전의 중요한 가치방향이며, 또한 개혁발전의 성과를 서민들이 공유하게 하는 것이기도 하다.

지난 40년 동안 교육 우선 발전을 견지하고, 교육의 공평성을 촉진하는 것을 기본 요구로 하며, 구조의 최적화를 주공방향으로 함으로써 교육 사업에서 거대한 진보를 가져왔다. 국민의 교육수준이 대폭 향상되었다. 15세 및 그 이상 인구의 평균 교육연한은 1982년의 5.3년에서 2017년의 9.6년으로 향상되었고, 노동인구의 평균 교육연한은 10.5년에 달했다. 의무교육은 전면 보급과 공고화의 새로운 단계에 접어들었다. 2017년 소학교의 취학아동 순 입학률은 99.9%, 중학교의 총 입학률은 103.5%에 달했으며, 9년 의무교육 고정률(巩固率)은 93.8%에 달했다. 대학교육은 보급단계로 빠르게 나아가고 있다.

2017년 대학교 총 입학률은 45.7%로, 중고소득 국가의 평균보다 높았다. 중국은 명실상부한 교육대국 및 인적자원 대국이 되었다.

중국교육은 아직도 시급히 개선해야 할 점이 많지만 중화민족의 전반적인 자질 향상, 국가건설에 필요한 인재양성, 그리고 한 학생의 대학입학과 그로 인한 가정의 운명변화에 대해 말한다면, 중국교육의 성과는 어떻게 평가해도 과언이 아니다. 중국교육의 "큰 것에서 강한 것으로"의 도약을 위한 관문을 통과하기 위해 바닥을 높이고, 격차를 줄이며, 질을 높여, 억만 아이들이 푸른 하늘 아래에서 함께 양질의 교육을 공유하고, 교육을 통해 운명을 바꾸게 하는 것은 국가의 책임이자, 국민의 염원이기 때문이다.

빈곤 감소와 빈곤 퇴치

개혁개방 40년 동안 중국은 십 수억 명의 먹고사는 문제를 안정적으로 해결하고 총체적으로 샤오캉을 실현했으며, 머지않아 전면적으로 샤오캉사회를 건설할 것이다. 국민의 아름다운 생활에 대한 요구는 갈수록 광범위해지고 있는데, 물질·문화생활에 대한 더 높은 요구뿐만 아니라, 민주·법치·공평·정의·안전·환경 등에서의 요구가 날로 증가하고 있다. 이에 따라 중국공산당 제19차 전국대표대회 보고는 중국사회의 주요 모순은 인민들의 아름다운 생활에 대한 날로 늘어나는 수요와 불균형·불충분한 발전 간의 모순으로 전화되었다고 지적했다. 그러나 40년 전인 1978년만 해도 중국은 농촌의 빈곤인구가 2억 5,000만 명이나 되었고 빈곤 발생률은 30.7%나 되었다. 농업부의 통계에 의하면, 1978년 전국인민공사 사원들이 집체로부터 분배받은 수익은 일인당 74.67위안에 불과했다. 전국적으로 1인당 300위안 이상 분배받은 '스타 생산대'는 겨우 1,000분의 2정도였다. 많은 지방의 농민들은 1년 동안 고생스럽게 일했지만 여전히 배불리 먹을 수 있는 수준에 이르지 못했다. 1977년의 늦겨울과 1978년 초봄, 당시 안훼이(安徽)성 서기였던 완리(万里)가 '비렁뱅이'와 나눈 대화는 당시 농민들의 생활상을 생생하게 보여준다. 당시 안훼이성 당위원회 서기로 부임한지 얼마 안 되었던 완리는 화이베이(淮北) 농촌을 탐방·조사하던 중, 우연히 안에 아무 것도 안 입고 겉에 솜옷만 입은 청년을 만났다. 청년은 솜옷 위를 새끼줄로 동여매고 있었는데 해진 곳에서 솜이 비죽비죽 드러나 있었다. 완리가 청년에게 무슨 요구사항이 있느냐고 묻자 그는 솜옷을 걷어 올리고 배를 두드리며 "배불리 먹게 해달라"고 했다. 완리가 이 요구는 너무 기본적인 것이니까 다른 요구사항이 없느냐고 물었다. 그러자 이번에도 청년은 솜옷을 걷어 올리더니 또 배를 두드리며 "고구마를 양식으로 바꿔달라"고 말했다. 그 말을 듣고 완리는 한참을 아무 말도 하지 못했다.

중국의 개혁개방은 농촌에서 시작되었고, 가정생산량도급책임제(家庭联产承包责任制)의 실시에서 시작되었다. 가정생산량도급책임제를 시행한지 불과 1~2년 만에 각지 농촌에서는 대다수 농민들이 "국가 식량의 환매"를 실시해야 했던 상황을 바꾸어 자급자족 나아가 여유 식량이 생기는 목표를 실현했다. 가정생산량도급책임제가 전국적으로 신속히 보급될 수 있었던 가장 중요한 원인은 그것이 토지와 노동력을 해방시켰다는 점이다. 1978년 허난(河南)·안훼이(安徽)·장쑤(江苏)·산동(山东)의 많은 곳에서는 1년 중 대부분을 아침에는 고구마죽을, 점심에는 고구마와 콩을 갈아 만든 국수를, 저녁에는 또 고구마죽을 먹는 것이 일반적이었다. '밀가루 떡'을 먹을 수 있는 일은 매우 적었다. 또한 1년 동안 고기를 모두 몇 번 맛볼 수조차 없었다. 그리하여 당시 거의 모든 중국인들은 음력설을 기다려야 했다. 음력설에는 아무리 가난해도 고기를 몇 근 사서 명절을 쇠었기 때문이다. 그때 당시를 반영한 영화나 드라마를 보면 농산물시장에서 비계가 살코기보다 훨씬 더 잘 팔렸다. 당시 생활수준이 낮았으므로 사람들이 기름기가 있는 음식을 좋아했던 상황을 잘 보여주는 대목이다. 하지만 가정생산량도급책임제(包产到户)와 가정도급제(包干到户)를 실시하자 식량의 생산량이 급격히 늘어나 대부분 지방에서 먹는 문제가 해결되었으며, 농민들의 생활수준이 급격히 향상되었다. 통계에 의하면, 1984년까지 농업총생산액은 68% 증가했고, 농민 1인당 소득은 166% 증가해 세인이 주목하는 성과를 거두었다. 예를 들면, 깐수(甘肃)성 징닝(静宁)현 링즈(灵芝)공사는 한랭하고 건조한 산간지대에 위치해, 98%의 생산대들이 "세 가지에 의지하는 생산대(식량은 환매에 의지하고, 생산은 대부금에 의지하며, 생활은 구제에 의지)"였으며 인민의 생활은 아주 가난했다. 공사 서기는 생산대에 내려가서 밥을 얻어먹지 못하는 일이 늘 있었고, 사원들은 일할 의욕이 없었으며, 집체생산에 아무런 믿음도 없었다. 하지만 가정생산량도급책임제를 실시하자 상황이 일시에 달라졌다. 가정생산량도급책임제는 확실히 민심을 안정시키고 빈곤을 퇴치하고 재난을 구제하는 역할을 했다.

1987년 6월 12일 덩샤오핑은 외빈들을 만나 개혁개방이 농촌에서 시작된 이유와 그 효과에 대해 말할 때, 개혁 이전에는 대다수 농민들이 아주 가난해 의식주행이 모두 매우 어려웠다고 솔직하게 말했다. 중국공산당 제11기 중앙위원회 제3차 전체회의 이후, 농촌개혁을 통해 농민들에게 자주권을 주고, 기층에 자주권을 주기로 했다. 이는 단번에 농민들과 기층의 적극성을 동원하여 면모가 바뀌었다. 농촌개혁은 매우 빨리 효과를 보았다. 이는 원래 예상하지 못했던 일이었다. 확실히 오랫동안 사람을 초조하게 만들던 농업생산이 단기간에 왕성하게 발전하여 중국 사회주의 농업의 강력한 활력을 과시할 수 있게 된 근본 원인은 '좌'적 사상의 속박을 과감하게 타파하고, 중국 농업의 생산력 발전에 적합하지 않은 체제를 변화시켜 가정생산량 도급책임제를 전면적으로 추진해 8억 농민의 거대한 사회주의 적극성을 발휘케 한 데 있었다. '희망의 들판에서'라는 노래는 이 시기 농촌사회를 아주 생동적으로 묘사하고 있다. "우리 고향은 희망의 들판에 있네, 밥 짓는 연기가 새로 지은 집 위에서 날리고, 작은 강이 아름다운 마을 곁을 흐르네… 우리의 미래는 희망의 들판에 있네. 사람들은 밝은 햇빛 아래에서 살고, 생활은 사람들의 노동 과정에서 변화하네'. 이는 작곡가 스광난(施光南)과 작사가 천샤오광(陈晓光)이 중국 개혁개방에 대한 격정적인 찬사와 희망으로, 이 시기 농민들의 삶의 질이 현저히 높아지고 농촌 곳곳에서 생기가 넘쳐나는 상황을 노래한 것이다.

중국공산당 제11기 중앙위원회 제3차 전체회의 이래, 전국 농촌의 정세는 갈수록 좋아졌다. 그러나 자연조건, 사업기반과 정책실행의 차이로 인해 농촌경제 발전이 불균형적인 상황이 여전히 존재하고 있다. 특히 수천만 명 인구가 있는 지역이 아직 빈곤에서 벗어나지 못했고, 대중의 먹고 사는 문제가 완전히 해결되지 못하고 있는데, 그 대부분이 산악지대이고 어떤 곳은 소수민족 집거지이다. 그 외에도 오랜 혁명근거지도 있고, 변방지역도 있다. 이러한 곳들이 빈곤에서 벗어나도록 돕는 것은 여전히 큰 문제이다.

1980년대 중반 이후 국가가 개발 식 빈곤퇴치 전략을 시행하면서 농촌의 빈곤퇴치는 단계적인 성과를 거두었다. 1994년 4월 15일 국무원은 "국가87 빈곤구제 난관돌파 계획(1994-2000년)"을 인쇄하여 발부했다. 즉 1994년부터 2000년까지 인력·물력·재력을 결집하고 사회 각계의 역량을 총동원해, 7년 안팎의 시간에 전국 8,000만 빈곤인구의 먹고사는 문제를 해결하겠다는 것이었다. 이 계획의 실시를 추진하기 위해 국가의 중점 빈곤구제 현 592개를 다시 확정했고, 1992년 농민 1인당 순수입이 400위안 이하인 현은 모두 국가 중점 빈곤구제 현 범위에 포함시켰다. 빈곤 현에 대한 집중적이고 효과적인 지원을 통해, 전국의 농촌 빈곤문제의 해결을 이끌었다. 21세기에 들어서서 당과 각급 정부의 빈곤 구제 강도가 더욱 높아지고 조치가 더욱 유력해졌다. 중국공산당 중앙위원회와 국무원은 2001년부터 2010년까지 힘을 모아 빈곤지역의 빈곤탈출과 치부의 행정을 가속화하고 빈곤퇴치와 개발 사업을 새로운 단계로 끌어올리기로 결정했다. 2001년 6월

13일 중국공산당 중앙위원회와 국무원은 「중국농촌 빈곤구제 개발요강(2001—2010년)」을 인쇄 발부했다. 빈곤구제 개발을 깊이 있게 추진하는 것은「중국특색의 사회주의」를 건설하는 중요한 임무이다. 2011년 5월 27일 중국공산당 중앙위원회와 국무원은 「중국농촌 빈곤구제 개발요강(20011—2020년)」을 인쇄하여 발부했다.

새 시대에 들어선 후, 시진핑 동지를 핵심으로 하는 중국공산당 중앙위원회는 보다 많은 정력을 민생복지에 집중하고 있다. 중국공산당 제19차 전국대표대회 보고는 빈곤 퇴치 난관 공략전에서 꼭 이겨야 한다고 지적했다. 빈곤퇴치 난관 공략전에서 승리한 바에 따라 2020년에 이르러 현행기준으로 농촌 빈곤인구의 빈곤탈출을 실현하도록 확보해야 한다는 것이다. 중국공산당 제18차 전국대표대회 이래, 시진핑 동지를 핵심으로 하는 중국공산당 중앙위원회는 빈곤구제 개발을 국정운영의 중요한 위치에 올려놓았으며, 샤오캉사회의 전면적 실현과 첫 번째 100년 분투목표의 실현과 관계되는 새로운 높이에 올려놓고, 빈곤퇴치에 대한 투입을 늘이고, 빈곤구제 방식을 혁신해, 맞춤형 빈곤구제, 맞춤형 빈곤탈출 방식을 실시했으며, 일련의 중대한 정책과 조치들을 내놓아 빈곤 퇴치 난관 공략전에서 결정적인 진전을 이루었다. 그리하여 6,000여 만 명의 빈곤 인구가 안정적으로 빈곤에서 탈출했으며, 빈곤 발생률이 10.2%에서 4%이하로 떨어지게 되었다. 중국 국가통계국 웹사이트에 따르면, 개혁개방 이래 중국농촌 빈곤인구는 7억 4,000만 명 줄었다. 그 당시 가격의 현행 농촌빈곤 기준으로 1978년 말 농촌빈곤 발생률은 약 97.5%였다. 농촌 호적인구를 총체적으로 추산하면 농촌 빈곤인구의 규모는 약 7억 7,000만 명에 달했다. 2017년 말 농촌빈곤 발생률은 3.1%였으므로 빈곤인구 규모는 3,046만 명이다. 1978년부터 2017년까지 중국농촌 빈곤인구는 7억 4,000만 명이 감소되어 연간 평균 빈곤인구 감소규모가 1,900만 명에 육박한다. 농촌빈곤 발생률은 94.4% 떨어졌고, 연평균 2.4%씩 떨어졌다. 2018년 보아오아시아포럼에서 구테레스 유엔사무총장은 "지금은 중국 역사상 매우 중요한 시점이다. 중국은 개혁개방 40년간 세계적으로 유례없는 경제성장과 빈곤감소를 실현했으며, 글로벌 경제발전에도 매우 큰 기여를 했다."고 말했다.

당과 정부가 고도로 중시해 왔고 그에 걸 맞는 부대정책과 법규의 인도 하에, 맞춤형 빈곤구제 등 구체적 조치의 추진으로 극빈지역의 빈곤퇴치가 아주 어렵기는 하겠지만 2020년에는 전부 빈곤에서 탈출한다는 위대한 목표를 달성할 수 있을 것으로 믿는다.

건강하게 중국건설을 추진하다

'맨발의사(赤脚医生)'는 지금의 많은 사람들에게 있어서 아주 생소한 호칭이다. 하지만 '맨발의사'는 중국 의료발전사에서 중요한 위치를 차지하고 있다. 신 중국 건국 후 국가 재정이 빠듯한 가운데, 중국 도시와 농촌은 의료수준이 낮았다. 당시 많은 농촌에서 의사와 약이 부족한 상황에 직면해, 당과 정부는 제도혁신에 힘썼는데, '맨발의사' 군체의 등장이 그 좋은 사례라 하겠다. '맨발의사'란 말 그대로 공식적으로 의료훈련을 받지 못했고, 농업이 호적인 경우가 많았으며, 일부의 경우에는 '반농반의(半農半醫)'인 농촌의료 인원이다. '맨발의사'는 농촌 의료보장사업에서 큰 역할을 했다. 1984년 위생부의 통계에 따르면 전국적으로 1,251,000명의 맨발의사가 있었다. 제도의 조정과정에서 위생부는 1985년 '맨발의사'라는 호칭의 사용을 중단하고, 의사시험 합격자에게만 향촌의사증서를 수여했으며, 시험 불합격자 및 미 응시자는 향촌위생원이라 통칭했다.

건강은 인류가 전면적으로 발전할 수 있는 기초이다. 세계 각국은 오랫동안 줄곧 효율적인 의료 위생발전의 길을 모색해 왔다. 개혁개방 이래 중국은 의료·위생사업에서 뚜렷한 발전성과를 거두었고, 질병 예방·치료 능력도 끊임없이 증강되었다. 당과 정부도 의료·위생사업의 발전을 꾸준히 추진하여 도시와 농촌 주민에게 혜택을 주는 의료·위생체계를 구축했고, 기초의료보장제도 건설을 가속화 해, 신형 농촌협력의료, 도시근로자 기본 의료보험, 도시주민 기본 의료보험 등의 개혁을 전면적으로 전개해, 의료·위생사업의 빠른 발전을 추진했다. 특히 신형 농촌 협력의료의 실시는 중병에 걸린 서민들에게 큰 도움을 주었다. 2007년 3월 왕싼니(王三妮)는 배우자가 신장결석으로 신장절제 수술을 받았는데 치료비가 모두 4,000여 위안이나 들었다. 그중 신형 농촌협력의료 보조금 2,200여 위안을 제하고 나면 개인이 부담해야 하는 치료비는 2,000여 위안 정도였다. 왕싼니는 "과거에는 치료비를 모두 개인이 냈으므로 부담이 컸다. 하지만 신형 농촌협력의료를 실시하면서부터 더 이상 어려운 문제가 아니다"라고 말했다.

새로운 시대에 들어선 이래 시진핑 동지를 핵심으로 하는 중국공산당 중앙위원회는 "전 국민의 건강이 없이는 전면적인 샤오캉도 있을 수 없다"는 사상으로 "건강 중국 전략"을 시행하여 의료·위생건설이 총체적인 향상을 가져왔다. 의료·위생분야의 개혁은 기층을 중점으로 하고, 예방을 위주로 하며, 중의(中医)와 양의(洋医)를 다 같이 중시하고, 인민이 공동으로 건설하고 공동으로 향유하는 것을 제창했다. 시진핑은 다음과 같이 제안했다. "중대 질병에 대한 예방과 통제를 중시하고, 예방과 치료 책략을 최적화하여, 사람들이 병에 걸리는 것을 최대한 줄여야 한다". 기초의료·위생제도 건설에 진력해 등급별 진료제도·현대 병원관리제도·전 국민의료보험제도·약품공급보장제도·종합감독관리제도·기본의료위생제도 건설에서 획기적인 돌파를 가져오기 위해 노력해야 한다. 중의약의 발전을 추진하여 중의약의 건전한 양생문화의 창조적 전환과 혁신적 발전을 실현해야 한다. 의료인의 심신건강에 관심을 두고 직업에 대한 자부심을 증강하며, 의사를 존중하고 위생을 중시하는 등의 양호한 기풍을 조성해야한다. 의료보장제도를 보완하고, 의료보험의 성(省)급 통일계획을 실현하며, 과도한 치료를 감소하고, 타지방 치료의 의료보험 직접 결산을 실현해야 한다. 이런 개혁의 조치들은 의료개혁이 깊이 있게 나아가는 관건적인 절차이며, 또한 의료·위생분야의 사회 공평을 촉진시키는 중요한 절차이기도 하다. 기본의료·위생제도의 보완은 사회공평과 밀접히 연관될 뿐만 아니라 빈곤구제와도 밀접히 연관된다. 중대 질병은 다시 빈곤해지게 하는 중요한 원인이다. 최근 몇 년 동안 정부는 "큰 병에 대해서는 집중 치료하는 서비스, 만성 질환에 대해서는 계약 서비스, 중 질환에 대해서는 철저히 보장하는 방식"으로 건강 빈곤퇴치를 시행했는데, 이 방식은 그 조치가 매 사람에게까지, 정확하게는 구체적인 질환에까지 이른다. 현재는 유형을 나누어 치료하는 조치를 취하고 있다. 의료보장체계가 점차 완벽해지고 있다. 의료·위생에 대한 투입이 계속 늘어나고, 도농 주민의 큰 병에 대한 보험이 전면적으로 보급되었다. "이렇게 큰 병에 걸렸는데도 치료할 때 1만 위안도 들지 않으리라고는 생각지도 못했습니다." 왕넝바오(汪能保)는 안훼이(安徽)성 진자이(金寨)현 화스(花石)향 다완(大湾)촌의 저소득 가정의 가장으로 2017년 10월에 위암 판정을 받았다. 그는 안훼이 의과대학 제1부속병원에서 수술 치료를 했는데, 총 9번 입원하면서 의료비가 모두 97,000위안이 나왔다. 하지만 개인이 지불한 치료비는 9,300위안에 불과했다.

의료보장체계를 완비화 하려면 정부가 위생과 사회보장 두 부문 간의 권력과 책임관계를 잘 조율해야 할 뿐만 아니라 사회역량을 참여시켜야 한다. 사회역량의 참여를 유도하는 것은 위생자원의 공급을 늘리는데 도움이 될 뿐만 아니라, 보다 유연하고 효과적으로 사회의 수요를 충족시킬 수 있으며, 사회관리 과정에서 정부의 역할 전환을 보여줄 수 있기도 하다. 정책적 지원을 확대하는 동시에, 시장 메커니즘을 도입하여 자원 배치에 참여케 하고, 체제와 메커니즘의 장벽을 제거하고, 더욱 많은 건강 관련 새 산업·새 모델을 창출해, 건강산업을 이루도록 함으로써 국민경제발전을 추진하는 동시에 더욱 넓은 범위에서 민생수요를 충족시킬 수 있도록 하였다. 정부 주도를 전제로 하여 시장 접근, 인재 이동과 대형 기기의 구입 제한을 완화하고, 의료서비스 행위에 대한 감독 관리를 강화하며, 상응한 제도의 개혁을 심도 있게 진행하고, 의료·위생 업계에 활력을 불어넣기 위해 일정한 시장경쟁체제를 도입함으로써 의학 분야의 혁신적인 메커니즘의 형성과 보완을 촉진토록 했다. 개혁개방 40년 동안 의료·위생 지출이 점차 상승했다. GDP에서 의료·위생 지출이 차지하는 비중은 1978년에 3%, 1988년에 3.2%, 1998년에 4.3%, 2008년에 4.5%, 2017년에 6.2%였다. 의료·위생에 대한 정부와 사회의 투입이 지속적으로 증가함에 따라, 위생의 총비용 구조가 계속 최적화되고 있다. 2001년 이후 위생 총비용 대비 위생 개인지출 비중은 지속적으로 감소하여 2001년의 60.0%에서 2017년의 28.8%로 떨어졌다.

중국공산당 제19차 전국대표대회는 "건강한 중국 전략"을 제기하고 우선 해결해야 할 막중한 과제가 바로 "병이 있으면 치료할 수 있어야 한다"는 것이었다. 사회 주요 모순의 전환은 실제로 사회생활 각 방면에서 구현되고 있는데, 그중에서도 의료·위생분야의 '불균형·불충분' 문제가 아주 두드러진다. 의료조건의 공급은 경제발전지역에 자원이 지나치게 집중되는 문제가 존재한다. 때문에 빈곤지역과 빈곤현에 맞춤형 지원을 하고, 현지에 무료로 의료·위생 인력을 양성해 주는 것은 매우 중요한 조치이다. 전문가 의료팀을 기층병원으로 보내 현지에 사는 대중을 위해 세심한 진찰과 치료를 하게 하는 동시에 기층에 "데려갈 수 없는 의료팀"을 남겨두어 "병이 있으면 치료할 수 있다"로부터 "병이 있으면 좋은 의사가 잘 치료해 줄 수 있다"로의 전환을 가져올 수 있어야 한다. 중국공산당 제19차 전국대표대회는 인민의 건강은 민족의 번영과 국가의 부강을 보여주는 중요한 표징이라고 지적했다. 그러자면 국민의 건강정책을 보완하여 인민대중에게 전방위적이고 전 주기적인 건강서비스를 제공해야 한다. 의약·위생체제 개혁을 심화하여 중국특색의 기본 의료·위생제도, 의료보장제도와 양질의 효율적인 의료·위생 서비스 체계를 전면적으로 수립하고, 현대 병원관리 제도를 건전하게 해야 한다. 기층 의료·위생서비스체계와 일반의사(全科医生)의 육성을 강화해야 한다. 약으로 병원의 경제적 효익을 끌어올리는 제도를 전면적으로 취소시키고 약품 공급의 보장 제도를 건전히 해야 한다. 예방을 위주로 하고, 애국위생운동을 깊이 있게 전개하며, 건전하고 문명한 생활방식을 창도하고 중대한 질병을 예방 통제해야 한다. 식품안전 전략을 실시해 국민들이 안심하고 먹을 수 있도록 해야 한다. 중의와 양의를 다 같이 중시하고, 중의약사업을 전승하고 발전시켜야 한다. 민간 의료기구의 설립과 운영을 지지하고 건강산업을 발전시켜야 한다.

지난 40년간 위생사업과 의료보장사업이 끊임없이 발전함에 따라 중국인민의 건강수준이 전반적으로 향상되었고, 인민대중의 사회 안전감도 함께 향상되었다. 중국인의 평균수명은 1953년의 34.91세에서 2017년의 일인당 기대수명이 76.7세로 늘어났다. 자신의 생명과 건강에 대한 인민의 안심은 사회 안정의 기본적인 전제이고, 모든 관리업무가 전개될 수 있는 기초이다. 의료시설과 사회보장이 가져다주는 공평감은 민중이 더 자발적으로 사회에 대한 동질감을 건립하고, 더

욱 능동적으로 사회적 업무에 참여함으로써 조화로운 사회분위기를
조성하고 진정한 발전을 실현하는데 유리하다.

사회보장제도를 구축하고 완비하다

사회건설을 강화하려면 반드시 전 국민을 커버하는 사회보장체계
를 건립해야 한다. 사회보장은 광범한 인민대중의 안전보장 망으로
서, 그 목적은 근로자의 노후·의료·산업재해·실업 등에 대한 뒷걱정
을 해결하는 데 목적이 있으며, 경제발전의 수준과 사회진보의 정도
를 가늠하는 중요한 표상이 된다. 개혁개방 이전 중국은 고도로 집
중된 계획경제 조건 하에서 사회보장체제가 극히 미비하고 적용 범위
가 비교적 좁았다. 예를 들면, 농촌에서 노인·장애자 또는 16세 미만
의 촌민으로서 노동력이 없고, 생활원이 없으며 또 법정 봉양(贍养)·
보육(抚养)·부양(扶养) 의무자가 없거나 그 법정 봉양·보육·부양 의무
자가 봉양·보육·부양 능력이 없을 경우, 5보(五保, 즉 의·식·주와 의
료, 사후보장)의 대우를 받았다. 하지만 이러한 대우를 받을 수 있는
사람은 극히 적었다. 개혁개방 이후 사회전환 및 경제체제 개혁의 끊
임없는 심화와 함께 기업제도와 노동제도의 개혁도 끊임없이 심화되
고, 사회보장제도도 개혁을 심화시키는 중요한 내용의 하나로서 변혁
을 거듭하면서 국가와 직장으로부터 점차 시장으로 전이되는 단계적
인 발전적 특징을 보였다.

1978년은 중국의 발전과정에서 특별히 중요한 한 해이자 중국의
사회보장제도가 변화하는 가장 중요한 한 해였는데, 간부와 노동자

이·퇴직제도가 법적으로 보장되었다. 그 해 5월 24일 제5기 전국인민대표대회 상무위원회 제2차 회의는 "노인·허약자·병자·장애자·간부 안치에 대한 국무원의 잠정 방법"을 비준해 다른 직급별 노인·허약자·병자·장애자·간부 안치에 대한 원칙을 규정했으며, 간부의 정년, 퇴직비 지급 기준 및 주택 문제 등에 대해 규정했다.

1992년 중국공산당 제14차 전국대표대회는 사회주의 시장경제체제 건설의 시작을 알렸다. 1993년 중국공산당 제14기 중앙위원회 제3차 전체회의에서 채택된 "사회주의 시장경제체제 구축에 관한 중국공산당 중앙위원회의 약간의 문제에 대한 결정"에서는 다층적 사회보장체계 구축에 대해 제시했다. 중국공산당 제15차 전국대표대회에서는 한 걸음 더 나아가 사회보장시스템을 확립하고, 사회통일계획과 개인계좌 상호결합의 양로·의료보험제도를 실행하며, 실업보험과 사회구제제도를 완비하여 가장 기본적인 사회보장을 제공해야 한다고 제기했다. 이러한 방침과 정책들은 사회보장제도의 개혁과정에 충분히 구현되었으며, 특히 실업과 노후보장, 도농의 사회구제 등 여러 영역에서 심도 있게 구현되었다. 개혁개방 이래 사회보장체계의 재건은 도시경제체제 개혁, 특히 국유기업 개혁과 함께 점차 전개되었다. 개혁이 심화됨에 따라 사회보장제도의 개혁은 갈수록 사회화되는 추세를 보이고 있다. 최근 몇 년 동안 사회보장제도의 건설은 민생을 개선하기 위한 기초공사로서 전례 없는 중시를 받았으며 뛰어난 성과를 거두었다. 이렇게 여러 해에 걸친 각종사업의 꾸준한 추진을 통해 각 분야의 사회보장제도 개혁이 현저한 진전을 보이었는데 개혁성과는 충분히 긍정할만했다. 예를 들면, 농촌의 5가지 생계보장 대상자 공양에서 커다란 돌파를 가져왔다. 2006년 농촌의 5가지 생계보장 대상 공양사업조례를 개정한 것은 5가지 생계보장 대상 공양이 농민들의 집체 호조공제(互助共济)로부터 정부재정 보장을 위주로 하는 역사적 전환을 가져온 것을 상징하며, 사상 처음으로 가장 어렵고 무기력한 농민들이 '나라 밥'을 먹을 수 있게 되었다. 또 다른 일례로 최저생계보장제도가 효과적으로 실시됐다는 점이다. 최저생계보장제도는 빈곤층의 기본 생활과 관계되고, 사회의 조화와 안정, 공평과 정의에 관계되는 빈곤층의 기본생활 권익을 수호하는 기초적인 제도이다.

중국공산당 제18차 전국대표대회 이래 시진핑 주석은 민생문제와 관련하여 여러 차례 중요한 논술을 발표해, 민생보장과 민생개선의 중요 의의에 대해 설명했을 뿐만 아니라, 현재와 향후 한 시기 민생업무의 역점은 광범위한 인민대중을 행복한 중국이라는 목표 추구에 결집시켜 사회보장체계의 건설을 전면적으로 추진하고, 보장 프로젝트가 나날이 완비되고, 제도운행이 안전하고 질서 있게 이루어지며, 보장수준이 안정적으로 향상되어 인민대중이 경제사회발전의 성과를 더욱 많이 공유하게 해야 한다고 지적했다. 시진핑 주석은 당과 정부가 모든 일을 하는 출발점과 귀착점은 모두 인민이 잘살게 하는 것이라고 강조했다. 중국공산당 제18차 전국대표대회 보고는 "도시와 농촌의 사회보장 체계 건설을 통일적으로 계획하여 추진해야 한다"고 지적하여, 사회보장체계 건설의 실천을 효과적으로 이끌었다. 2018년 6월 29일 베이징시 인력사회보장국은 9월 1일부터 최저임금을 당시의 월 2,000위안에서 2,120위안으로 120위안 인상한다고 발표했다. 최근 몇 년 동안 각종 관련 정책들이 속속 출범됨에 따라, 최저생계 보장제도는 민생혜택, 서민우려 해소, 안정보장, 조화촉진 등 면에서 탁월한 기여를 하여, 빈곤층의 기본생활을 효과적으로 보장했다. 최근 몇 년간의 탐구와 노력을 통해 사회주의 시장경제체제에 부응하는 사회보장제도의 틀이 기초적으로 형성되었다. 사회보험의 적용범위가 끊임없이 확대되고, 사회복지의 사회화 진척이 빨라졌으며 각 유형 빈곤층의 기본생활을 보장하였고, 사회모순을 완화시키는데 일정한 역할을 하였으며, 사회의 조화와 안정을 어느 정도 촉진시켰다. 그러나 동시에 사회보장제도 건설이 아직 완성단계에 있다는 것도 알아야 한다. 사회보장 분야에 대한 정부의 투입이 아직 비교적 적다. 양로보험의 통일 조달은 차원이 낮은 편이고, 지역별로 양로보험 권익이 불균일하다. 사회전체의 자선의식이 비교적 약하고, 기부금 수가 비교적 적다. 사회보험의 적용범위를 한층 더 확대해야 하고, 농촌사회양로보험은 아직 모색단계에 있다. 빈곤층 인구에 대한 사회구조의 폭이 좁거나 사회복지의 사회화가 막중한 개혁임무를 가지고 있는 등의 문제들이 여전히 남아 있다.

고령화 사회의 도래는 양로보장제도 건설과 의료보건 사업의 발전에 압력을 주고 있다. 사회 전반의 양로자금 지출과 사회보장제도의 설계, 맞춤형 인프라 구축 및 양로서비스시스템의 구축 등이 사회의 발전을 따라가야 한다. 인구 고령화에 따른 양로문제에 대한 사회의 목소리가 갈수록 높아지고 있다. 시진핑 주석은 많은 노년층의 다양한 욕구를 충족시키고 고령화로 인한 사회문제를 잘 풀어나가는 것은 국가발전 전반에 관련되는 일이고, 국민 전체의 복지와 관련되는 일이라고 지적했다. "국민경제와 사회발전의 제13차 5개년 계획" 요강은 "최상위 설계를 강화해 인구전략·출산정책·취업제도·양로서비스·사회보장체계·건강보장·인재육성·환경지원·사회참여 등을 지주로 하는 인구고령화 대응체계를 구축해야 한다."고 명시했다. 이는 중국공산당이 "국민경제와 사회발전의 제13차 5개년 계획" 기간에 인구고령화에 대비한 중대한 전략적 제도적 장치이자 경제와 사회발전에 적응하기 위해 내린 중대한 민생조치였다.

세계보건기구는 2050년 중국은 인구의 35%가 60세 이상이 되면서 세계적으로 고령화가 가장 심각한 나라로 될 것으로 예측하고 있다. 뿐만 아니라 중국의 고령화는 2개의 세계 제1이 나타날 것이다. 즉 노인인구가 세계에서 가장 많고, 고령화 속도가 가장 빠르다는 것이다. 2015년 말까지 60세 및 그 이상 노인 인구는 2억 2,000만 명으로, 세계 1위이며, 이는 세계 노인인구의 약 1/4을 차지한다. 게다가 2억 2,000만 명 노인인구 중 4,000여 만 명은 생활자립 능력을 상실 혹은 반 상실한 노인들이다. 관련 부문의 예측에 따르면, 2035년에는 노인인구가 4억 명에 달할 것이며, 생활 자립능력을 상실 혹은 반 상실한 노인의 수도 더욱 많아질 전망이다. 중국의 고령화문제는 이미 아주 두드러졌으며, 이는 필연적으로 당과 국가의 깊은 중시를 받게 될 것이며, 사회적 관심도 커질 수밖에 없다. 2014년 2월 21일 국무원은 중국공산당 제18차 전국대표대회 정신과 중국공산당 제18기 중앙위원회 제3차 전체회의의 도농주민 기본양로보험제도를 통합시키는 데에 관한 요구에 따라, 그리고 「중화인민공화국 사회보험법」의 관련 규정에 따라 2020년까지 공평하고, 통일되고, 규범화된 도시와 농촌주민 양로보험제도를 전면적으로 건설해 사회구조·사회복지 등 기타 사회보장정책과 배합시킬 계획이며, 가정의 양로 등 전통적 보장방식의 긍정적인 역할을 충분히 발휘해 보험에 가입한 도시와 농촌주민의 노후 기본생활을 더욱 잘 보장할 예정이다. 2015년 상반기까지 전국적으로 기본양로보험·기본의료보험·실업보험·산재보험·출산보험 가입자 수가 각각 8억 4,600만 명, 6억 5,600만 명, 1억 7,100만 명, 2억 800만 명, 1억 7,600만 명에 달했다. 2014년 양로보험 양로금 수급자 수는 2억 3,000만 명에 달했으며, 기업 퇴직인원 기본양로금은 2005년부터 2015년까지 11년 연속 인상되었다. 양로서비스업의 발전과 관련한 정책메커니즘이 보완되면서 정부는 자금과 정책투입을 중시하고 확대하는 한편, 사회자본의 양로서비스업 참여를 장려하고, 시장메커니즘을 도입해 양로서비스업을 육성하고 있다. 예를 들어, 쓰촨성은 전국적으로도 고령화 정도가 비교적 높은 성으로 전국 제6차 인구보편조사에서 고령화 정도가 제2위를 차지해 고령화 추세가 아주 뚜렷했다. 이와 관련해 쓰촨성은 "쓰촨성 양로와 건강서비스업 발전계획(2015-2020년)"을 제정했으며, 2020년까지 전 성의 양로서비스 시설이 모든 도시 지역사회와 90% 이상의 향진(乡镇), 60% 이상의 농촌 지역사회를 커버할 계획이다. 구체적인 실천과정에서 쓰촨성 양로서비스업은 시장메커니즘을 도입해, '원터치콜' 업무를 전개했을 뿐만 아니라, 도시에서 노인들은 매월 양로서비스 권을 받아 가전 수리·가사서비스 등의 방문서비스를 받을 수 있다. 노인은 집에 '장자통(长者通)'을 설치하면 도움센터에서 직접 노인들을 도와 병원접수 등의 서비스를 한다. 정부가 출자해 노인들에게 양로서비스 권을 발급하면 제3자 플랫폼에서 관련 서비스를 제공해 노인들의 일상생활에 편의를 제공한다. 이에 많은 노인들이 "외지에 있는 자녀들이 우리를 걱정하지 않아도 된다"고 말했다. 아울러 쓰촨성은 또 의료기관과 지역사회·의사와 노인 가정을 연결해 계약서비스를 전개함으로써 노인들이 가까이에서 가격이 저렴하고, 품질이 좋은 기본 의료서비스를 받을 수 있도록 했다. 이처럼 기업이 참여하고 지역사회가 협력하는 방식으로 양로문제를 해결해 양로사업이 노인들의 실제 수요에 더 잘 부합되도록 했으며, 노인들이 정부와 사회의 관심을 더욱 직접적으로 느낄 수 있도록 했다. 또한 노인들의 자녀들이 안심하고 일할 수 있도록 했기 때문에 가정화목을 통한 사회의 조화로움을 가져와 효과적인 사회관리가 이루어지게 되었다.

최근 몇 년 동안 당과 국가는 인구의 고령화와 그에 따른 양로문제에 대해 변함없는 관심을 가져왔다. 민생보장과 개선을 위해 중국공산당 제19차 전국대표대회는 "노년에는 부양해줄 사람이 있어야 한다 (老有所养)"와 "건강중국전략(健康中国战略)" 사상을 명확히 제기하고, 인구 고령화에 적극적으로 대응해 양로(养老)·효로(孝老)·경로(敬老) 정책체계와 사회 환경을 구축하고, 의료와 양로의 결합을 추진하며, 고령화사업과 산업의 발전을 추진했다. 그러나 우리는 사회보장체계가 아직 완벽하지 못하고, 도시와 농촌의 사회보장발전이 균형적이지 못하다는 것도 알아야 한다. 새로운 시대의 새로운 요구에 직면해 중국공산당 제19차 전국대표대회 보고는 사회보장사업의 발전에 대해 전면적인 조치를 취했다. 이러한 조치는 민중의 기대를 다지고 있다. 중국의 사회보장제도건설은 점차 어린이에게는 보육원을(幼有所育), 배우고자 하면 학교를(学有所教), 노동하면 소득을(劳有所得), 병이 나면 의료를(病有所医), 노년에는 부양을(老有所养), 거주하고자 하면 살 곳이 있도록(住有所居), 약자에게는 도움을 주도록 (弱有所扶) 하는 보혜성(普惠性) 사회보장 목표를 향해 나가고 있는 것이다.

"건강한 이이를 낳아 정성껏 키우기(优生优育)"를 견지하다

인류자체의 생산과 재생산은 한 민족·한 나라의 흥망성쇠와 관계된다. 개혁개방초기, 중국의 인구상황은 비교적 뚜렷한 세 가지 방면의 특징을 나타냈다. 첫째, 인구의 기준수가 컸다. 1978년 전국의 인구는 9억 6,259만 명을 초과했다. 둘째, 성장속도가 빨랐다. 1978년 인구의 자연증가율은 12%였다. 개혁개방 전 30년의 평균 자연증가율은 여전히 20%에 달했다. 셋째, 젊은 인구의 연령구조가 비교적 뚜렷했다. 표본조사에 따르면, 1978년 15세 이하 인구는 35.6%, 15-19세 인구는 27.8%로 추산되었다. 이 세 가지 특징은 모두 중국인구가 개혁개방 초기 고성장 시기에 진입할 것임을 예시했다.

"사람이 많은 것은 중국에서 가장 큰 난제이다"라고 한 덩샤오핑은 생산을 발전시키는 동시에 인구 성장을 계획적으로 억제해야 한다고

했다. 그 대안으로 계획출산을 시행하면 중국이 더 빨리 발전할 수 있다고 지적했다. 그는 "중국이 인구성장을 엄격히 통제하는 것은 자기 나라와 인민의 이익에서 출발한 것"이라며, "이는 중국 스스로의 중대한 전략적 결단"이라고 했다. 그는 또 "현재 전 국가의 인구는 9억 명이 넘고, 그중 80%가 농민이다. 사람이 많으면 좋은 점도 있지만 불리한 점도 있다. 생산이 아직 발전하지 못한 조건에서 생계유지 및 교육과 취업이 모두 심각한 문제가 되고 있다"고 말했다. 1978년 10월 26일 중국공산당 중앙위원회는 "국무원의 계획출산 지도소조 제1차 전체회의 보고"를 비준하고 이첩시켰다. 이 보고에서는 "부부가 좋기로는 한 자녀만 출산하고, 많더라도 둘만 출산할 것을 권장한다. 출산 간격은 3년 이상이어야 한다."고 했다. 1979년 12월 19일 국무원 부총리 겸 국무원 계획출산지도소조 조장인 천무화(陈慕华)는 전국 계획출산판공실 주임회의에서 "부부가 좋기는 아이 하나만 낳는 것을 권장하는 것은 계획출산 업무 중점의 이전이다. 과거 우리는 가장 좋기는 하나만 낳고 많아야 둘을 낳을 수 있다고 했는데, 지금은 좋기는 하나만 낳아야 한다고 제기한다면서 그 뒤에 있던 많아야 둘을 낳을 수 있다는 것을 전격 취소했다. 이는 현재 인구발전에 있어서의 전략적 요구이다"라고 말했다.

계획출산정책의 실행으로 가족구조가 날로 핵심화 되어갔다. 1980년 이후 중국 여성의 생육량이 대폭 줄어들어 가정의 규모가 축소되고 소가정의 비중이 늘어났다. 사회의 산업구조·소유제구조·도농구조·직업구조·교육구조가 크게 변화할 때, 사람들의 가치관 및 생활방식도 함께 바뀌게 된다. 상술한 여러 가지 변화들은 모두 사람들의 혼인관념과 가정생활 패턴에 깊은 영향을 미치게 된다. 국가의 위로부터 아래로의 개혁은 기층사회의 모습을 변화시키게 된다. 거꾸로 기층사회의 각종 변화도 아래로부터 위로의 상층제도의 변혁을 추진하게 된다. 인구통제정책의 조정 및 혼인가족 분야에서 발생한 많은 변화에 직면해 혼인법의 개정이 일정에 오르게 되었다. 1980년 9월 10일 제5기 전국인민대표대회 제3차 회의에서는 "중화인민공화국 혼인법"을 통과 및 공포하면서, "부부 쌍방은 모두 계획출산을 실행한 의무가 있다"고 제기했다. 그 후 20여 년간 계획출산정책에는 큰 변화가 없었다. 2001년 12월 29일 제9기 전국인민대표대회 상무위원회 제25차 회의에서 통과된 "중화인민공화국 인구와 계획출산법" 제18조는 "국가는 현행 출산정책을 안정시키고, 공민의 만혼만육(晩婚慢育)을 권장하며 한 부부가 아이 하나만 낳도록 제창한다."고 규정했다.

실천이 증명하다 시피 중국은 계획출산이라는 이 기본 국책을 꾸준히 실시해, 「중국특색의 사회주의」를 건설하고, 국가의 부강과 민족의 진흥을 이루는데 큰 영향을 미쳤으며, 세계인구와 발전을 촉진시키는데 중요한 역할을 했다. 그러나 이와 동시에 중국의 인구발전에도 전례 없이 복잡한 국면이 나타나게 되었다. 21세기 전반에 중국은 총 인구와 노동연령 인구, 노인인구의 고봉기를 맞이하게 된다. 새로운 역사적 환경 속에서 나타난 새로운 문제를 적시에 대처하기 위해 당과 정부는 장기적 발전계획을 조정하였고, 계획출산 정책을 점차 완화하기 위한 준비 작업을 시작했다. 2012년 중국공산당 제18차 전국대표대회 보고는 "계획출산의 기본국책을 견지하고, 출생인구의 자질을 향상시키며, 점진적으로 정책을 보완해, 인구의 장기적인 균형적 발전을 추진할 것"이라고 지적했다. 이로부터 출산정책의 조정에 속도를 내게 되었다.

2013년 11월 12일 중국공산당 제18기 중앙위원회 제3차 전체회의는 "개혁 전면 심화와 관련된 약간의 중대한 문제에 대한 중국공산당 중앙위원회의 결정"을 통과시켰다. 이 결정은 "계획출산의 기본국책을 견지하며, 부부 중 일방이 외동자녀일 경우 두 아이를 낳을 수 있는 정책을 가동한다."고 밝혔다. 12월 28일 제12기 전국인민대표대회 상무위원회 제6차 회의는 출산정책을 보완하는데 관한 국무원의 의안을 심의하고, "출산정책을 조정·보완하는데 관한 전국인민대표대회 상무위원회의 결의"를 채택했다. 12월 30일 중국공산당 중앙위원회와 국무원은 "출산정책 조정과 보완에 관한 의견"을 인쇄·발부하여 부부 중 일방이 외동자녀인 경우 두 아이를 출산할 수 있다는 정책을 가동했다. 이에 따라 이 정책은 지방에서 점차적으로 전개되기 시작했다. 2014년 1월 17일 저장(浙江)성 인민대표대회 상무위원회는 「저장성 인구 및 계획출산조례」제19조를 수정하는 데에 관한 결정"을 공포해, "단독 두 자녀(単独両孩) 정책"을 실시한 첫 번째 성이 되었다. 그 후 각 성·자치구·직할시는 연이어 인구 및 계획출산 조례를 수정해 "단독 두 자녀 정책"을 실시했다. 상대적으로 짧은 기간 내에 전국적 범위에서 "단독 두 자녀 정책"이 보편적으로 시행되었다. 인구·경제사회·자원 환경 등 분야의 전문가와 계획출산부문·관련부처의 토론·연구와 조사를 거치고, 다중 방안으로 추산하고 연구·논증한 결과 연구자들은 "전면적인 두 자녀 정책"이 인구의 폭발적인 증가를 초래하지 않을 것이며, 2030년을 전후해 총 인구가 14억 5,000만 명으로 최고봉에 이를 것이며, 21세기 중엽 중국의 총인구는 여전히 13억 8,000만 명가량으로 유지되어 인구가 많은 기본 국정이 근본적인 변화를 가져오지 않을 것으로 예측했다. 이러한 배경에서 2015년에 개최된 중국공산당 제18기 중앙위원회 제5차 전체회의는 "인구의 균형적인 발전을 촉진하고, 계획출산이라는 기본 국책을 견지하며, 인구발전 전략을 보완하고, 한 부부가 두 명의 아이를 낳을 수 있는 정책을 전면적으로 실시해 인구고령화에 적극 대응해야 한다."고 명확히 제기했다. 12월 27일 제12기 전국인민대표대회 상무위원회 제18차 회의에서 「중화인민공화국 인구 및 계획출산법」이 개정되었다. 개정 후의 「중화인민공화국 인구 및 계획출산법」은 모두 7장 47조로, 이 중 18조는 "국가는 한 부부가 두 자녀를 낳을 것을 제창한다."로 개정됐다. 12월 31일 중국공산당 중앙위원회와 국무원은 "전면적으로 두 자녀 정책을 실시하고, 계획 출산서비스 관리를 보완하는데 관한 규정"을 발표, 2016년 1월 1일부터 한 부부 두 자녀 정책을 전면적으로 시행했다. 이로부터 중국은 "전면적 두 자녀 정책" 시대에 접어들었다. 국정과 사회상황의 변화에 따라 조정과 보완을 한 것은 역사의 필연이자 현실적 수요에 따른 이성적인 선택이었다. "전면적 두 자녀 정책"은 가임 연령의 부부들에게 출산에 관련해 더 많은 선택의 여지를 줌으로써 인구정책이 보다 더 인간적이 되게 했다. 다른 한편

173

출산정책의 조정은 여러 가지 사회적 효과를 가져왔다. 이를테면, 가정 관계, 세대별 관계, 배우자 선택관 등이 모두 일정한 정도의 영향을 받았으며 일부 현실적 문제들, 예를 들면, 양로문제·교육자원·의료 자원 등 사회영역의 문제들을 촉발하게 되었다. "전면적 두 자녀 정책"은 장원한 결책으로 중국의 사회건설에 장기적으로 결정적인 영향을 끼칠 것이다.

중국공산당 제18차 전국대표대회 이래, 당과 정부의 인구정책에 대한 두 번의 조정은 새로운 역사단계에 대한 중요한 반응이자 정책 연속성의 한 표현이기도 하다. 중국공산당 제19차 전국대표대회도 인구발전 전략에 대해 배치했다. 보고는 출산정책과 관련한 경제사회정책의 배합과 접목을 촉진하려면 인구발전 전략에 대한 연구를 강화해야 한다고 지적했다. 이는 출산정책의 개혁이 결코 단번에 이루어지지는 않을 것이며, 인구발전 전략의 총체적인 목표 아래 부동한 시대·부동한 단계의 경제사회발전 전략에 부응하기 위해 끊임없이 구체적인 조정을 할 것임을 예고하는 것이었다. 개혁개방 40년 이래의 인구정책 조정은 인구의 과속성장을 효과적으로 억제한 동시에 실제적으로 사회의 발전을 촉진했다.

개혁개방 40년 동안 중국 사회 건설 분야에서 일어난 천지개벽의 변화는 '제도혁신'이라는 성장 엔진 덕분이다. 지난 40년 동안 끊임없이 사회 관리의 혁신을 추진하였고, 도시에서는 '그리드화'[9] 관리를 실시해 사회관리 수준이 뚜렷이 향상되었다. 취업제도체계를 끊임없

---

9) 그리드화 : 분산된 자원을 정보통신기술을 통해 연결하는 것.

이 건전히 하고, 취업 문제를 비교적 잘 해결해 1978년부터 2017년까지 취업자가 4억 152만 명에서 7억 7,640만 명으로 늘어 연평균 961만 명이 늘어났다. 제3차 산업이 취업자를 흡수하는 주요 루트로 떠올랐다. 2017년 말까지 제 2, 3차 산업 취업자는 각각 28.1%와 44.9%로 1978년 말에 비해 각각 10.8%, 32.7% 높아졌다. 소득분배 체제 개혁을 끊임없이 추진해 도시와 농촌 주민의 수입이 대폭 증가되었는데 1978년 전국 주민의 1인당 가처분 소득은 171위안에 불과했으나 2017년에는 2만 5,974위안에 달했다. 가격요소를 공제하면 1978년보다 실제로 22.8배 늘어났으며, 연평균 8.5% 성장했다. 새로운 시대에 들어선 후 여전히 사회건설 각 분야에서 끊임없이 새로운 모순에 직면하게 될 것이며, 여전히 체제개혁을 통한 지속적인 민생개선과 교육·의료·사회보장 등에서 공급수준을 계속 향상시켜 공평·정의가 더 잘 체현되도록 하며, 사람들의 행복감과 획득감을 끊임없이 증강시켜야 할 것이다.

6

생태문명을 건설하다

생태문명을
건설하다

　"『세계는 평평하다(The World Is Flat: A Brief History Of The Twenty-first Century)』 2005)"는 책으로 중국에서 이름난 토머스 프리드먼은 중국 국민의 발언은 갈수록 수월해지고 있지만, 호흡은 점점 더 어려워지고 있다고 했다. 경제성장은 결코 공짜가 아니다. 40년의 고도성장을 거쳐 전 세계가 주목하는 경제사회 성취를 거둔 중국은 발전의 환경적 대가가 갈수록 더 드러나고 있다. 미국작가 로버트 로런스 쿠엔 박사는 전 세계 20개 중대 오염도시 중 중국이 절반이나 차지하고, 교통체증, 배기가스 오염은 중국의 심각한 문제가 되고 있다고 지적했다. 중국은 과거 국토가 넓고 물산이 풍부하며 자원이 많다고 자랑해왔었다. 하지만 지금은 국토가 작고 물산이 적으며" 자원이 부족하다. 비록 1990년대부터 지속 가능한 발전전략을 실행하기 시작했음에도 불구하고 툭하면 발생하는 스모그 날씨는 사람들의 자유로운 호흡에 영향을 주고 있으며, 중국이 생태문명건설에 큰 힘을 들여야 함을 시시각각으로 경고하고 있다.

　중국공산당 제18차 전국대표대회 이래 시진핑 주석은 "금산·은산도 좋지만 청산녹수는 더욱 필요하다"며, 생태건설을 총체적인 계획에 포함시켜, 생태문명건설 체제개혁을 대대적으로 추진할 것을 제기하면서, 중국 역사상 최대 규모의 생태문명건설이 시작됐다.

환경보호를 국책으로 삼다

　1962년 미국 여성 생물학자 레이첼 카슨은 암 투병 중에 『침묵의 봄(Silent Spring)』이라는 책을 완성했다. 책에서는 살충제와 제초제가 인류에게 미치는 영향을 폭로했다. 이 책은 출간된 후 뜨거운 논쟁을 일으켰다. 고어 전 미국 부통령은 이 책이 사상적 역량이나 정치가의 역량보다 훨씬 더 강력한 불후의 걸작이라고 평가했다. 이 책이 출판된 후 정치인과 기업인은 물론 일반들까지 환경문제에 대한 관심이 높아지기 시작했다.

　지구촌의 일원으로서 중국은 일찍부터 환경의 소중함을 절감했다. 1970년대 중국의 수도 베이징시의 주요 수원지인 관팅(官厅)저수지 오염이 대표적인 사례이다. 1971년 말 관팅저수지에서 대량의 거품이 뜨고 물빛이 누렇게 변하고 이상한 냄새가 나는 것을 발견하기 시작했다. 1972년 3월 베이징의 시장에서 판매된 관팅저수지 산 생선은 이상한 냄새가 나고 식용 후 두통·메스꺼움·구토 등의 중독 증세를 보였다. 저수지 물은 약 냄새가 났으며, 식용 후 위와 유사한 중독 증세가 있는 것 외에 불소 함량이 높아 관절염을 유발하거나 이가 빠지는 등의 경우가 많았다. 위생부문에서 이런 상황을 보고하자 저우언라이(周恩来) 총리는 이에 깊은 관심을 기울이고 즉시 사건의 원인을 조사할 것을 요구했다. 국가계획위원회와 건설위원회로 구성된 조사조는 1972년 4월부터 조사를 시작했다. 대량의 사실 조사와 데이터 분석결과 "관팅저수지의 죽은 물고기 사건은 상류의 공장에서 오수를 방출해 일으킨 것"으로 결론지었다. 화학실험에 따르면, 저수지의 물은 수질이 악화되는 추세를 보이고 있었다. 저우언라이 총리는 지도 소조를 구성해 오염을 엄하게 다스리고 하루 빨리 오염상황을 변화시키라고 지시했다. 이는 사실상 중국 생태환경 보호의 서막을 열어놓은 사건이었다.

1978년 12월 18일부터 22일까지 열린 중국공산당 제11기 중앙위원회 제3차 전체회의는 당의 업무중점과 전국인민들의 주의력을 사회주의 현대화 건설에 옮기기로 결정했으며, "경제건설을 중심으로 하는 기본노선"을 확립했다. 이는 생산성 저하와 생활이 가난한 곤경 속에서 변혁을 바라는 중국인민의 절박한 염원을 구현했던 것이다. 경제발전은 양날의 검이었다. 지나치게 빠른 공업화는 중국의 환경오염을 심화시켰다. 덩샤오핑은 제도적 차원에서의 생태환경 보호의 필요성을 절감하고, 생태환경 보호는 자각에만 의해서는 안 되며, 반드시 환경보호에 대한 태도를 명확히 하고, 관련기구를 설립하며, 엄밀한 환경 관련 법률제도를 구축해야 한다고 지적했다.

환경보호를 기본 국책으로 삼았다. 1978년 중국공산당 중앙위원회는 국무원 환경보호 지도소조의 업무회보를 이관하면서 오염을 제거하고 환경을 보호하는 것은 사회주의 건설과 '4개 현대화'를 실현하는 중요한 구성 부분으로서 절대 먼저 오염시키고 후에 다시 오염을 제거하는 시행착오의 길을 걸어서는 안 된다고 지적했다. 1983년 말 1984년 초, 중국공산당 중앙위원회는 제2차 전국 환경보호회의를 열고, 환경보호를 기본 국책으로 확정한다고 선포했다. 이 회의정신에 따라 1984년 국무원은 「환경보호 업무에 관한 결정」을 발표하면서 생활환경과 생태환경을 보호하고 개선하며, 오염 및 자연환경 파괴를 방지하는 것을 중국 사회주의 현대화 건설 중의 기본 국책이라고 명시했다. 환경보호 관련 법치의 선행을 움켜쥐었다. 1978년 헌법은 "국가는 환경과 자연자원을 보호하고, 오염과 기타 공해를 예방·퇴치해야 한다"고 명확히 규정했다. 1979년 제5기 전국인민대표대회 상무위원회 제11차 회의는 원칙적으로 「중화인민공화국 환경보호법(시행)」을 통과시켰다. 그 후 환경 관련 입법은 '쾌속 차선'에 들어섰다. 1980년대에는 「해양환경보호법」, 「수질오염예방퇴치법」, 「삼림법」, 「초원법」, 「광산자원법」, 「토지관리법」, 「어업법」, 「수법(水法)」, 「대기오염예방퇴치법」등 일련의 환경 관련 법률을 제정했다. 이와 함께 환경보호법의 제정 작업도 시작됐다. 1980년 「환경보호법(시행)」개정 영도소조를 설립하고, 베이징대학(北京大学)·우한대학(武汉大学)·중국사회과학원(中国社会科学院)·중국정파대학(中国政法大学) 등의 전문가와 학자들을 초빙해 법 개정작업을 시작했다. 법 개정작업은 우여곡절을 거치면서 여러 번이나 정지돼 진행이 아주 완만했다. 그 중요한 원인은 「환경보호법(시행)」의 정체성에 대한 고민이었다. 환경보호 관련 단행법들이 속속 출범하는 상황에서 「환경보호법(시행)」개정의 필요성 여부, 심지어 존재 여부에 대한 논쟁이 멈추지 않았다. 1989년 12월 26일 이러한 쟁의는 마침내 해결되어 제7기 전국인민대표대회 제11차 회의에서 「중화인민공화국 환경보호법」이 통과되었다. 이 「중화인민공화국 환경보호법」이 제정되었을 때, 중국은 곧바로 쾌속발전 시기에 접어들었으며, 정부로부터 민간에 이르기까지 경제를 발전시키려는 염원이 매우 강렬했다. 환경보호가 새롭게 고도로 언급되었지만, 중국에서 지나치게 빨리 경제를 발전시키려는 절박한 요구를 변화시키지 못했으며, 환경보호법의 역할을 충분히 발휘시키지 못했다.

환경을 보호하려면 반드시 상응하는 기구가 있어야 한다. 1982년 제5기 전국인민대표대회 상무위원회 제23차 회의에서는 국가건설위원회·국가도시건설총국·건설공업총국·국가측량제도국·국무원 환경보호 지도소조 판공실을 통합해 도농건설·환경보호부를 설립하고 그 내부에 환경보호국을 설치하기로 결정했다. 1984년 5월 국무원은 각 부처 간의 환경보호 문제를 조율할 환경보호위원회를 발족하기로 결정했다. 12월 도농건설·환경보호부의 환경보호국을 국가환경보호국으로 변경하고, 여전히 도농건설·환경보호부의 지도하에 두며, 동시에 국무원 환경보호위원회의 사무기구 역할을 하도록 했다. 그 주요 임무는 전국 환경보호 계획, 조절과 감독·지도업무를 책임지는 것이었다. 1988년 7월 환경보호 업무를 도농건설·환경보호부에서 분리시키고, 독립적인 국가환경보호국을 설립해 국무원의 환경보호 종합관리 직능부문이자 국무원의 직속기구이며, 국무원 환경보호위원회의 사무기구라고 명확히 규정했다. 이로부터 중국에는 환경보호를 전문으로 하는 기구가 생기게 되었다.

환경보호에 있어서 중점을 움켜쥐어야 한다. 1978년 11월 25일 삼북(동북, 서북화북, 서북) 방호림 프로젝트(이하 '삼북'프로젝트로 약칭함)가 가동되었다. 이는 후대에 책임지고, 중화민족의 지속 가능한 발전에 대해 책임지는 사업이었다. 이 프로젝트는 13개 성·자치구·직할시와 신장(新疆)생산건설병단까지 총 600여 개 현의 406만 9,000km2면적에 적용되어 국토의 거의 절반을 차지했다. 이 프로젝트는 40년 동안 5회에 걸쳐 실시되면서 조림 면적이 크게 늘어났는데, 총 4억 3,000만 무(畝) 이상, 약 2,900만 헥타르에 조림해, 삼림 피복율이 과거의 5.05%에서 13.02%로 늘어났다. 삼북 프로젝트는 40년 동안의 건설을 거쳐 명확히 효과를 보았다. 첫째, 모래바람을 효과적으로 다스린 것이다. 과거에는 해마다 5~8번씩 황사가 발생했지만 지금은 거의 볼 수 없게 되었다. 둘째, 수토의 유실을 효과적으로 다스렸다. 삼북 프로젝트를 통해 38만km2에 달하는 면적의 수토 유실을 다스렸다. 중점으로는 황토고원에서 23만km2에 달하는 면적의 수토유실을 다스렸다. 이 면적은 황토고원 전체의 50%를 차지했다. 지금 황하의 물은 과거처럼 탁하지가 않다. 황사 함유량이 확실히 크게 줄었기 때문이다. 셋째, 삼북지역 서민들의 소득이 눈에 띄게 증가했다. 삼북 프로젝트 지역, 특히 닝샤(宁夏)·간쑤(甘肅)·허뻬이(河北)·네이멍구(内蒙古)·산시(山西) 등 광열조건이 비교적 좋은 지역은 특색적인 경제림을 발전시킬 수 있는 기반이 잘 되어 있다. 추산에 의하면, 현재 경제림의 1년 산출액은 1,200여 억 위안이다.

지속 가능한 발전전략을 실시하다

1987년 세계환경발전위원회는 "우리 공동의 미래"라는 보고서를 발표해 세계 최초로 지속 가능한 발전이라는 이념을 제시했다. 1992년 유엔환경발전대회는 "리우선언"[10]과 "21세기 어젠다"를 발표하며, 지속 가능한 발전의 길을 공식적으로 제시했다. 1992년 리펑(李鵬) 중국 국무원 총리가 대표단을 인솔해 유엔환경발전대회에 참석했으며, 중국정부를 대표해 "21세기 어젠다" 등의 이행을 약속했다. 이어 중국정부는 52개 부처의 300여 명 전문가들을 조직해 "중국 21세기 어젠다"를 편성했다. 1994년 7월 국무원은 "중국 21세기 어젠다—중국 21세기의 인구·환경과 발전백서"를 발간하고, 중국의 지속 가능한 발전전략을 명확히 했으며, 각급 정부와 부처에서 국민경제와 사회발전 계획을 수립할 때의 지도문서로 삼도록 했다. 1995년에 열린 중국 공산당 제14기 중앙위원회 제5차 전체회의에서 장쩌민(江澤民) 주석은 인구·자원·환경업무를 법에 따라 관리하는 궤도에 포함시켜, 환경법률 제도건설을 새로운 수준으로 끌어올렸다. 이로부터 「중국특색의 사회주의」 생태환경보호 관련 제도건설은 새로운 단계에 들어섰다.

1990년대 이후 사회주의 시장경제의 급속한 발전과 함께 중국경제의 형세는 발전이 양호했으며, 환경법제 업무도 장족의 진보를 이뤄 시장경제 발전체제에 적합한 환경법과 표준체계를 초보적으로 형성했다. 그리하여 환경보호는 점차 제도화의 길로 나아가게 되었다. 1997년 장쩌민은 중앙의 계획출산과 환경보호회의에서 "중국은 이미

---

10) 리우선언 : 1992년 6월 3일부터 14일까지 브라질의 리우데자네이루에서 "지구를 건강하게, 미래를 풍요롭게" 라는 슬로우건 아래 개최된 지구 정상회담에서 환경과 개발에 관한 기본원칙을 담은 선언문으로 자연과 인간, 환경보전과 개발의 양립을 목표로 한 리우회의의 기본 원칙을 담은 선언서.

국정에 부합되는 환경보호 법률체계를 초보적으로 구축했다"고 말했다. 1998년 장쩌민은 또 중앙의 계획출산과 환경보호회의에서 환경보호의 제도화에 대해 강조했다. 그는 "환경보호를 제도화·법제화의 궤도에 진입시켜야 한다"고 지적했다. 이는 중국이 법에 따라 나라를 다스리는 발전전략의 중요한 표현이기도 했다. 2000년 장쩌민은 중앙 인구자원환경사업 간담회에서 인구자원과 환경문제에 대해 중요한 연설을 한다. 그는 연설에서 "사회주의 시장경제체제 하의 환경보호법 체계를 지속적으로 완비해서 환경사업에 강력한 무기를 제공해야 한다"고 말했다. 이러한 것들은 환경보호에 대한 강력한 법적 보장을 제공하여 인구·자원·환경사업이 법제화·제도화·규범화·과학화의 길에 오르도록 촉진했다.

이 단계에서는 환경보호 관련 입법을 가속화했으며, 환경보호 관련 법률과 규범체계를 완비화 했다. 또한 「중화인민공화국 환경보호법」, 「중화인민공화국 대기오염 예방퇴치법」, 「중화인민공화국 삼림법」, 「중화인민공화국 해양 환경보호법」, 「중화인민공화국 수질오염 예방퇴치법」등 여러 부의 법률을 공포했을 뿐만 아니라, 「중화인민공화국 형법」에 "환경 및 자원 보호 파괴죄"를 추가하고, 자원 및 환경을 파괴하는 행위를 엄벌하기로 했다. 그리하여 입법 및 법 집행에서 「중국 환경보호법」 체계를 완비하게 되었다.

지속 가능한 발전전략을 대대적으로 시행하고, 이를 위한 법률도 많이 마련하고, "국민경제와 사회발전의 제15차 5개년 계획(2001~2005년)"에서 처음으로 주요 오염물 배출 총생산량 감소 목표를 제기했지만, 치적 충동으로 환경보호의 실제 효과는 특별히 뚜렷하지 못했다. 큰 강과 큰 호수의 오염이 비교적 심각했고, 사막화 현상이 근본적으로 억제되지 못했다. 베이징은 수도로서 신구 세기가 교차되던 그 시기에 툭하면 황사가 기승을 부리곤 했다. 특히 봄이 되면 모래가 바람에 날려 거리에는 스카프를 쓰고 선글라스를 끼고 다니는 사람들로 넘쳤다. 큰 바람이 지나간 후면 그야말로 온 도시가 '황금갑옷'을 입은 것처럼 되었다. 이는 중국의 환경보호사업이 임무가 무겁고 갈 길이 멀다는 것을 보여준 것이다. 미국 브루킹스연구소의 존 샌튼 중국센터장, 저명한 중국문제 전문가 리칸루(李侃如, Ken Lieberthal)는 물 결핍과 오염, 경작지의 유실 및 기타 환경문제의 도전은 중국의 경제성장에 상당한 직접적 비용을 더해주고 있다고 하면서 "중국의 상황은 여러 면에서 이미 위기 단계에 와 있다"고 했다.

사람과 자연의 조화로운 발전을 추진하다

2000년대 초 중국이 직면한 환경문제는 여전히 매우 심각했다.

환경보호부 웹사이트의 수치에 따르면, 중국의 단위 GDP 에너지 소모는 선진국의 8배에서 10배, 오염은 선진국의 30배, 노동 생산성은 선진국의 1/30 정도라고 했다. 화학적 산소 요구량은 세계 제1위, 이산화유황 배출량은 세계 제1위, 탄소 배출량은 세계 제1위이다. 하천 수계는 70%가 오염이 되었고, 40%는 심각하게 오염되었다. 도시를 흘러 지나는 하천은 보편적으로 오염되었고, 도시 쓰레기 무공해 처리율은 20% 미만이다. 산업 위험폐기물 화학물질 처리율은 30%

미만이다. 3억이 넘는 농민들이 깨끗한 물을 마시지 못하고, 4억이 넘는 도시인구가 깨끗한 공기를 호흡하지 못하는데, 그중 1/3의 도시는 공기오염이 심각하다. 세계에서 공기오염이 가장 심한 20개 도시 중 중국이 16개를 차지했다. 1/3의 국토는 산성비에 뒤덮였다. "물마다 거의 다 오염되고, 하천마다 거의 모두 말랐으며, 비만 오면 모두 산성비"인 지경에 이르렀다. 최근 몇 년 동안은 더구나 중대한 환경오염 사건이 빈발했다. 쏭화강(松花江) 오염, 타이후(太湖) 호수 남조류 사건, 윈난 뎬츠(滇池) 호수 오염, 중금속 오염으로 인한 발병 등은 모두 서민들의 생활에 심각한 영향을 미쳤다. 혈연병(血緣病), 암증(癌症) 등이 일부지역에서 집중적으로 발생해, 대중의 건강에 심각한 위해를 초래했으며, 직접적인 사회적 군체사건을 초래했다. 환경문제는 군체성 사건의 중요한 유발 요소가 되었으며, 사회의 조화와 안정에 직접적인 위협을 주었다.

자원 면에서 보면, 중국의 석유 대외의존도는 이미 55%를 넘었다. 철광석과 같은 중요 광물자원의 대외 의존도도 55% 이상이다. 전국의 연간 물 부족량은 500억 입방미터이다. 2/3의 도시가 물이 부족하며, 큰 강, 특히 황허(黃河)강, 화이허(海河)강, 랴오허(辽河)강 및 서북 내륙하천 지역의 수자원 개발이용이 이미 수용능력에 근접했거나 초과했다. 경작지 면적은 이미 18억 무(畝)라는 레드라인에 근접했는데 도시화 속도는 오히려 더 빨라졌다. 생태계가 퇴화되었고, 수토의 유실이 심각해졌다. 수토의 유실면적은 국토 면적의 37%, 사막화 면적은 18%, 석막화(石漠化) 면적은 1.3%나 되었으며, 80% 이상의 초원이 정도가 다르게 퇴화되었다. 마구잡이로 광산을 채굴하고 지하수를 채취하다 보니 지면의 침강면적이 커졌던 것이다. 일부 성에서는 석탄을 지나치게 채굴해 지하가 텅 비어 현지 주민들의 거주 안전을 위협했다. 생태의 다양성이 격감되고 생태가 자연재해를 막아내는 능력이 취약해졌다. 빈번하게 발생하는 산사태나 지면의 침강 등은 중국의 생태가 얼마나 취약한가를 잘 보여주었다.

이런 심각한 생태문제는 주로 여러 해 동안 GDP 성장에 대한 관심이 높았지만 균형적이고 지속 가능한 과학적 발전이념을 수립하지 못한 것과 관련되고, 조방형성장(粗放型增長)에 지나치게 의존하고, 경제발전 방식의 전환을 제대로 이행하지 못한 것과 관련되며, 또 GDP를 핵심으로 하는 치적 평가체제와도 관련되었다.

국내의 심각한 생태문제와 국제적 압력에 직면해, 당과 정부는 과학적인 발전을 도모할 것을 제기했을 뿐만 아니라, 발전은 전면적이고, 균형적이며 지속 가능해야 하며, 인간과 자연이 조화롭게 공존해야 함을 강조함으로써 발전이념의 중대한 혁신을 실현했을 뿐만 아니라 건설에 역점을 두었다. 2002년 11월 중국공산당 제6차 전국대표대회 보고는 지속 가능한 발전전략의 실시와 경제발전과 인구·자원·환경의 조화를 실현하는 것을 중국공산당이 인민을 영도해 「중국특색의 사회주의」를 건설함에 있어서 반드시 견지해야 할 기본 경험에 포함시켰다. 중국공산당 제6차 전국대표대회 보고는 또 샤오캉사회를 전면적으로 건설한다는 웅대한 목표를 실현하려면 반드시 지속 가능한 발전능력을 끊임없이 증강하고, 생태환경을 개선하며, 자원의 이용효율을 현저하게 제고시키며, 인간과 자연의 조화를 촉진시켜 전 사회가 생산이 발전하고, 생활이 부유하며, 생태가 양호한 문명발전의 길로 나아가도록 추진해야 한다고 했다. 이는 생태문명건설의 초보적인 이념이 형성되기 시작했음을 설명했다. 2007년 10월 중국공산당 제17차 전국대표대회는 처음으로 생태문명에 관해 당의 보고에 써넣었으며, '생태문명건설'을 샤오캉사회의 전면적 건설을 위한 분투목표를 실현하는 새로운 요구의 하나로 삼는다고 했다. 또한 "에너지와 자원을 절약하고, 생태환경을 보호하는 산업구조·성장방식·소비패턴을 기본적으로 형성해야 하고, 순환경제가 비교적 큰 규모를 이루도록 하며, 재생가능 에너지의 비중이 뚜렷이 늘어나게 해야 한다. 주요 오염물 배출을 효과적으로 통제하고, 생태환경의 질을 뚜렷이 개선해야 한다. 생태문명 관념이 전 사회적으로 확고히 수립되게 해야 한다"고 명확히 지적했다. 이는 중국공산당이 중국의 발전법칙을 심도 있게 탐색하고, 전면적으로 파악한 기초 위에서 확정한 중요한 전략적 임무이며, 또한 중국의 실제로부터 출발해 제기한 생태문명건설의 정확한 경로이기도 했다. 2017년 중국공산당 제17차 전국대표대회에서 제기한 "5개 항의 새로운 요구"는 생태문명건설에 대해 정치건설·경제건설·문화건설·사회건설과 동등한 지위를 부여한 것이었다. 2012년 중국공산당 제18차 전국대표대회는 처음으로 생태문명건설을 두드러진 위치에 놓고, 정치·경제·문화·사회 각 방면에 일관시킬 것을 요구했으며, 또 생태문명건설을 어떻게 강화할 것인가에 대한 중요한 조치를 취했다.

위에서부터 아래로 환경보호에 대한 의식이 점차 강화되었다. 헤이룽장(黑龙江)성 바이취안(拜泉)현은 세계 3대 흑토지대 중의 하나로 속칭 '베이따황(北大荒)'이라 한다. 바이취안현의 옛 이름은 바바이취안(巴拜泉)이고, 몽골어로는 바바이 뿌라커(巴拜布拉克)이다. 바바이는 '보배', '귀중한 것'이라는 뜻이며, 뿌라커는 '샘물'이라는 뜻이다. 즉 바바이 뿌라커는 '귀중한 샘물'이라는 뜻으로, 수초가 풍성한 곳이었다. 하지만 지나친 개발로 인해 도처에 침식지가 생기게 되었다. 혹독한 자연환경은 바이취안 사람들의 생존을 위협했다. 바이취안현에서는 여러모로 모색한 결과 작은 유역을 하나의 단원으로 하여, 산꼭대기에는 소나무를 심어 '모자'를 씌우고, 둔덕에는 싸리나무를 심어 '띠'를 매게 했고, 경작지에는 풀을 심어 '담요'를 폈으며, 개천에는 물고기를 길러 못을 만들며, 저수지에는 물을 넣어 오리를 기르고, 저수지 둑 밖은 개발해 벼를 심었다. 우묵한 곳은 나무를 심어 과일이 달리게 했고, 평원에는 가로세로 방풍림을 조성했으며, 사업장을 개발해 종합경영을 통해 돈을 벌었다. 수로와 도랑 주변의 녹화를 중점으로 생물·공학·농예 등의 조치들을 결합시켰다. 2000년 이래 바이취안현은 적송 위주의 침엽림 후계림을 조성하기 시작했는데, 전 현에 총 11만여 무, 8,000여 개의 침엽림대를 조성하여 4년생 적송 묘목 1,200여 만 그루를 심었다. 이로부터 농업 방호림·수토 유실 보호림을 주체로 하는 교목·관목·풀의 망(网)·띠(帶)·판(片)이 상호 결합된 바이취안 특색의 순환 생태경제형 방호림 체계가 이루어졌다. 바이취안현 촌민인 원진좡(温尽庄)은 "지금은 마을이 변했습니다. 살림도 좋아졌습니다. 수십 년 동안의 토지정리를 통해 흑토지가 되돌아왔습니다. 흑토층이 원래 30센티미터 이하였는데 이제는 60센티미터 정도로 되돌아왔습니다. 우리 집 식구 다섯이서 대두 40여 무, 옥수수 60여 무를 심었는데, 지금 대두는 1무당 300여 근, 옥수수는 1무 당 1,500근이 나와 생산량이 10배 증가했습니다. 연평균 수입도 2만여 위안이나 됩니다. 과거 외지에서 일하던 마을사람들이 모두 돌아와 돈을 벌고 있습니다"라고 말했다. 이는 환경도 개선하고 생활도 개선시킨 것이었다.

맑은 물과 푸른 산이 가장 귀중한 자산이다

사회가 발전하고 인민의 생활수준이 향상됨에 따라 중국인들은 깨끗한 물, 맑은 공기, 안전한 식품, 아름다운 환경 등에 대한 요구가 점점 더 높아지고, 대중생활의 행복지수에서 생태환경의 위치가 부각되면서 환경문제가 갈수록 중요한 민생문제로 대두되었다. 서민들은 과거 단지 "잘 먹고 잘 살 수 있기만 바랐다"면, 지금은 "환경보호"를 바라고 있다. 또한 과거에는 생존만 추구했다면 지금은 좋은 생태환경을 추구한다. 인민의 나날이 늘어나는 아름다운 생활에 대한 수요, 특히 생태환경에 대한 수요와 관련해 시진핑 주석은 환경이 바로 민생이고, 청산이 곧 아름다움이며, 푸른 하늘이 행복이고, 녹수청산이 곧 금산·은산이라고 강조했다. 그는 또 눈을 보호하듯이 생태환경을 보호하고, 생명을 대하듯이 생태환경을 대하며, 생태환경을 희생시키는 대가로 경제의 일시적인 발전을 바꿔서는 안 된다고 강조했다. 중국공산당 제18차 전국대표대회 이래 당과 정부는 생태문명 건설을 개혁 발전과 현대화 건설의 전 국면에 두고 새로운 발전 이념을 확고히 실행하며 끊임없이 생태문명의 체제개혁을 추진했는데, 생태문명건설을 추진하려는 결심이 크고, 강도가 크며, 효과가 전례 없이 커서 생태문명건설과 환경보호의 새로운 국면을 개척했다.

환경보호를 강화하기 위해서는 이념을 선행시켰다. 개혁개방 이후 한동안 생태문명건설이 제대로 이뤄지지 못한 것은 무엇보다도 생태이념의 전환이 미흡했기 때문이었다. 중국공산당 제18차 전국대표대회 이래 시진핑은 생태문명건설을 「중국특색의 사회주의」 총체적 구도의 중요한 내용으로 삼고, 인간과 자연은 생명공동체이며, 인류는 반드시 자연에 순응하고 자연을 보호해야 한다고 제기했다. 그는 또 사회주의 현대화는 인간과 자연이 공존하는 현대화로서, 더욱 많은 물질적 부와 정신적 부를 창조해 날로 늘어나는 인민의 아름다운 생활에 대한 수요를 충족시켜야 할 뿐만 아니라, 더욱 많은 양질의 생태제품을 제공해 날로 늘어나는 인민의 아름다운 생태환경에 대한 수요를 충족시켜야 한다고 했다. 그러기 위해서는 절약 우선, 보호 우선, 자연 회복 위주의 방침을 견지하고, 자원절약과 환경보호를 위한 공간구도·산업구조·생산방식·생활방식을 형성해 산과 물이 보이고, 향수가 기억되는 아름다운 중국을 건설하기 위해 노력해야 한다고 제기했다. 시진핑의 녹수청산이 바로 금산·은산이라는 논술은 생태문명건설에 근본적인 근거를 제공했다. 녹수청산은 인민의 행복한 생활의 중요한 내용으로 돈으로 대체할 수 없는 것이다. 녹수청산과 금산·은산은 결코 대립되는 것이 아니다. 관건은 사람에게 달렸고, 사유방식에 달렸다. 생태자원이 풍부하나 상대적으로 빈곤한 지역은 개혁과 혁신을 통해, 생태자원으로 빈곤에서 벗어날 수 있는 길을 모색해야 한다. 그리하여 빈곤지역의 토지·노동력·자산·자연풍경 등 요소가 활성화되고, 자원을 자산으로, 자금을 출자금으로 농민을 주주로 변화시켜 녹수청산이 금산·은산이 되게 해야 하는 것이다.

　저장(浙江)성 안지(安吉)현의 위(余)촌은 "금산·은산도 필요하지만 녹수청산도 필요하다." 즉 '양산론(兩山論)'의 중요한 발원지이자 '양산론'의 실천지이며, 나아가서는 '양산론'의 수혜지이기도 하다. 2005년 8월 15일 저장성 성위원회 서기였던 시진핑은 이 촌에서 조사연구를 하던 중 좌담회에서 환경보호와 경제성장의 관계를 어떻게 처리할 것인가에 대한 간부와 대중의 사상모순·곤혹·방황에 대해 "녹수청산이 바로 금산·은산이다"라는 중요한 이념을 제기했다. 이는 '생태입현(生态立县)'의 관건적 시기에 처해 있던 안지현에게 방향을 제시해 주었으며, "성장 중의 고민"에 빠져있던 저장성의 생태 성(生態省) 건설에 중요한 이론적 지도와 실천적 의거를 제공했다. 시진핑의 이 새로운 이념은 광범한 간부와 대중에게 안계(眼界)가 확 트이게 했다. 10여 년 이래, 안지현은 상하가 확고부동하게 '양산(兩山)'의 기치를 들고, '양산'의 길을 걸어 '양산'의 사업을 개척했다. 이렇게 매 임기마다 같은 청사진을 그려 와 마침내 생태가 아름답고, 산업이 흥성하며, 서민들이 부유한 과학적 발전의 길을 헤쳐 나왔으며, 경제발전과 생태보호의 선순환을 실현했다. 위촌은 이미 전국적으로 유명한 생태문명 시범 촌이 되었고, 생태문명건설의 성지가 되었다. 위촌은 지금 매일 이름을 듣고 찾아오는 중외 관광객과 참관자들이 끊이질 않는다. 그들은 안지 농촌의 생태인문은 유럽의 농촌과 비교해도 손색이 없다고 극찬한다. 안지현 위촌은 중국에서 '양산론'을 실천한 모범 사례이자 견본이며 기치이다. 새로운 이념 아래 전국은 전형을 육성하고 복제하고 보급하여 생태문명건설을 정치건설·경제건설·문화건설·사회건설의 여러 측면과 전 과정에 융합시켰다. '양산론'은 이미 중국 대지의 생생한 실천으로 화했다. 지금 중국에서는 "녹수청산이 바로 금산·은산이다"라는 슬로건에 대해 모르는 사람이 없게 되었다. 이는 간부와 대중의 슬로건일 뿐만 아니라 점차 자발적인 행위가 되고 있다. '양산론'은 사실상 자연이 상호 의존적이고 상호 영향을 미치는 시스템임을 보여준다. 삼림·하천·호수·경작지시스템을 총괄적으로 다스리려면 도대체 어떠한 사상방법으로 자연을 대하고, 어떠한 방식으로 자연을 복구해야 할 것인가? 시진핑 주석은 삼림·하천·호수·경작지는 생명공동체라고 강조했다. 사람의 명맥은 경작지에 달렸고, 경작지의 명맥은 물에 달렸으며, 물의 명맥은 산에 달렸으며, 산의 명맥은 흙에 달렸으며, 흙의 명맥은 나무에 달렸다. 그러나 만약 나무를 심는 사람이 나무만 심고, 물을 다스리는 사람이 물만 다스리고, 경작지를 보호하는 사람이 경작지만 보호한다면, 어느 한쪽에만 치우쳐 결국은 생태계의 체계적인 파괴를 초래할 수 있다. 반드시 생태계의 정체성·체계성 및 내적 법칙에 따라 자연생태 각 요소를 통일적으로 고려하여 산 위·산 아래·지상·지하·육지·해양·하천의 상류와 하류 등을 전체적으로 보호하고 복원하며 종합적으로 다스려야 한다. 중국공산당 제18차 전국대표대회 이래 체계적인 생태문명건설은 생각으로부터 실제행동으로 전환되었다. 전국적으로 통일된 공간계획체계를 구축하고, 생태보호의 마지노선, 영구 기본농지, 도시개발 변계 등 세 개의 통제선 획정 작업을 완성했으며, 도시 공간·농업 공간·생태 공간을 명확히 해 각종 개발 건설에 근거를 제공했다. 산림과 녹지가 부족한 중국의 국정에 비추어, 국토의 녹화를 적극 전개했다. 서로 이어진 삼림을 집중적으로 조성하고, 황막화·석막화·수토의 유실을 종합적으로 다스렸으며, 습지의 보호와 복구를 강화하고, 지질재해 예방퇴치를 강화해 국토에 푸른 옷을 입혔다. 또한 경작지의 임지와 초지로의 환원을 확대하면서 국토의 생태기능을 회복했다. 가장 엄격한 경작지 보호제도를 고수한다는 기반 위에서 경작지 퇴화문제에 대응해 윤번 휴경제도의 시범을 확대해, 과부하 경작지가 휴양을 통해 원기를 회복할 수 있도록 했다. 정부가 주도하고 기업과 사회 각계가 참여하며, 시장화 운영을 하는 지속 가능한 생태보상 메커니즘을 구축했다. 새로운 시대 중국은 전형을 수립하는 방식을 통해 전국 각지에서 생태문명건설을 적극 추진하도록 격려했다. 싸이한빠(塞罕坝)는 전국 각지에 적극적으로 따라 배운 좋은 예이다. 싸이한빠는 몽골어와 한어의 합병어로 "아름다운 높은 산(高岭)"이라는 뜻이며, 허뻬이(河北)성 최북부의 웨이창(围场)현 경내에 위치해 있다. 역사상 이곳은 땅이 넓고, 하늘을 찌를 듯한 큰 나무들이 많아서 요(辽)·금(金)시대에는 "천리 송림"으로 불렸다. 청(清)나라 후기 국력이 쇠퇴함에 따라 일본 침략자들의 약탈적인 채벌과 해마다 계속되는 산불, 그리고 날로 늘어나는 농업·목축업 활동으로 싸이한빠는 나무들이 모두 채벌되어 그 거대한 삼림이 소실되고 말았다. 새 중국 창건 이전 싸이한빠는 "숲이 푸르고 나무가 무수히 많은데, 바람이 불어 풀이 눕게 되면 소와 양이 보인다"던 황실 사냥터로부터 "하늘은 푸르고 들은 광막한데 바람이 부니 모래가 일어 황량하기 그지없는 황야"로 변해버렸다. 건국 후 임업부는 충분한 조사연구와 논증, 과학적인 기획·설계를 거쳐 1962년 2월 임업부 직속의 싸이한빠 기계임업장을 설립하기로 결정했다. 싸이한빠 임업장이 갓 건립됐을 때에는 양식이 없고 가옥도 부족했으며 교통도 불편했다. 겨울에 눈이 내려 길이 막히면 사람들은 반 폐쇄 반 단절 상태에 빠지곤 했다. 학교도, 병원도, 오락시설도 없었다. 사방팔방에서 몰려온 건설 노무자들은 간단한 행장과 옷 외에는 거의 아무것도 없었다. 싸이한빠는 몇 세대 사람들의 끈질긴 투지와 영원히 패배를 모르는 책임감 속에서, 극단적으로 어려운 조건 하에서, 총 140만 무의 경영면적 중 112만 무에 인공림을 조성하는데 성공하여 황량한 벌판을 임해로, 사막을 오아시스로 만드는 녹색의 기적을 낳았다. 삼림 피복률은 초창기의 11.4%에서 지금의 80%로 제고되었고, 임목 총 축적량은 1,012만 m³에 달했다. 싸이한빠의 사람들은 북방의 망망한 황야를 전국에서 가장 큰 집중 인공 임해(林海)로 만드는데 성공하는 불후의 '녹색 바다'를 엮어냈다. 임업장을 건설할 때 심었던 묘목은 지금 광대한 임해로 변해 대체할 수 없는 역할을 하면서 현지 사람들에게 복지를 가져다주고 있다. 또한 매년 베이징·톈진지역에 1억 3,700만㎥의 깨끗한 물을 수송하고, 55만 톤의 산소를 방출해 베이징·톈진지역을 지키는 중요한 생태보호 장벽으로 되었다. 2017년 시진핑 주석은 허뻬이(河北) 싸이한빠 임업장 건설 노무자들의 감동적인 사적에 관련해 중요 지시를 내렸다. 그는 전 당과 전 사회에서 녹색발전의 이념을 견지케 하고, 싸이한빠의 정신을 고양시키며, 대를 이어가며 꾸준히 생태문명건설을 추진하고, 오랜 세월 공을 들여 인간과 자연이 조화를 이루며 발전하는 새로운 구도를 형성해 우리의 위대한 조국을 더 아름답게 건설하고, 후손들에게 더 푸른 하늘과 더 푸른 산, 더 맑은 물이 있는 아름다운 환경을 남겨주기 위해 노력해야 한다고 강조했다.

환경보호정책을 확고하게 집행하다

"동쪽 울 밑에서 국화를 꺾어 들고, 멀리 남산을 바라보네", "하늘은 푸르고 들녘은 망망한데 바람이 불어 풀이 누우면 소와 양이 보이네." 옛 사람들의 정취가 무르녹는 이 시구들을 보면 자기도 모르게 농경사회의 아름다운 풍경이 떠오른다. 최근 몇 년 동안 지하의 수질 오염, 토지의 중금속 오염, 농촌의 면원(面源, 방사 형태의 방출 세기·강도-역자 주) 오염 등 문제들이 이미 건강에 대한 사람들의 큰 우려를 야기 시키고 있다. 환경문제로 인한 집단적인 사건도 자주 보도되고 있다. 환경악화문제를 될수록 빨리 해결하려면 일련의 관건적인 고리를 움켜쥐어야 한다. 중국공산당 제18차 전국대표대회는 중대한 생태 복원 프로젝트를 실시해, 생태 제품의 생산 능력을 증강시키고, 황막화·석막화·수토의 유실 등에 대한 종합 정리를 추진하며, 삼림·호수·습지면적을 확대하고, 생물의 다양성을 보호해야 한다고 제기했다. 중대 생태 복원 프로젝트에는 주로 토양 복구, 지역 대기오염 예방 퇴치, 호수유역 정비 등의 내용이 포함되며, 주로 생활 및 공업 오수 처리, 대기오염 퇴치, 중금속 오염 퇴치와 토양 복구 등 업계와 관련된다. 중국은 1978년 이래 16개의 중대 생태 복원 프로젝트를 실시했다. 그중 이미 실시된 것으로는 천연림 보호, 경작지 환원, 사막화 방지 및 퇴치, 습지 보호와 회복, '삼북' 방호림, 연해 보호림 등이 있다. 이러한 것들은 피복 범위, 건설 규모와 투자 규모가 세계적으로 가장 크다고 할 수 있다. 중대 생태복원 프로젝트는 이미 국가의 생태 안전을 수호하는 전략적 뒷받침이 됐다. 국가 환경보호 부문은 앞으로 기존의 중대 생태복원 프로젝트를 계속 잘 실시할 뿐만 아니라 일부 특수한 생태 지역, 특수한 생태 요구에 대해서도 일련의 새로운 생태복원 프로젝트를 실시할 계획이라고 밝혔다. 국가목재전략비축기지 건설 등 프로젝트를 조속히 가동하고, 생태 프로젝트의 배치를 건전히 하고 완비하며, 국가와 지방이 서로 보충하는 생태복원 프로젝트 체계를 형성해, 중대 프로젝트로 전국의 자연생태 계통의 전면적인 복원을 추진할 것이다.

생태문명을 건설하려면, 반드시 생태문명 체제개혁을 심화하고, 생태문명건설을 제도화·법치화의 궤도에 올려놓아야 한다. 시진핑 주석은 2015년 "생태문명 체제 개혁의 총체적 방안"을 심의할 때, 2020년에 이르러 자연자원 자산권제도, 국토공간 개발보호제도, 공간계획체계·자원 총생산량 관리제도, 전면적인 절약제도, 자원 유상사용과 생태보상제도, 환경정비체계·환경정비제도, 생태보호의 시장체계제도, 생태문명의 실적평가와 책임추궁제도 등 8가지 제도로 구성된 재산권이 명확하고, 다원적으로 참여하며, 격려와 제약을 병행하고, 시스템이 완전한 생태문명 제도체계를 구축하며, 생태문명 분야의 국가 관리체계와 관리능력의 현대화를 추진해, 사회주의 생태문명의 새로운 시대로 나아가기 위해 노력해야 한다고 명확히 제기했다.

하장(河长)제"를 전면 실시하는 것은 새로운 발전이념을 실천하고, 생태문명건설을 강화하며, 중국 하천과 호수의 관리·보호를 강화하고, 중국 국가 물 안전을 보장하는 중요한 조치이다. 2016년 12월 중국공산당 중앙위원회 판공청, 국무원 판공청은 "하장제를 전면 실시하는 데에 관한 의견"을 인쇄 발부하고, 통지를 발부해, 각 지역·각 부처에서 실제와 결부해 착실하게 실행할 것을 요구했다. 하장제는 중국의 각급 당·정 주요 책임자가 '하장(河长)'을 맡아 해당 하천과 호수의 관리·보호 업무를 관장하는 제도이다. 하장의 주요 업무는 여섯 가지이다. (1) 수자원 보호를 강화하고 가장 엄격한 수자원 관리제도를 전면적으로 실시하며, '세 개의 붉은 선'을 엄수한다. (2) 하천 및 호수의 수역, 호반·강반의 관리와 보호를 강화하고, 수역 및 호반·강반 등 수(水)생태 공간 관리를 엄격히 하며, 법에 따라 하천·호수의 관리 범위를 확정하고, 수로를 침점하거나 호수를 간척하는 것

---

11) 하장제 : 성과 촉진을 위해 해당 도시 시장과 현장이 해당 하천을 관리, 감독하고 책임지는 제도.

을 엄금한다. (3) 수질오염 예방퇴치를 강화하고, 수상, 강반·호반의 오염퇴치를 통일적으로 계획하며, 하천·호수의 오염원을 조사하고, 하천·호수의 배출구 배치를 최적화해야 한다. (4) 물 환경 관리를 강화하고, 식수원의 안전을 보장하며, 더럽거나 악취가 있는 물에 대한 관리 강도를 높여, 하천·호수의 환경이 깨끗하고 아름다우며, 물이 맑고 강반·호반의 녹화가 잘 되도록 한다. (5) 수생태계 복원을 강화하고 산수·삼림·전원· 호수에 대한 정비를 강화한다. (6) 법 집행과 감독 관리를 강화해 하천·호수와 관련되는 위법행위를 엄격하게 단속한다. 2018년 7월 17일 수리부는 하장제 전면 건립 언론 공개회를 열고 6월 말까지 전국 31개 성·자치구·직할시에서 이미 하장제를 전면 건립했다고 발표했다.

실천이 증명하다 시피 생태환경보호가 제대로 실시될 수 있느냐의 관건은 지도간부에게 있다. 일부 중대한 생태환경사건의 배후에는 모두 지도간부가 무책임하거나 혹은 부작위 문제가 있으며, 일부 지방의 환경보호 의식이 강하지 못하고, 직무 수행이 불충분하며, 집행이 엄격하지 못한 문제들이 있다. 중국공산당 제18차 전국대표대회 이래, 간부 임기 내 생태문명 건설 책임제와 자연자원 자산 이임 감사를 실시했으며, 법과 관련 규정에 따른 객관적이고 공정하며, 과학적인 인정, 권리와 책임의 일치, 종신추궁 원칙을 실행했다. 시진핑 주석은 생태환경 보호문제에 있어서는 한계선을 한걸음도 넘어서서는 안 되며, 그렇지 않으면 징벌을 받아야 한다고 반복적으로 강조했다. 가장 엄격한 제도와 가장 엄밀한 법치를 실행해야만 생태문명건설을 확실하게 보장을 할 수 있기 때문이다. 최근 몇 년 동안 당과 정부는 엄격하고도 신속하게 생태문명건설 책임제를 실시하고, 환경보호에 대해 과감하게 감독하고 검사하여 생태문명 건설에서 뚜렷한 성과를 거두었다. 2017년 2월 12일부터 3월 3일까지 중국공산당 중앙위원회와 국무원 관련 부서는 중앙감찰조를 구성해 치롄산(祁连山) 생태보호 관련 문제를 전문 감찰했다. 7월 20일 중국공산당 중앙위원회 판공청과 국무원은 대외로 "깐수(甘肃) 치롄산 국가급 자연보호구의 생태환경 문제에 관한 통보"를 발표했다. 통보는 깐수 치롄산 국가급 자연보후구의 생태환경 파괴문제가 심각하다고 밝혔다. (1) 불법 광산자원 개발문제가 심각했다. 보호구에서 설치한 144건의 채광권 중 14건이 2014년 10월 국무원에서 보호구의 경계를 명확히 획분한 후 법률과 관련 규정을 위반하고 채광권 연장을 심사 비준한 것이다. 그중 보후구의 핵심지역에 관련된 것이 3건, 완충지역에 관련된 것이 4건이다. 장기간의 대규모 탐광과 채광으로 보호구의 일부분 식생이 파괴되고, 수토유실과 지표함몰을 야기 시켰다. (2) 부분적 수력발전 시설이 불법적으로 건설되고 운행됐다. 현지에서는 치롄산 구역의 헤이허(黑河), 스양허(石羊河), 쑤러허(疏勒河) 등 유역에 강도 높은 수력발전 프로젝트를 개발, 모두 150여 개의 수력발전소를 건설했다. 그중 42개 수력발전소가 보호구 내에 있었으며, 규정 위반 심사 승인, 미 비준 선 건설, 관련 수속 미비 등의 문제가 있었다. 설계·건설·운행 중 생태 유량에 대한 고려가 부족해 하류 구간에 감수(减水) 심지어 단류 현상이 발생해 물 생태계가 심각하게 파괴되었다. (3) 주변 기업들의 오염물 몰래 배출문제가 심각했다. 일부기업은 환경보호에 대한 투입이 크게 부족하였고, 오염물 정비시설이 부족해 몰래 배출하거나 몰래 방출하는 현상이 잦았다. 쥐룽(巨龙)철합금회사는 보호구와 인접해 있는데, 대기 오염물 배출이 장기간 안정적인 기준에 도달하지 못했다. 현지 환경보호 부서가 여러 차례 법을 집행했지만 모두 집행되지 못했다. 스먀오(石庙) 2급 수력발전소는 폐유·슬러지 등 오염물을 수로에 쏟아 부어 수로의 물 환경을 오염시켰다. ⑷ 생태환경에 존재하는 두드러진 문제를 정돈 개선하는데 최선을 다하지 않았다. 2015년 9월 환경보호부는 국가임업국과 공동으로 보호구의 생태환경 문제와 관련해 깐수성임업청, 장예시(张掖市)정부를 상대로 공개 상담을 했다. 하지만 깐수성은 이에 충분히 중시를 돌리지 않았다. 상담의 정비 방안에서 31개 광물 탐사와 채굴 프로젝트에 대해 허위 보고를 하거나 누락해서 보고했다. 생태 복원과 정비작업의 진전이 더디어 2016년 말까지 여전히 72개 생산시설이 요구한대로 정리되지 못했다. 당 중앙위원회는 해당 책임부서와 책임자를 엄중 문책하기로 했다. 중국공산당 깐수성위원회와 성 정부는 당 중앙위원회에 심각한 검사를 했으며, 당시의 성위원회와 성정부의 주요 책임자들은 진지하게 반성하고 교훈을 받아들여야 했다. 이 사건으로 깐수성에서는 100여 명의 간부가 규율과 규정에 따라 문책을 받았는데, 그중에는 성(부)급 간부가 여러 명 있었다. 이번의 책임 추궁은 사회 각계를 놀라게 했으며 그 영향이 대단했다.

2017년 7월 중국공산당 중앙위원회 판공청, 국무원 판공청은 깐수성 치롄산 국가급 자연보호구의 생태환경 문제에 대해 통보를 냈다. 깐수성 국토자원청은 "중국공산당 중앙위원회 판공청, 국무원 판공청에서 지적한 문제에 대해 우리는 전적으로 인정하며, 처리 결정에 대해 전적으로 옹호한다. 정돈·개선 요구는 견결히 실행할 것이다. '어머니 산'의 흉터를 치료하는 것은 첩경도 없고 퇴로도 없다"고 표시했다. 깐수성 관련 부서는 즉시 전 성 국토자원계통의 각급 당 조직과 당원 간부를 조직해 조목조목 대조해 검사하고 반성토록 했으며 모순을 직시하고, 문제가 발생한 근원을 심층적으로 분석해 실행 가능한 개선조치와 방법을 연구했다. 현재 이미 "깐수성 치롄산 자연보호구 광산 지질 환경 복원정비방안'을 편성해, 전 성 자연보호구, 수원지 보호구 등 광산자원 탐사와 채굴 금지구역을 전부 "깐수성 광산자원 총체적 계획(2016—2020년)" 중의 탐사와 채굴 금지구역에 각 인시켰다. 또한 광업권 심사에서 협동조사제도를 실시해 위법심사가 재발하지 못하도록 원천적으로 차단했다. 관리·복구 작업이 한창 긴박하고도 질서 있게 진행된다고 말할 수 있다.

2017년에 열린 중국공산당 제19차 전국대표대회는 21세기 중엽에 이르러 중국을 부강하고, 민주적이며, 문명되고, 조화롭고 아름다운 사회주의 현대화 강국으로 건설한다는 목표를 명확히 했다. 제13기 전국인민대표대회 제1차 회의에서 통과된 헌법 수정안은 이 목표를 국가 기본법에 포함시킴으로써 아름다운 중국을 건설하는 중대한 현실적 의의와 역사적 의의를 더욱 부각시켰다. 중국공산당 제19차 전국대표대회 이래 당과 국가의 기구개혁을 추진하는 과정에서 '녹수청산'을 보호하기 위해, 오염퇴치를 위해 생태환경부와 자연자원부 등 2 개 부문을 설립했다. 중국인들은 오직 착실하게 환경을 보호하고, 끊임없이 녹색 발전방식과 생활방식이 형성된다면, 중화 대지는 반드시 더 푸른 하늘과 더 푸른 산, 더 맑은 물과 더 아름다운 환경의 생태문명의 새로운 시대에 성큼 진입할 것이라고 믿어 의심치 않는다.

7

국문을 열고 경제건설을 하다

국문을 열고
경제건설을 하다

　1978년은 중국역사에서 중요한 해였다. 이 해에 중국에서 일어난 두 가지 큰 사건이 전 세계에 영향을 주었기 때문이다. 즉 중국과 미국이 수교하고 개혁개방을 실시했던 것이다. 1978년 12월 25일 중국 지도자 덩샤오핑과 지미 카터 미국 대통령이 동시에 타임지 표지에 등장했다. 표지에는 "중국과 교제하다."라고 쓰여 져 있었다. 1979년 1월 1일 덩샤오핑의 사진이 또 타임지 표지에 실렸으며 "덩샤오핑, 중국 신시대의 표상"이라는 제목이 달렸다. 하지만 이번엔 더 충격적이었다. 그가 이 잡지의 "올해의 풍운아"로 선정됐기 때문이었다. 중미관계의 정상화는 물론 중국의 경제개혁과 대외개방을 이끌어낸 덕분이었다. 이로부터 중국은 국문을 열고 건설에 열을 올리기 시작했다. 점진적 개방 전략을 채택하고, "들여오는 것"과 "내보내는 것"을 함께 중요시하며, 글로벌 관리에 적극 참여하여 중국의 대외개방의 문은 점점 더 크게 열리게 되었다.

중국의 발전은 세계를 떠날 수 없다

　인류발전의 역사는 대외개방하면 국운이 흥하고 쇄국하면 국운이 쇠락한다는 것을 보여준다. 덩샤오핑은 "중국이 낙후된 것은 오랜 기간 문을 닫은 탓이 크다"고 했다. 그는 "명(明)나라 성조(成祖)황제 때 정화(鄭和)가 서쪽 바다로 나간 것은 개방이었던 것 같다. 명성조가 죽은 후 명조는 점차 쇠락했고 중국은 침략을 당했다. 그 후 청(淸)나라의 강희(康熙)·건륭(乾隆) 황제시대는 개방했다고 할 수 없다. 만약 명나라 중엽부터 계산하면 아편전쟁까지 300여 년 동안 쇄국정책을 실시했던 것이다. 강희제 때부터 계산해도 근 200년 동안 쇄국정책을 실시해 왔다. 이는 중국을 가난하고 낙후되고 우매하고 무지하게 만들었다."고 말했다. '문화대혁명'이 끝난 후, 중국 지도자들은 외국방문을 통해 주변의 일본 등 나라들이 중국에서 계급투쟁을 중심으로 하고 있을 때 신속히 발전한 것을 발견했다. 영국·미국·독일의 발전은 더욱 신속했다. 이러한 배경에서 덩샤오핑은 중국의 발전은 세계를 떠날 수 없으며, 중국은 국문을 열고 건설을 해야 한다는 점을 제기했다. 키신저 전 미국 국무장관에 따르면, 1979년 4월 덩샤오핑은 한 만찬에서 "중국처럼 땅이 넓고 인구가 많으며 지역 차이가 매우 큰 나라는 권력을 하방하는 것이 매우 중요하다"고 했고, 또한 "이것은 가장 큰 도전이 아니며, 중국은 반드시 현대의 기술을 도입해야 하고, 수만 명의 유학생을 해외로 내보낼 것이다(서방의 교육은 두려울 게 없다), 이제 문화대혁명의 폐해는 영원히 끝날 것이다."라고 말했다고 했다. 나아가 덩샤오핑은 또 "우리는 이번에는 반드시 정확한 일을 해야 한다. 우리는 이미 여러 번 잘못을 저질렀다"고 반성하기도 했다고 말했다. 폐쇄적이고 경직된 관리로 중국은 '문화대혁명'이 끝났을 때 많은 나라에 비해 뒤처져 있었다. 1970년대 세계적으로 줄기차게 일어난 새로운 과학기술혁명은 세계경제가 더욱 빠른 속도로 발전하도록 추진했다. 중국의 경제실력, 과학기술실력은 국제적 선진수준에 비해 격차가 현저히 벌어져 있었다. 1978년 미국의 TV 보급률은 70%에 달한 반면, 중국은 100만 대에 불과했다. 1인당 GDP를 보더라도 '문화대혁명' 직전인 1965년 미국의 1인당 GDP는 중국의 41배였다. 프랑스·서독·영국은 각각 22배, 21배, 20배에 달했고 일본과 브라질은 각각 11배, 2.6배에 달했다. '문화대혁명' 직후인 1978년 미국의 1인당 GDP는 9,687달러였고, 중국은 127달러로, 미국은 중국의 76배였다. 서독의 1인당 GDP는 10,419달러로 중국의 82배였다. 일본의 1인당 GDP는 8,476달러로, 중국의 약 67배였다. 프랑스와 브라질은 각각 중국의 69배와 13배로 격차가 현저히 커졌다.

'문화대혁명'이 끝난 후 당과 국가 지도자들은 해외방문과 해외 현지시찰을 통해 중국과 서양의 격차를 절감했다. 1978년 5월 2일부터 6월 6일까지 국무원 부총리 구무(谷牧)는 실사단을 인솔해 유럽 5개국(프랑스, 스위스, 독일, 덴마크, 벨기에)을 방문했다. 이는 구무 부총리의 첫 출국이었다. 출발하기 전 덩샤오핑은 구무 부총리와의 담화에서, 광범위하게 접촉하고, 자세하게 조사하며, 문제를 깊이 있게 연구할 것을 요구했다. 실사단은 이들 국가가 이미 그물 모양의 고속도로를 건설했고, 프랑스 마르세유 솔메르제철소는 연간 철강 생산량이 350만 톤이나 되지만, 노동자는 7,000명에 불과하다는 사실을 발견했다. 중국 우한(武汉)제철소는 연간 생산량이 230만 톤이었는데 67,000명의 노동자가 필요했다. 중국의 제일 첫 고속도로는 1988년에야 건설되었는데, 전체 길이는 16킬로미터로 상하이(上海)에서 자딩(嘉定)까지였다. 구무 일행은 중국과 서구의 거대한 격차를 보았을 뿐만 아니라, 중국의 발전기회도 보았다. 서방 선진국들은 곧 경제위기를 겪은 만큼 중국에 빌려줄 자본이 많았고, 거대한 시장을 가진 중국과 협력할 의지도 강했다는 것이었다. 독일 연방 헤센주 카리 부주지사는 200억 달러를 중국 측 은행에 예치해 사용할 수 있다고 했으며, 노르트라인베스트팔렌주 퀸 주지사는 연회에서 50억 달러라면 금방 정할 수 있고, 200억 달러라면 연회 후 1시간 담판으로 정할 수 있다고 말하기까지 했다. 귀국 후 구무는 중국공산당 중앙위원회에 출국 방문상황에 대해 보고했다. 회의는 8시간이나 지속되었으며, 대외개방정책의 실시를 위한 토대를 마련했다. 실사단 일원이었던 왕취안궈(王全国) 당시 광동성 부성장은 훗날 "그 한 달여 동안의 시찰은 우리의 시야를 넓혀주었고, 생각을 탁 트이게 했다. 우리가 보고 들은 것들은 우리 모든 사람들의 마음을 뒤흔들어 놓았다. 우리는 매우 큰 자극을 받았다고 할 수 있다! 우리는 과거 관문을 닫아걸고 항상 자기가 세계 강국이라고 생각하고 툭하면 제3세계 나라들을 지원하며, 자본주의는 썩고 몰락했다고 생각했다. 하지만 나가 보니 그게 아니었다. 중국이야말로 세계적으로 낙후한 그 2/3에 속해 있었다"고 회억했다. 이어 열린 국무원 원칙연구회의에서 참석자들은 "일본과 독일연방 두 패전국이 왜 신속히 부흥할 수 있었는가?" "'하나님이 태양과 물만 주었다'고 하는 스위스는 또 왜 선진국 대열에 들 수 있었는가?" "우리의 조건은 그들보다 별로 나쁘지 않고 많은 면에서는 그들보다 훨씬 낮지 않은가?"라고 하는 물음을 제기했다. 1978년 덩샤오핑은 년 초에 미얀마와 네팔을 방문했고, 9월에는 조선을, 10월에는 일본을, 11월에는 태국과 말레이시아와 싱가포르를 방문했다. 일본 방문기간에 덩샤오핑은 일본의 현대화 기술과 능률적인 관리에 깊은 인상을 받았다. 닛산자동차를 견학한 뒤, 덩샤오핑은 "이제야 현대화가 무엇인지 알만하다"고 일본인에게 말했다. 이 일련의 고찰과 조사연구·토론을 기초로 1978년 12월에 열린 중국공산당 제11기 중앙위원회 제3차 전체회의에서는 국문을 열고 건설을 하기로 결정했다. 1년 정도의 준비를 거쳐 1980년 중국은 선쩐(深圳)·주하이(珠海)·산터우(汕头)·샤먼(厦门) 등 네 개 경제특구를 설립해 대외개방의 막을 열었다. 그 후 연해(沿海)·연강(沿江)·연변(沿边)·내륙지역이 잇따라 개방되어 20세기 말까지 단계적·다층적·점진적으로 개방되는 구도가 형성되었다. 2001년 중국은 세계무역기구(WTO)에 가입함으로서 대외개방은 역사의 새로운 단계에 진입했다. 새로운 시대로 접어들면서 중국은 무역 강국건설을 가속화했고, 외국인 투자환경을 개선했으며, 지역 개방 분포의 최적화와 대외투자 형식의 혁신 등을 통해 전면적 개방의 새로운 구도를 적극 구축했다.

40년래 중국은 계속 국문을 열고 건설을 해왔다. 국외의 자금을 적극 받아들였으며, 많은 유학생을 외국에 내보냈다. 외부의 것을 들여오고 내부에 연합시켜 국외의 선진적인 관리경험과 선진적인 기술을 배우면서 급속히 성장해 왔다. 화물무역의 경우, 국가통계국 웹사이트의 피로에 따르면, 40년래 중국은 화물 수출입 규모가 비약적으로 성장했다. 1978년부터 2017년까지 위안화로 환산하면, 중국 수출입총액은 355억 위안에서 27조 8,000억 위안으로, 782배 늘어 연평균 18.6%의 증가 속도를 기록했다. 달러화 기준으로 중국의 수출입 총액은 206억 달러에서 4조 1000억 달러로, 198배 증가해 연평균 14.5%의 증가 속도를 보였다. 개혁 초기 중국의 화물 수출입 국제 시장 점유율은 0.8%에 그쳐 전 세계 화물무역에서 29위를 차지했다. 화물무역액이 꾸준히 증가함에 따라 세계의 순위가 점차 제고되었다. 특히 세계무역기구에 가입한 후 중국의 화물무역 규모는 영국·프랑스·독일·일본을 앞질렀다. 중국은 2009년부터 9년 연속 화물무역 1위 수출국, 2위 수입국 지위를 유지하고 있다. 2013년부터 중국은 미국을 제치고 세계 화물무역 1위 대국으로 올라섰으며 3년 연속 이 지위를 유지했다. 2017년 중국의 수출입 시장 점유율은 11.5%로, 화물 무역이 다시 세계 1위에 복귀했다. 그 중 수출의 비중은 12.8%, 수입의 비중은 10.2%였다. 중국은 또 세계에서 가장 빠르게 성장하는 주요 수입시장으로 수입 증가속도가 미국·독일·일본과 전 세계보다 각각 8.9%·5.5%·5.4%·5.3%가 높았다. 이는 중국이 대외개방을 기본 국책으로 삼고 확고부동하게 견지한 것이 정확할 뿐만 아니라 거대한 성공을 거두었음을 보여준다.

단계별로 대외개방을 추진하다

국문을 열고 건설을 하는 것은 중국이 대외개방에서 성공할 수 있은 관건적인 한 걸음이었다. 하지만 어떻게 국문을 열고, 어떻게 개방하느냐 하는 문제는 확실히 중국 지도자들에게 있어서 시련이었다. 중국은 대외개방 초기, 사상이론과 구체적인 방침정책의 충분한 준비가 부족했고, 오랜 역사적 경험을 쌓은 국제자본과 상대하는 경험도 부족했으며, 세련된 대외무역 인재도 부족했다. 심지어 수준 높은 통역조차 부족했다. 하지만 사회주의 현대화 건설은 또 중국인들이 시기를 포착하여 국문을 열고 일할 것을 요구했다. 중국이 모든 것을 다 준비하고 시작하는 것을 허락하지 않았다. 중국은 당시 덩샤오핑이 주장한 "돌을 더듬으며 강을 건너는 방법"을 취해, 대외개방 사업을 점차적으로 추진함으로써 사실상 단계별 개방구도가 나타나게 되었다. 중국은 국토가 넓고 인구가 많으며 동서남북 중의 자연조건 차이가 비교적 크며, 경제발전 수준이 불균형적이었으므로 대외개방도 한꺼번에 진행할 수가 없었다. 1970년대 말 대외개방을 시작했을 때, 중국은 먼저 홍콩·마카오·타이완과 인접해 있고, 또 화교와 외국적 중국인들의 원적지가 있는 광동·푸젠에서 시작했다. 1978년 광동 바오안(宝安), 선전 농민들의 1인당 연간소득은 124위안이었으나 강 건너 홍콩 신제(新界) 농민들의 1인당 연간 소득은 13,000 홍콩달러였다. 이 엄청난 차이로 많은 사람들이 위험을 무릅쓰고 홍콩·마카오로 밀입국했다. 1978년 4월 광동성위원회 서기로 부임한 시종쉰(习仲勋)은 광동성에 "불법으로 국경을 넘어 홍콩으로 넘어가는 현상"이 심각함을 발견했다. 시종쉰은 조사연구를 거쳐, 광동성에는 지리적 우세와 인맥자원이 있지만 정책적 제한으로 써먹을 수 없음을 발견했다. 이에 1979년 4월에 열린 중앙업무회의에서 그는 광동에서 "광동 자체의 장점을 발휘해 빨리 발전할 수 있도록 특수한 우대 정책을 해줄 수 없는가?" 하고 대담하게 중앙에 건의했다. 그 후 중앙에서는 꾸무(谷牧)를 광동·푸젠에 파견해 조사연구를 함과 아울러 광동·푸젠에 일부 특혜정책을 부여하기로 결정했으며, 1980년 전국인민대표대회의 토론을 걸쳐 선전(深圳)·주하이(珠海)·산터우(汕头)·샤먼(厦门) 등 4개 경제특별구를 설립하기로 결정했다. 4개의 경제특구는 설립 후 국가계획의 지도하에 시장조정을 위주로 하는 정책을 취했다. 구체적으로 '삼래일보(三来一补)'의 방법을 취했다. '삼래일보'란 원료 위탁가공, 견본 위탁가공, 부품 위탁조립과 보상무역을 말한다. 이는 중국대륙이 개혁개방 초기 시험적으로 창립한 기업무역 형식으로 1978년에 최초로 나타났다. 1978년 7월 광동성 동관(东莞)현 제2경공업국이 후먼(虎门) 경내에 설립한 타이핑(太平)복장공장은 홍콩상인과 합작해 전국 첫 위탁 가공업체인 타이핑핸드백공장을 설립했다. '삼래일보' 기업의 주요 구조는 외국인 투자자가 설비(외국 투자자가 공장건물을 건설하는 것을 포함)·원자재·견본을 제공하고 전 제품의 해외 판매를 책임지며, 중국기업은 토지·공장건물·노동력을 제공하는 것이다. 이런 형태의 기업은 1980년대에 비교적 큰 역할을 했다.

어느 정도 경험을 쌓은 후, 중국은 1984년 다롄(大连)·칭다오(青岛)·상하이 등을 포함한 14개 연안 항구도시를 개방하면서 대외개방을 확대하겠다는 태도를 명확히 했다. 1985년 창장(长江) 삼각주, 주장(珠江), 삼각주, 샤먼(厦门)·장저우(漳州)·취안저우(泉州) 삼각지대를 연해 개방지역으로 개척한데 이어, 랴오동(辽东)반도, 산동반도가 가세했다. 1988년에는 중국 최대 경제특구인 하이난(海南) 경제특구가 설립되었다. 1980년대 말이 되자 전국적으로 중점적이고 다층적인 전 방위 개방의 포석이 형성되었다. 1990년대 중국의 대외개방은 큰 걸음을 내디뎠다. 1990년 중앙에서는 상하이 푸동을 개발·개방하기로 결정했다. 1992년에는 또 연강(沿江)·연변(沿边)의 도시와 성소재지 도시를 개방했다. 육지 연변의 개방도시들은 변경무역을 전개하고, 민족지역 경제를 부흥시킬 뿐만 아니라 주변국과의 선린우호 관계를 구축하는데 중요한 역할을 했다. 내륙의 중요 도시의 개방은 내륙과 국제시장의 연결을 강화하고 주변 중소도시의 경제발전을 견인했다. 동으로부터 서로, 남으로부터 북으로 순서대로 개방을 전개하고, 단계별로 개방을 추진하며, 중점이 있고, 다차원적인 개방의 포석은 중국의 실제와 경제 발전의 추세에 부합되었다.

상하이 푸동의 개발·개방은 중국 대외개방의 상징적인 움직임이었다. 푸동 개발·개방 초기, 10년을 들여야 즉 2000년에 가서야 푸동지역의 총생산량이 5,000억 위안을 달성할 수 있을 것이라는 전망이 있었으나 실제로는 2000년 푸동지역의 총생산량은 923억 위안에 달했다. 이는 1990년의 15배나 증가한 것이었다. 2017년 푸동 신구지역 생산총액은 9,651억 4,000만 위안으로, 1990년 60억 위안의 161배, 재정 수입은 3,937억 9,600만 위안으로 394배나 증가했다. 대외무역 수출입 총액은 1조 9,565억 4,000만 위안으로, 363배 증가했다. 푸동의 기적은 과감한 혁신과도 무관치 않았다. 28년 동안 많은 중국 제1을 기록했다. 1990년 설립이 승인된 루자쮀이(陆家嘴)금융무역구는 전국에서 첫 번째 금융무역구이며, 지금까지도 유일하게 금융무역의 이름을 딴 국가급 개발구이다. 와이까오차오(外高桥) 보세구는 최초의 보세구이고, 상하이 증권거래소는 최초의 증권거래소였다. 1992년 7월 26일 전국에서 처음으로 중국 경내 보세구에서 수출입무역에 종사하는 외국회사인 일본의 이토추상사(伊藤忠商事)유한회사가 국가의 비준을 거쳐 와이까오차오(外高桥) 보세구에 등록되었다. 9월 25일 미국의 AIA생명 상해회사가 중국인민은행 본점의 비준을 거쳐 푸동에 등록하고 개업했다. 이는 첫 외자 보험회사였다. 1993년 1월 28일 푸동은 호구와 신분·업종의 규제를 타파하고 전국을 대상으로 부국장 2명을 포함해 당정기관 간부 40명을 채용했다. 같은 해 푸동은 전국 최초로 토지개발모델을 시도해 중국 도시건설 사상 여러 면에서 1위를 기록했다. 11월 와이까오차오(外高桥) 보세구는 전국 범위에서 최초로 보세거래시장인 상하이보세생산자료거래시장을 설립했다.

상하이 푸동은 개발·개방으로 양질의 혁신형 기업이 대량 입주하게 되었다. 예를 들면, 린강(临港)에 자리 잡은 캄브리아기(寒武纪) 테크놀로지는 업계에서 이름난 기업인데, 중국 AI칩 분야 최초의 유니콘 기업으로, 인텔, 퀄컴과 어깨를 견줄 수 있었다. 바로 캄브리아기 테크놀로지의 기술 지원 덕분에 화웨이(华为)의 세계 첫 스마트폰 칩인 치린(麒麟) 970이 빠른 속도로 출시될 수 있었다. 이 회사는 3년 뒤 고성능 스마트 칩 시장의 30%를 점유하고, 전 세계 10억 대 이상의 스마트 단말기를 캄브리아기 단말기의 스마트 프로세서로 집적시키는 것을 목표로 했다. 업계는 이 두 가지 목표가 달성되면 캄브리아기가 중국 주도의 국제 스마트 산업 생태계를 기본적으로 지탱해줄 것이라고 평가했다. 새로운 시대에 접어들면서 푸동은 혁신 행보를 멈추지 않았다. 2018년 3월 26일 중국 원유의 선물은 상하이 선물거래소 자회사인 상하이국제에너지거래센터에서 정식으로 거래되었다. 이는 중국의 첫 번째 국제화 선물 품목으로, 국제 에너지시장에서의 중국의 발언권, 가격 책정권을 강화했고, 상하이 국제금융센터의 건설을 추진할 예정이다.

2001년 세계무역기구(WTO) 가입은 중국의 대외개방사에서 기념비적인 사건이며, 중국의 대외개방이 역사의 새로운 단계에 들어섰다는 것을 보여주었다. 세계무역기구(WTO) 가입은 중국에 커다란 이익을 가져다주었다. 중국은 '늑대와의 춤'에 대해 우려하던 데로부터 '늑대와의 춤'을 즐기기 시작했다. 세계무역기구에 가입한 후 '늑대와의 춤'에서 일부 중국기업들은 준엄한 시련을 이겨내고 초보적으로 국제경쟁능력을 갖추었다. 2004년 말 레노버그룹은 국내에서 충분한 '훈련'을 거쳐 IBM PC를 인수하고 국제시장 진출을 선언했다. "뱀이 코끼리를 삼키는" 이 인수합병에 대해 당시 각계는 레노버의 용기를 칭찬하는 외에 전망이 좋을 거라 보는 사람은 거의 없었다. 인수합병의 성공 여부는 시간이 우리에게 답을 주고 있다. 레노버의 인수 전 영업액은 29억 달러였는데 2010년에는 216억 달러로 성장했다. 인수합병 전의 국제시장 점유율은 2.4%였지만, 2011년에는 13.7%가 되었다. 인수합병전 세계 순위는 10위 안팎이었지만, 2011년에는 세계 2위가 되었다. 2011년 12월 11일에 열린 중국의 세계무역기구 가입 10주년 고

위급 포럼에서 라미 세계무역기구 사무총장은 세계무역기구 가입이 중국 내 현대화 건설에 강력한 동기를 부여하고 있다고 하면서, 외국인 투자가들은 중국에 대해 더욱 신심을 가지게 되었고, 대량의 직접 투자와 기술 이전을 했는데, 이는 중국 경제가 비약적으로 발전하는 관건적인 요소가 되었다고 했다. 그는 또 세계무역기구의 가입은 중국이 보호주의를 배격하고 수출을 선도하는 경제성장을 확보하는데 도움을 주었다고 말했다. 그는 또 "다음 10년을 전망하며 나는 두 가지 소망이 있다. 첫째, 중국이 계속 세계무역기구의 업무에 참여하고 세계무역기구가 더욱 개방적이고 공정한 국제 무역환경을 계속 추진할 수 있도록 도와주기 바란다. 둘째, 세계무역기구가 중국과의 관계를 계속 심화하고 중국이 개혁의 도전에 대처하는데 도움을 주기 바란다. 중국은 과거나 현재·미래에도 세계무역기구가 필요하고, 세계무역기구도 마찬가지로 중국을 필요로 한다"고 말했다. 세계무역기구에 가입한 10년 사이, 중국은 GDP 총생산량이 이탈리아·프랑스·독일·일본을 제치고 세계 제2위의 경제대국이 됐다. 그러니 세계무역기구의 가입이 중국에 이익이 아주 많았다고 할 수 있다. 새 시대로 접어들면서 중국은 대외개방의 행보를 멈추지 않았을 뿐만 아니라, 오히려 더 속도를 내었고, 개방의 폭이 더 넓어지고 깊이가 더 깊어지고 있는 중이다.

'대내유치' 와 '대외진출' 을 함께 중요시하다

'대내유치'와 '대외진출'은 중국 대외개방의 중요한 내용이며, 또한 중국이 대외 경제무역 협력을 심화하고, 세계 각국과 공동 발전을 촉진하는 효과적인 방법이다. 개방 초기 중국은 '대내유치'를 중심으로 경제특구 설립, 연해 항구도시 개방 등 중요한 조치들을 취했는데, 모두 가능한 한 외국의 자금과 기술을 많이 유치하고 선진국과 지역의 관리기술과 관리경험을 배우려는 것이었다.

대외개방 이래, 중국은 줄곧 세계적으로 외자를 비교적 많이 유치한 나라로 되었으며, 심지어 한동안에는 외자 유치에서 세계 제1위를 차지했다. 중국은 미국, 일본 및 서구의 자금과 기술을 비교적 많이 도입했는데, 그중에서도 특히 일본에서 중국에 투자하고 공장을 세우는 사람이 많았다. 1978년 일본 방문 시 덩샤오핑은 마쯔시타전공 주식회사(파나소닉)의 공장을 찾았고, 그때 회사 책임자인 마쯔시타 고노스케(松下幸之助)가 회사에서 생산한 다양한 텔레비전에 대해 소개했다. 이 회사는 1952년에 첫 텔레비전을 생산하고부터 1978년 3월까지 이미 5,000만 대의 텔레비전을 생산했다. 덩샤오핑은 이 기업의 기념 책자에 "중일 친선은 미래가 무성하다"라고 썼다. 덩샤오핑의 시찰은 83세 고령의 마쯔시타 고노스케에게 깊은 인상을 남겼다. 이로부터 그는 마쯔시타사의 중국 공략에 대해 고민하게 됐다. 1980년 마쯔시타 고노스케는 새 중국을 방문한 최초의 다국적 기업의 외국 기업인이 되었다. 마쯔시타사는 중국정부와 "기술 협력 1호" 계약을 맺고 상하이전구공장에 흑백 브라운관 플랜트를 공급했으며, 국제교류기금을 통해 베이징대(北京大学)·푸단대(复旦大学)에 1억 2000만 엔 상당의 장비를 기증했다. 마쯔시타사의 베이징사무소도 잇달아 문을 열었다. 마쯔시타사의 중국 진출은 커다란 전시효과를 가져왔다. 기타 일본회사들이 중국에 몰려들기 시작했으며, 그 후 10년 동안 일본회사들은 중국시장의 최초의 외래 개척자가 되었다. 그동안 중국은 일본으로부터 많은 자금을 지원받았을 뿐만 아니라 많은 것을 배웠다. 대규모 외자유치에 대해 말한다면, 사실상 중국은 유리한 조건을 가지고 있었다. 중국의 홍콩·마카오·타이완 동포 및 해외 교포와 전 세계에 퍼져있는 외국 국적의 중국인은 5,000만 명이 넘었다. 중국은 이 유리한 조건의 운용을 매우 중시해 왔다. 대외개방은 우선 화교들의 고향인 광동과 푸젠에서 시작되어 후에 점차 널리 보급되었다. 중국공산당 중앙위원회는 홍콩·마카오 동포와 타이완 동포, 해외 화교와 외국 국적의 중국인들이 중국 대외개방에서의 역할을 잘 발휘시키기 위해 많은 조치를 취했고, 각급 화교 사무부처는 많은 일들을 했다. 중국이 대외개방을 실시한 후, 가장 먼저 투자한 사람은 홍콩·마카오 동포와 동남아시아 화교와 외국적 중국인 기업인들이었다. 그들이 투자한 종목과 투자 건수는 한동안 해외 투자자들 중 첫 자리를 차지했다. 중국의 첫 중외합자기업은 홍콩인 우수칭(伍淑清)이 대륙과 공동으로 설립한 것이다. 1980년 4월 10일 중외합자기업인 베이징항공식품유한회사가 설립 비준을 받았고, 5월 1일 베이징에서 정식으로 간판을 걸었다. 이는 전국 첫 중외합자기업으로, 국가 외상투자관리위원회가 발급한 중외합자기업 제001호를 취득한 것이었다. 첫 중외합자기업으로서의 베이징항공식품유한회사는 중국민항이 기내 식사 배급을 하지 않던 시기를 끝내게 하였다. 뿐만 아니라 더욱 의의가 있는 것은, 중국이 외자를 이용하는 서막을 열어놓았으며, 자체적 발전으로 중국 외자유치사업의 역사적 증인이 되었다. 중미합자 베이징건국호텔(建国饭店)과 중미합자 장성호텔(长城饭店)은 베이징항공식품유한회사와 같은 날 허가를 받았다. 실제로 20세기 말까지 홍콩의 투자는 여전히 60%를 차지했다. 이들 투자는 또 미국과 일본의 투자를 이끌어냈다.

주식시장 조성이나 기업의 주식제 도입은 모두 '대내유치'의 결과였다. 1980년대 베이징 주재 세계은행 사무소장인 린충껑(林重庚, Edwin R.Lim) 필리핀적 중국인이 가장 먼저 재산권 문제를 제기했다. 그는 중국 국영기업 개혁과 관련해 서방의 주식제 형식을 벤치마킹할 수 있다고 제기됐고, 그것이 한 방법일 수 있다고 하면서도 구체화하지는 않았다. 이 건의는 당시 국무원 지도자들의 중시를 불러일으켰고, 여러모로 연구를 전개하도록 특히 국가체제개혁위원회가 이에 관련해 연구하도록 했다. 1985년 독일의 '5현인위원회'의 중국 방문 대표단은 슈나이더 위원장을 필두로 국무원 지도자와 회견했다. 당시 국무원 지도자가 그들에게 중국 국유기업 개혁에 대해 자문했었으며, 독일 전문가들은 이와 관련해 연구가 부족하다며 명확한 언급을 하지 않고 좀 더 생각한 다음에 이 문제에 답하겠다고 했다. 1986년 다시 중국에 온 그들은 국가체제개혁위원회에 주식제를 발전시키는 것은 좋은 형식으로 국유기업의 성격을 유지할 수 있을 뿐만 아니라, 정부와 기업이 분리되지 않아 생기는 적폐를 피할 수 있다고 했다. 또한 국가 지분이 매우 크더라도 그 구체적인 조작방법은 정부와 기업이 분리되지 않아 생기는 문제점을 피할 수 있다고 했다. 이때로부터 중국은 주식제에 대해 더 많은 연구를 하기 시작했다. 1987년 국가체제개혁위원회는 계획 수립을 제안했다. 국내의 한 저명한 경제학자를 필두로 각자가 사람들을 조직해 방안을 마련하도록 지정했으며, 이렇게 고안된 8개 방안 중 7개는 모두 국유기업 개혁은 주식제의 길을 걸어야 한다고 주장했다. 하지만 주식 발행, 기업의 주식제 도입에 대해 우려의 목소리도 적지 않았다. 1992년 덩샤오핑은 남방을 시찰할 때 주식시장에 대해 논하였다. "증권·주식시장 이런 것들이 과연 좋은지, 나쁜지, 위험한 건 없는지, 자본주의만의 것인지 아닌지, 사회주의는 쓸 수 있는지 없는지? 보는 것을 허용하되, 이러한 것들에 대해 시험해 보아야 한다… 두려울 것은 없다. 이런 태도를 견지하기만 하면 문제 될 것이 없으며, 큰 실수를 하지도 않을 것이다", "사회주의가 자본주의와 비교되는 우위를 얻으려면, 반드시 인류사회가 만들어낸 모든 문명의 성과를 과감히 받아들이고 거울로 삼아야 한다. 자본주의 선진국을 포함한 세계 각국의 현대사회화 생산법칙을 반영한 모든 선진적인 경영방식과 관리방법을 받아들이고 참고로 해야 한다."고 말했다. 20세기 말에 이르러서야 중국의 기업들은 대규모로 주식제를 이용하기 시작했다.

'대내유치'는 줄곧 개방의 역점이었다. 2011년 12월에 이르러서도 후진타오(胡锦涛) 주석은 중국은 계속 각 분야의 대외개방 수준을 확대하고, 산업정책과 외자정책의 조율을 강화하며, 계속 각국 투자자들이 중국에 투자하여 사업을 흥성시키는 것을 환영하며, 외국투자자들이 중국에서 연구개발센터를 설립하고, 전 세계 과학기술 두뇌자원을 이용해 국내의 기술혁신을 추진하도록 권장할 것이라고 밝혔다. 새로운 시대에 들어선 후, '대내유치'의 강도가 계속 높아졌다. 2017년 초 국무원은 "대외개방을 확대하고 외자를 적극 이용하는데 관한 약간의 조치에 대한 통지"를 인쇄 발부하고, 외자 이용 사업을 더 잘하도록 조치했다. 이 통지문은 현재와 향후 일정기간, 외자 이용 사업의 가이드라인을 명시하고, "외상 투자 산업 지도 목록" 및 관련 정책과 법규의 개정을 포함해, 서비스업·제조업·광업 분야의 외자 접근 제한을 완화하는 20가지 조치들을 제기했다. 또한 외자가 프랜차이징 방식으로 인프라 건설에 참여할 수 있도록 지지하는 등이 있었다. 8월에 발표된 "외자 증진을 촉진하는 약간한 조치에 관한 국무원의 통지"는 외자 접근 제한을 더욱 줄이는데 중점을 둔 12개 분야에 걸친 22개 조치를 담고 있었다. 규제완화, 조세지원, 정책의 연속적인 안정, 법체계 보완과 "기구 간소화와 권력 하부 이양, 관리와 권리 하부 이양의 결부, 서비스 최적화(简政放权, 放管结合, 优化服务)" 개혁 및 지방정부의 적극성 동원 등 면에서 새로운 성과를 보여주었다. 2018년 국가는 외자유치 정책을 강화했다. 6월 국무원은 "외자를 적극 유효하게 활용해 경제의 질 높은 발전을 촉진하기 위한 조치에 관한 통지"를 인쇄 발부했다. 상무부와 국가발전개혁위원회가 발표한 "외상 투자 접근 특별 관리 조치(네거티브 리스트, 2018년 판)"는 7월 말 정식으로 실시하였는데, 이 조치는 2017년판보다 15개 조항이 줄오든 것이었다. 세계은행의 "경영환경 보고서"에 따르면, 2013년부터 2016

년까지 중국 비지니스 환경의 세계 순위는 18계단 상승했다. 그중 창업의 편의도는 31단계나 상승했다.

중국은 '대내유치'를 할 뿐만 아니라 '대외진출'도 해야 한다. 개혁개방 초기 중국은 소수의 국유기업만 외국으로 진출해, 대표처를 열거나 기업을 설립하고 대외 직접투자를 시도했다. 유엔무역개발회의의 통계에 따르면, 1982부터 2000년까지 중국의 대외 직접투자는 278억 달러로, 연간 투자액이 14억 달러에 불과했다. 1996년 7월 26일 장쩌민(江澤民) 주석은 허뻬이(河北)성 탕산(唐山)시를 시찰할 때, 어떻게 중점적이고 조직적으로 '대외진출'할 것인가를 잘 연구해, 국제시장과 국외자원을 잘 이용해야 한다는 의견을 제기했다. 1997년 12월 24일 장쩌민은 '대외진출'은 큰 전략이므로 대외개방의 중요한 전략일 뿐만 아니라 경제발전의 중요한 전략이라고 했다. 2000년 10월 중국공산당 제15기 중앙위원회 제5차 전체회의는 더욱 적극적인 자세로 전 방위적이고 다차원적이며 폭넓은 대외개방을 추진해, 개방형 경제를 발전시키고 '대외진출'전략을 실시해, 국내외 두 가지 자원을 잘 활용하고 두 가지 시장에서 새로운 돌파를 가져오기 위해 노력해야 한다고 제기했다. 그 후 대외 직접투자는 쾌속 발전시기에 들어섰다. 2002년부터 2017년까지 중국의 대외 직접투자는 1조 1100억 달러나 되었다. 2017년 중국의 대외 직접투자액은 1,246억 달러로, 2002년의 46배였으며, 연평균 29.1%나 성장해 세계 제3의 대외투자국이 됐다. 2017년 말 중국의 대외 직접투자 보유량은 1조 4,800억 달러였고, 역외 기업 자산총액은 5조 달러를 초과했다. 대외 투자형식도 점차 최적화되어 단일 직접투자에서 인수합병·주식매입 등 다양한 방식으로 확장되었으며, 기업의 다국적 인수합병이 활발해졌다.

대외투자 외에 대외 경제협력도 활발하게 발전했다. 중국의 대외 경제협력은 1970년대 말부터 시작돼, 세계무역기구(WTO) 가입 이후 대외 수주업무의 규모가 빠르게 커졌다. 2002년부터 2017년까지 대외 공사 청부 누적 계약액은 1조 9,800만 달러, 완성 거래액은 1조 3,400만 달러로, 연평균 성장 속도가 20%를 넘어섰다. 대외 청부공사 기업의 국제적 경쟁력이 대폭 향상되었다. '중국-파키스탄 경제 회랑' 중 에너지·교통·전력 등 영역의 중대한 프로젝트의 추진이 시작되었다. 에티오피아의 첫 국가공업단지가 본격적인 운영에 들어갔고, 지부티 도랄레 다목적 항구 프로젝트가 순조롭게 완공되었다. '일대일로(一帶一路)'의 제안으로 중국은 연선 국가들에게 점점 더 많은 중대 프로젝트를 가져다주었으며 현지의 경제사회발전을 힘 있게 추진하고, 일자리를 늘렸으며 민생을 개선했다.

중외 협력과정에서 국제 생산능력의 협력이 적극 추진되었다. 개방형 경제발전의 객관적 법칙에 순응하는 국제 생산능력 협력은 중국이 각국과 공동으로 '일대일로'를 건설하는데 있어서의 중요한 시작이었다. 중국기업들은 전통적인 인프라 건설, 전통적인 노동집약형 산업, 우세한 생산성 여유 산업, 그리고 고급 장비 제조업 등 분야에서 광범위한 국제 생산능력 협력을 펼치고 있다. 2015년부터 2017년까지 중국에서 장비 제조업에 유입된 대외투자액은 351억 달러에 달해, 제조업 대외투자의 51.6%를 차지했다. 중국의 장비제조는 '대외진출' 과정에서 중국 고속철·중국 원전 등 화려한 국가 명함을 쏟아냈다. '대외진출'은 또 계속 진출해야 하고 진출해 들어갈 수 있어야 한다. 그러려면 끊임없이 투자 조와 투자 분포를 최적화해야 한다. 구조적으로 보면, 중국의 대외 직접투자 업종의 분포는 초기에 광업·제조업에 집중됐지만, 지금은 국민경제 각 업종을 모두 커버하고 있다. 투자구조도 자원 취득형에서 기술 선도형과 글로벌 가치사슬 구축으로 전환했다. 2016년 말 중국의 대외 직접투자 보유량의 70% 이상이 제3산업에 분포됐다. 주로 임대와 비즈니스 서비스·금융·정보전송·소프트웨어기술 서비스·교통운수·창고 저장 등 생산적인 서비스업이 포함되었다. 기업들은 대외투자를 통해 전 세계를 향한 무역·금융·생산·서비스와 혁신적인 네트워크 형성을 가속화하고 있다. 중국 대외투자의 파트너는 다원적이고 지역도 넓었다. 2016년 말 중국 대외 직접투자는 전 세계 190개 나라(지역)에 분포되어, 세계 총 나라(지역) 수에서 차지하는 비중이 2003년 말의 60%로부터 81%로 높아졌다. 지역분포로 보면, 아시아에 대한 투자가 9,094억 달러에 달해 67%를 차지했고, 라틴아메리카는 2,072억 달러로 15.3%를 차지했으며, 유럽은 872억 달러로 6.4%를 차지하고, 북아메리카는 755억 달러로 5.6%를 차지했으며, 북아프리카는 399억 달러로 2.9%를 차지하고, 대양주는 382억 달러로 2.8%를 차지했다.

대외개방의 대문이 점점 더 크게 열리다

　개방은 국가의 번영발전에 있어서 반드시 거쳐야 할 길이다. 중국공산당 제18차 전국대표대회 이래 시진핑 주석을 핵심으로 하는 중국공산당 중앙위원회는 평화·발전·협력·공영의 시대적 흐름과 국제적 대세를 파악하고, 「중국특색의 사회주의」 사업의 '5위1체'의 총체적 조치와 '4개 전면' 전략적 배치의 높이에서, 중화민족의 위대한 부흥을 이루는 「중국의 꿈」에 착안해 개방으로 개혁·발전·혁신을 추진하며, 육해(陆海)를 내외적으로 연동시키고 동서 양 방향에 대한 개방을 실현하고, 전면적인 대외개방의 구도를 구축하는 것을 추진하면서 중국과 세계의 호혜 상생의 새로운 장을 열었다.

자유무역시험구의 건설은 중국공산당 중앙위원회와 국무원이 새로운 정세 하에서 전면적으로 개방을 확대하는 전략적 조치였다. 2013년 중국(상하이)자유무역시험구 신설은 중국이 추가 개방의 길을 모색하고 있으며, 특히 서비스교역과 투자분야에서 한층 더 대외에로 개방하려는 모습을 보여주었다. 상하이자유무역시험구는 선행 탐색의 역할을 톡톡히 했다. 국무원 상무회의는 상하이자유무역시험구 경험을 바탕으로 2014년 12월 12일, 중국(광동)자유무역시험구, 중국(텐진)자유무역시험구, 중국(푸젠)자유무역시험구를 설치하기로 결정했다. 그중 광동자유무역시험구는 홍콩·마카오와 심층 융합하며, 텐진자유무역시험구는 경진기(베이징·텐진·허뻬이성)의 협동발전을 추진하는 것과 맞물려 있으며, 푸젠자유무역시험구는 양안의 경제협력을 더욱 심화시키는데 치중한다. 2017년 3월 31일 국무원은 또 중국(랴오닝)자유무역시험구, 중국(저장)자유무역시험구, 중국(허난)자유무역시험구, 중국(후베이)자유무역시험구, 중국(충칭)자유무역시험구, 중국(쓰촨)자유무역시험구, 중국(산시, 陝西)자유무역시험구 등 7개 자유무역시험구의 추가 설립을 비준했다. 이들 7개 자유무역시험구는 각자 자체의 뚜렷한 특징이 있다. 예를 들면, 산시자유무역시험구는 중앙의 '일대일로' 건설에 따른 서부 대개발의 견인차 역할을 수행하고, 서부지역 문호도시의 개방 강도를 높이며, 내륙형 개혁개방의 새로운 고지를 만들고, 내륙과 '일대일로' 연선국가 간의 경제협력과 인문교류의 새로운 모델을 모색하는 것이었다. 2018년 4월 시진핑 주석은 보아오 아시아포럼 2018년 회의에서 하이난(海南) 자유무역시험구와 자유무역항의 건설을 모색하자고 제안했다. 2018년 5월 국무원은 광동·톈진·푸젠 자유무역시험구의 개혁개방을 더욱 심화하는데 관한 3개 방안을 인쇄 발부했다. 이는 개혁의 전면 심화와 개방의 확대를 위해 새로운 길을 모색하고 새로운 경험을 쌓기 위한 것이었다. 이로써 중국의 대지에는 이미 12개 자유무역시험구가 있게 되었으며, 전 세계를 향해 중국의 전 방위적인 개방을 알리는 명확한 태도를 보여주었다. 위안화의 특별인출권(SDR) 편입은 중국 대외개방이 갈수록 심화되었다는 중요한 표지가 되었다. 2016년 9월 30일(워싱턴 시간), 국제통화기금(IMF)은 10월 1일부터 위안화가 정식으로 특별인출권(SDR) 통화 바스켓에 편입되었다고 발표했다. 이는 국제통화체제에서 끊임없이 상승하고 있는 위안화의 위상을 반영한 것이며, 더욱 강력한 국제통화금융시스템을 구축하는데 도움이 되고 있다. 새로운 SDR 통화 바스켓에는 달러·유로화·위안화·엔화와 파운드 5가지 통화가 포함되며, 편입 비중은 각각 41.73%, 30.93%, 10.92%, 8.33%,

8.09%이다. 이에 대응하는 통화 계수는 각각 0.58252, 0.38671, 1.0174, 11.900과 0.085946이다. 위안화의 SDR 편입은 위안화 국제화의 이정표이고, 중국의 경제발전 성취와 금융업의 개혁개방 성과에 대한 긍정적인 평가이다. 이는 또 SDR의 대표성과 안정성, 흡인력 강화에도 유리하며, 국제통화체계 개혁에도 도움이 된다. 최근 몇 년간 중국은 위안화의 특별인출권(SDR) 통화 바스켓 편입을 계기로 금융개혁을 심화하고, 금융개방을 확대했으며, 글로벌 경제성장을 추진하고, 글로벌 금융안전과 글로벌 경제 관리를 보완하는 데 적극 기여해 왔다. '일대일로' 건설을 추진하다. 시진핑 주석은 2013년 9월과 10월 중앙아시아와 동남아시아 국가 순방 중 "실크로드 경제벨트"와 "21세기 해상 실크로드"를 함께 건설하자는 중대 제안을 잇따라 내놓았다. '일대일로' 건설은 상의·공동 건설·공유의 원칙을 견지하며, 폐쇄적이 아니라 개방적이고 포용적인 것이다. 중국의 독주가 아니라 연선국가들의 합창인 것이다. '일대일로'를 제안한 이래 중국은 2017년 11월 '일대일로' 국제협력정상포럼을 성공적으로 주최했을 뿐만 아니라 '일대일로' 건설을 추진해 큰 진전을 이루었다. 몇 년 동안 세계 100여 개 나라와 국제기구들이 일대일로 건설을 적극 지지하고 참여했으며, 유엔총회·유엔안정보장이사회 등의 중요 결의에도 '일대일로' 건설에 관한 내용을 포함시켰다. '일대일로' 건설은 점차 이념에서 행동으로, 비전에서 현실로 전환되어 풍성한 성과를 거두었다. 2014년부터 2016년까지 중국은 '일대일로' 연선 국가들과의 무역총액이 3조 달러를 넘어섰다. 중국이 '일대일로' 연선 국가들에 대한 투자는 모두

500억 달러를 넘어섰다. 중국 기업들은 이미 20여 개 나라에 56개 경제무역협력구를 건립해 관련국들에게 11억 달러에 가까운 세수와 18만 개의 일자리를 만들어주었다. 글로벌화의 새로운 도전에 대응하기 위해 그 멤버의 인프라 투자로 상호 연계·교류를 강화하고, 경제사회의 발전을 촉진하고, 생태환경을 개선하며, 최종적으로 빈곤을 퇴치하기 위해 중국은 아시아인프라투자은행(AIIB) 설립을 제창했다. 2016년 설립 이래 AIIB는 국제적으로 보편적인 인정을 받았으며, 의구심이 해소되고, 걱정이 얼음 녹듯 풀렸다. 57개 창립 멤버에서 84개 멤버로 확대되었는데, 지금도 새로운 시대적 특색이 뚜렷한 이 국제다자개발기구 가입을 진지하게 고려하는 나라들이 적지 않다. 엄격한 관리제도와 집행력 때문에 국제 3대 신용평가사 모두 AIIB에 가장 높은 신용등급을 부여했다. 중국의 이념을 반영한 이 금융기관은 '일대일로' 건설에 큰 역할을 했다. 현재 AIIB의 투자 프로젝트는 '일대일로' 연선국가와 지역에서 모두 구체적으로 실시돼 이 지방 주민들에게 확실한 복지 혜택을 주고 있다.

대외개방을 가속화하기 위해 중국은 섭외체제의 개혁에 박차를 가해 걸림돌들을 집중 정리했으며, 대외무역과 쌍방향 투자 등 신체제의 보완을 가속화했다. 2015년 1월 "중화인민공화국 외국투자법(초안 의견 청취고)"을 사회에 공개해 의견을 구했다. 이 '의견 청취고'는 진입 전 국민 대우와 네거티브 리스트의 외자관리 방식을 취할 예정이다. 이로써 내외자 기업을 동일시하고 공평 경쟁을 추진하려는 것이었다. 이 법은 이미 국무원의 2018년 입법계획에 포함되었다. 중국

정부는 베이징에서 과학기술, 인터넷과 정보, 문화교육, 금융, 비즈니스와 관광, 건강의료 등 6대 중점 서비스 분야에 초점을 맞춰, 외국자본의 비율 제한을 낮추거나 폐지하고, 경영자질과 경영범위 제한을 일부 또는 전부 완화하는 등 서비스업 분야에서 개방을 확대하는 종합 시범사업을 전개했다.

높은 수준의 '대내유치'와 대규모의 '대외진출'은 중국의 새로운 시대 개방형 경제의 중요한 특징이 되고 있다. 전 세계적으로 중국의 외자 이용은 의심할 여지도 없이 아름다운 풍경이 되었다. 외자유치 규모는 계속 증가하고 있으며, 외자산업의 구조도 한층 더 최적화되고 있다. '대외진출'은 안정적으로 발전하고 있다. 2014년 10월에는 "경외(境外)투자 관리방법"이 정식으로 실시됐다. 이 방법은 "등록 위주, 심사 비준은 보조적인" 관리모델을 확립하고, 네거티브 리스트 관리제도를 도입해 98%의 대외투자 사항이 정부의 심의 없이 처리되면서 대외투자 효율이 크게 높아졌다. 중국의 대외투자는 가속도가 붙었으며 효율도 높아졌다. 중국 하이얼(海尔)주식회사가 GE가전을 54억 달러에 인수한 것이 큰 주목을 받았으며, 2015년에는 중국-타이 철도, 자카르타-반둥 고속철도 등 중국 기술, 중국 기준, 중국 장비를 이용한 경외 철도프로젝트가 줄줄이 가동됐다. 다국적 전자상거래도 중요한 발전을 가져왔다. 2015년 3월 중국 항저우(杭州) 다국적 전자상거래 종합시험구는 감독 관리의 혁신, 금융 지원과 신용 관리 등 체제와 메커니즘의 혁신을 통해 이익을 방출했다. 2015년 11월 말 항저우 다국적 전자상거래 규모는 2014년의 2,000만 달러 미만으로부터

30억 4,000만 달러로 급증했다. 중국의 대외투자는 세계의 경제성장을 견인했으며, 호혜와 상생을 촉진하는데 중요한 역할을 했다. '대내유치'와 '대외진출'이 기본적으로 균형을 이룬 양방향 투자의 구조가 날로 더 완벽해지고 있는 것이다.

중국의 세계무역기구(WTO) 가입 약속 이행 실천에 대해 전면적으로 소개하고, 다자간 무역체제 건설에 대한 중국의 원칙과 입장·정책·주장을 전면적으로 설명하며, 보다 높은 수준의 대외개방 추진의 비전과 행동을 설명하기 위해, 중국정부는 2018년 6월 "중국과 세계무역기구" 백서를 발표했다. 중국이 이 문제에 대해 백서를 발표한 것은 이번이 처음이다. 백서의 전문은 약 12,000자로, 머리말·맺는 말 외에 "중국이 WTO 가입 시의 약속을 성실히 이행하다", "중국이 다자간 무역체제를 확실히 지지하다", "중국이 WTO 가입 후 세계에 대한 중요한 공헌", "중국이 보다 높은 수준의 대외개방을 적극 추진하다"는 등의 네 개 부분이 포함되었다. 백서는 WTO 가입 이후, 중국은 다자간 무역체제를 확고히 지지하고, WTO의 각항 사업에 전면적으로 참여했으며, WTO가 발전도상 구성원들에 대해 더욱 중시하도록 추진하였다고 명시했다. 백서는 또 중국은 일방주의와 보호주의를 반대하고, 다자간 무역체제의 권위성과 유효성을 수호했으며, 각 구성원들과 함께 WTO가 경제세계화의 진전에 더욱 큰 역할을 하도록 추동(推動)했다고 썼다. 개방하면 진보하고 폐쇄하면 자연히 뒤처진다. 세계발전의 대세와 시대발전의 조류에 초점을 맞춰 시진핑 주석은 앞으로 '일대일로' 건설을 중점으로 하고, '대내유치'와 '대외진출'

을 함께 중시하며, 상의·공동 건설·공유의 원칙을 지키고, 혁신능력과 개방 협력을 강화해 육해·내외 연동과 동서 양 방향 상호 공조의 전면적 개방의 새로운 구도를 형성해야 한다고 지적했다. 또한 자유무역시험구에 더 큰 개혁 자주권을 부여하고, 자유무역항의 건설을 모색할 것을 제안했다. 이는 중국에서 개방의 문호를 닫지 않을 뿐만 아니라 점점 더 많이 개방할 것임을 보여주는 것이었다.

8

국방과 군대의 현대화를 추진하다

국방과 군대의
현대화를 추진하다

  새 중국 건국 이래, 군대의 정규화 건설과 투쟁 실천을 거쳐, 중국
의 국방과 군의 건설은 점차 현대화를 중심으로 하고 이를 안내하는
발전의 길을 가게 되었다. 중국공산당 제11기 중앙위원회 제3차 전체
회의 이래, 인민군대는 비약적인 발전을 이루었다. 개혁개방 40년은
인민해방군이 온갖 복잡한 시련을 겪으면서 인민군대의 본색을 지켜
온 40년이었고, 국가건설이라는 전반적인 정세 하에서 스스로 움직
여 국가의 경제사회건설을 적극 지지해 온 40년이었으며, 중국인민해
방군이 분발하여 국방과 군대의 현대화를 전면 추진하고 전체적으로
혁명성을 재정립한 40년이었다.

현대화·정규화 된 혁명군대를 건설하다

  1980년대는 중국의 국방과 군 개혁이 빈번했고 개혁의 강도가 센
시기였다. 덩샤오핑은 이 시기 국방과 군 건설의 전략적 사령탑으로
서, 가장 심층적이고 근본적인 문제 해결에서부터 시작해, 전반적인
국면을 지도하고 사업을 추진했다. 개혁개방 초기 국방과 군대건설
을 이끌어 감에 있어서 덩샤오핑이 가장 많이 생각하고, 주목한 것은
지도사상의 전환이었다. 1981년 9월 덩샤오핑은 "우리 군은 인민민주

주의 독재의 든든한 기둥으로서 사회주의 조국을 보호하고 네 가지 현대화 건설을 보위하는 영광스러운 사명을 지니고 있다. 따라서 우리 군은 강대하고 현대화·정규화 된 혁명적 군대로 건설해야 한다"고 지적했다. 1988년 중국공산당 중앙군사위원회는 "군 개혁을 가속화 및 심화하는데 관한 작업 요강"을 제정하여, 군 개혁의 총체적 임무는 국제전략 환경에 적응하고, 국민경제의 발전수준과 국방건설 수요에 적응하며, 현대의 전쟁 요구에 적응하는 군사체제와 운행메커니즘을 건립해, 우리 군을 중국특색의 현대화·정규화 혁명군대로 건설하는 것이라고 다시 한 번 명확히 제시했다. 이 시기 군대건설의 총체적 목표는 1950년대 인민군대 정규화·현대화의 목표를 간단히 반복하는 것이 아니라 과거의 "단순한 군사적 관점'"과 "정치는 모든 것을 충족시킬 수 있다"는 등의 잘못된 경향을 교훈으로 삼고, 이전 목표보다도 더욱 높은 기초 위에서의 계승과 발전이었다. 이 새로운 전략적 목표에서 혁명화는 전제이고, 현대화는 중심이며, 정규화는 보증으로, 3자가 상호 연계되고 상호 추진하는 것이었다.

강대한 현대화·정규화 된 혁명군대를 건설하려면 반드시 혁명화건설을 제1순위에 두고, 인민군대가 전심전력으로 인민을 위해 봉사한다는 취지를 견지해야 한다. 덩샤오핑은 새로운 시대의 군대가 직면한 복잡한 환경을 깊이 있게 분석하고, 인민군대의 혁명화건설을 강화하는데 큰 관심을 기울였다. 덩샤오핑은 일찍이 "군대는 자신의 깃발을 내걸어서는 안 된다"는 중요한 규칙을 세웠다. 그는 "군대와 국가정권도 모두 이 방향·이 제도·이 정책을 수호하여" 당의 기본노선과 그 방침정책의 충실한 집행자와 확고한 수호자가 되어야 한다고 말했다. 덩샤오핑은 항상 당성과 인민성의 일치성에서 군대의 성격을 강조했다. 1989년 덩샤오핑은 수도 계엄부대 간부를 접견하면서 "내가 말하는 시험 합격이란 군대가 여전히 인민의 자제 병이라는 그 성질에 합격되어야 한다는 것"이라고 말했다. 군사위원회의 지도 직위에서 퇴임하게 될 때 그는 "우리 군대가 시종일관 자신의 성질을 고수할 수 있을 것이라고 확신한다. 여기에서 성질이란 당의 군대, 인민의 군대, 사회주의 국가의 군대임을 말한다"고 했다. 이는 지도체제, 근본취지, 핵심기능 등 3가지 측면에서 인민군대의 혁명화 성격에 대해 치밀하고도 엄밀하게 규정한 것이다.

경제적 기반이 탄탄하지 못하면 강대하고도 현대적인 국방이 있을 수 없다. 국방을 강화하려면 반드시 먼저 경제를 발전시켜야 한다. 이 때문에 덩샤오핑은 "군대는 국가 건설의 전반적인 국면에 복종해야 한다."고 거듭 강조했다. 바로 이런 전반적인 국면에서 덩샤오핑은 "군대는 참고 견딜 수 있어야 한다.", "군대는 어려운 나날을 이겨낼 수 있어야 한다."고 제기했다. 덩샤오핑은 또 "네 가지 현대화 건설은 선후가 있다. 군대 장비의 진정한 현대화는 국민경제가 비교적 좋은 기반을 마련해야만 가능하다"고 지적했다. 1985년 6월 전쟁과 평화문제에 대한 새로운 판단과 국가 경제건설의 전반적 국면의 필요에 따라, 덩샤오핑은 과감하게 군대와 국방건설 지도사상에서의 전략적 전환을 실현했다. 즉 "일찍 싸우고, 크게 싸우며, 핵전쟁을 치를 임전(臨戰) 상태에서 진정으로 평화시기 군대의 현대화와 정규화 궤도로 전환하는 것"을 말한다. 덩샤오핑의 주재 하에 인민해방군은 국가 경제건설을 중심으로 하는 전반적인 국면 하에 "부기(浮腫)를 빼야 한다."는 것에 치중했다. 당시 중국 군관구마다 10여 명, 심지어 수십 명의 지도자가 있었다. 이에 덩샤오핑은 "우리는 반드시 분명하게 알아야 한다. 지금 존재하는 가장 큰 문제는 군대의 비대함이다. 진짜로 전쟁이 일어나면 작전 지휘는 그만두고 소개(疏散)마저도 쉽지 않을 것이다."고 지적했다. 이 때문에 "체제 문제는 사실상 '부기 빼기'와 같은 문제인 것으로, 한 문제의 두 측면이다. '부기 빼기' 체제를 개혁하지 않으면 안 된다"고 했다. 이에 1980년 8월 5일 중국공산당 중앙위원회는 중앙군사위원회의 "군대 정간(精簡, 세밀하게 잘 골라 뽑는 것—역자 주), 재편성 방안"을 비준했다. 이 "정간, 재편성 작업"은 1980년 4분기에 시작되어, 1981년 말에 기본적으로 완성되었으며 전군의 정원수가 83만 명 감소되었다. 1982년 6, 7월, 중앙군사위원회는 좌담회를 열고 군대 체제 개혁과 "정간, 재편성의 원칙"은 군의 정예화, 합성, 평화시기와 전쟁기의 결부, 효율성 제고라고 명확히 했다. 회의는 1980년 군 간소화의 기초위에서 전군의 체제편성을 한층 더 조정 개혁하기로 결정했다. 이번 "정간, 재편성"의 중점은 병과 별 지도체제의 개혁이었다. 정간·개혁을 거쳐 1983년에 이르러 인민해방군은 400만 명으로 감소되었으며, 군관구급 5개, 군단급 21개, 사단급 28개 기관을 줄였다. 이번의 군축은 강도가 아주 컸음에도 덩샤오핑은 여전히 충분하지 않다고 보았다. 그는 재편성 방안에 대해 "이것은 만족스러운 방안이 아니다. 지금은 첫 단계로 실시할 수 있다.

앞으로는 계속 이와 관련해 연구 검토해야 한다"고 서면지시를 내렸다. 1984년 11월 1일 건국 35주년 기념 열병식이 막 끝났을 때, 중앙군사위원회는 징시(京西)호텔에서 좌담회를 열었다. 전군의 각 대형 기관의 지도자들이 모두 한자리에 모였다. "어디부터 얘기할까요?" 덩샤오핑은 부드럽고 친근하게 회의장에 모인 고급장교들을 바라보며 말했다. "이번 열병식은 국제·국내 반응이 모두 좋다. 그런데 흠이 하나가 있다. 말씀드리자면 80세인 사람이 부대를 사열했다는 자체가 바로 그 결함이다. 이는 우리 군대의 고위층이 노후화돼 있고, 이런 상태가 바뀌지 않으면 안 된다는 것을 보여주는 것이다". 그러면 "어떻게 변화시켜야 할 것인가?" 여전히 "부은 것을 빼야 한다"는 것이다. 이전에 실시한 군축을 거쳐 인민해방군은 이미 400만 명까지 줄었지만, 기본적인 상황을 보면 여전히 기관이 방대하고 장교가 많고 사병이 적어, 장병 비율이 1:2.45이다. 덩샤오핑은 이에 대해 지금의 '부기(浮腫)'는 작전부대가 아닌 각급 지도기관에 존재한다. 그러므로 사병을 정예화해야 할 것이 아니라, 장교를 정예화해야 한다고 일침을 놓았다. 그는 "정간, 재편성"은 군단급 이상 인원과 간부, 기구에 치중해야 한다. "정간, 재편성"은 혁명적인 방법을 강구해야 한다. 한 번에 잘해 끝내면 한 번만 미움을 산다. 개량하는 식의 방법으로는 도저히 안 되는 일이다"라고 말했다.

이번에 덩샤오핑은 혁명적인 행동, 즉 100만 명을 감축하기로 결심했다. 당시 중국이 직면하고 있는 국제 정세는 낙관적이 되지 못했으며, 100만 명을 감축한다는 것은 군 병력의 1/4을 감축한다는 것을 의미했다. 이 같은 결정을 내리려면 국내외 정세에 대한 정확한 판단과 과학적인 예견, 그리고 확고한 결심과 초인간적인 담략(膽略, 담력과 지략—역자 주)이 필요했다. 덩샤오핑은 "우리는 이같이 큰 결심을 내리고 중국인민해방군 규모를 100만 명 감축하기로 했다. 이것은 중국공산당·중국정부·중국인민에게 역량이 있고 믿음이 있다는 것을 보여준다. 이는 10억 인구를 가진 중화인민공화국이 기꺼이 자신의 실제행동으로 세계평화를 수호하기 위해 기여하려고 한다는 것을 보여 주는 것이다"라고 지적했다. 1985년은 중국의 '군축의 해'가 되었다. 이 해에 중국인민해방군 3본부 기관인원은 재편 전보다 거의 반정도 간소화되었고, 원래의 11개 군관구는 7개로 통폐합되었으며, 군단급 이상 기관 31개가 감소되고, 사단 급 기관 4,050개를 취소했다. 현·시 인민무장부는 지방조직 편제로 전환하고, 간부와 전사는 현역에서 물러났다. 각급 지도부도 간부를 줄였다. 기관·부대의 76가지 직무도 원래 장교가 담당하던 데서 병사가 담당하도록 변경했다. 이번의 대 군축이 과거와 다른 점은 간단하게 인원을 감축한 것이 아니라, 군대의 구조를 대대적으로 조정했다는 점이다. 이는 중국 국방과 군대건설의 지도사상이 "일찍 싸우고, 크게 싸우며, 핵전쟁을 치를 준비를 하는 것"으로부터 현대화 건설이라는 이 중심축을 둘러싸고 현대식 전쟁을 지휘하고, 전쟁에서 이길 수 있는 능력을 끌어올리는 기본으로 전환되었음을 의미한다. 사실은 덩샤오핑이 말했듯이 "100만 명을 감축한 것은 실제로 군대의 전투력을 약화시키지 않았을 뿐만 아니라 오히려 군대의 전투력을 증강시켰던 것이다."

승리할 수 있으면서도 변질되지 않는 군대

1980년대 말에서 1990년대 초까지의 국제정세는 거대하고도 심각한 변화가 일어났다. 제2차 세계대전 후 형성된 양극화 구도가 끝나고 세계는 다극화, 경제 글로벌화의 기미가 보이기 시작했다. 1991년 걸프전 발발로 전 세계 사람들은 완전히 새로운 전쟁형태와 전쟁방식을 보게 되었다. 즉 육군·해군·공군·우주항공부대·전자파 작전부대 등이 다차원적으로 일체화되고, 지휘통제시스템과 정찰감시시스템, 정밀유도무기, 스텔기 등 첨단기술 무기가 전쟁의 승부를 판가름하는 중요한 요소가 되었다. 이로부터 세계적인 군사변혁이 시작되었다. 이러한 배경에서 중국이 세계 군사발전 추세를 따라가 "미래에 일어날 가능성이 있는 첨단기술 전쟁에서 이길 수 있을까?" 및 "인민해방군이 인민군대의 성격과 본색·기풍을 유지하고, 시종 당의 절대적 지도하에 있는 혁명군대로 남을 수 있을까?" 하는 이 두 가지 역사적 과제가 해결됨에 따라, 인민군대의 국방과 군대 현대화 건설이 한층 더 추진되었다. 장쩌민 주석은 새로운 실천, 발전과 결합해, 군의 '삼화(三化, 혁명화·정규화·현대화)'건설의 총체적 목표를 한층 더 풍부히 하고 발전시켰으며, 시기적절하게 발전전략과 총체적 구상을 조정하고 보완해, 국방과 군대의 현대화건설이 올바른 방향으로 빠르게 발전하도록 했다. 1990년 12월 장쩌민은 총참모부 업무회의에서 정치적으로 합격되고, 군사적으로 탄탄하며, 규율이 엄하고, 병참 보급이 유력한 것을 군대건설의 기본기준이라고 명확히 제시했다. 이어 그 이듬해의 '창당기념일' 연설에서 '우수한 기풍'을 보충했다. 그리하여 군대건설의 '다섯 마디' 총체적 요구가 완전하게 형성되었다. '다섯 마디' 총체적 요구는, 인식론과 방법론의 높이에서 군 건설의 전면적인 추진을 위한 지도사상을 확립하고, 군대건설의 총체적 목표와 구체적 목표를 규범화하여, 군대건설의 총체적 목표가 부대의 상시적 기본활동이 되도록 했다. 걸프전 발발 후, 장쩌민은 3차례나 걸프전 관련 세미나에 참석해, 국제형세의 변화를 분명하게 읽고 앞으로의 전쟁이 어떻게 치러질 것인가를 연구하며, 국방과학기술 발전에 큰 힘을 들이고, 국방과 군대건설을 전반적으로 고려해야 한다고 제기했다. 1993년 1월 중앙군사위원회 확대회의는 군사전략에서 중대한 조정을 시행하여 군사투쟁 준비의 기점을 현대기술, 특히 첨단기술 조건 하의 국지전에서 이기는데 두도록 했다. 이 새로운 시기 군사전략 지침은 군 건설의 주요 모순을 포착하고 국방과 군 건설에 과학적 근거를 제공함으로써 발전방향을 제시했다. 2000년 12월에 열린 중앙군사위원회 확대회의는 군 건설에서 기계화와 정보화 건설이라는 이중 임무를 완수하고, 도약적인 발전을 실현해야 한다는 새로운 발상을 제시하였다. 1995년 12월 중앙군사위원회 확대회의는 "'국민경제와 사회발전의 제9차 5개년 계획' 기간 군대건설 계획요강"을 통해 과학기술 강군(强軍)전략과 "두 가지 근본적 전환"이라는 전략적 사상을 명확히 했다. 즉 군사투쟁 준비에 있어서 일반 조건 하에서의 국지전 대비에서 현대기술, 특히 첨단기술 조건 하의 국지전 대비로의 전환을 준비하는 것이었다. 또한 군대건설에서 수량규모 형에서 질적 효율 형으로, 인력집약형에서 과학기술집약형으로 전환했던 것이다. 이

"두 가지 근본적 전환"을 실행함에 있어서, 국방과학 연구를 중점적으로 강화하고, 무기 장비를 개선하며, 장병들의 과학기술 자질을 제고시키고, 과학적인 체제·편제를 건립하며, 과학기술 혁신능력과 과학적인 관리수준을 제고시키는 것은 인민해방군건설의 새로운 모델을 확정한 것이었다.

이 "두 가지 근본적 전환"의 제기는 중국특색의 군사변혁의 시작을 알리는 것이었다. 1992년 하반 년부터 1994년 말까지 전군 체제·편제에 대해 초보적인 조정과 정예화를 실현했다. 1997년 9월 중국공산당 제15차 전국대표대회는 중국이 1980년대에 군 병력 100만 명을 감축한 기초위에서 3년 내에 군 병력 50만 명을 감축할 것이라고 발표했다. 정예화와 조정을 거쳐 육군부대의 비중이 떨어지고 해군·공군·제2포병부대의 비중이 높아졌으며, 합성과 소형화·경량화·다양화로 한 발자국 다가섰다. 이로써 장비의 관리체제와 병참의 보급체제가 초보적으로 정돈되었다. 체제와 편제의 조정개혁이 실질적인 진전을 이루었으며, "병력의 정예화, 범위의 축소, 구조의 최적화하는 목적"을 초보적으로 달성해, '정예화·합성·효율성'을 한층 더 실현하기 위한 조건을 만들었다.

이와 함께, 개혁개방과 사회주의 시장경제 발전의 새 흐름에 발맞춰 병역제도와 사관제도를 개혁했다. 1998년 12월 제9기 전국인민대표대회 상무위원회 제6차 회의는 "병역법 개정에 관한 결정"을 통과시키고, 병역제도에 대해 중대한 조정을 했다. 즉 "두 가지 결합"인 병역제도를 시행하여 지원병제도를 의무병제도와 같은 중요한 지위에

놓았으며, 의무병의 현역기간을 단축하고, 예비역제도를 보완했다. 이는 새로운 상황에서 병역사업이 순조롭게 진행되도록 보장하는 중대한 조치였다. 1999년 6월 새로 개정된 "중국인민해방군 현역병 복무조례"가 공포되어, 현역병 복무제도 특히 사관제도에 대해 중대한 개혁을 실행했다. 1999년 12월 1일부터 새 사관제도가 시행되어 인민해방군 사병대오의 전문화 정도가 끊임없이 높아졌고, 사관들이 군대건설의 중요한 역량이 되게 되었던 것이다.

국방과 군대의 개혁을 추진하다

새로운 세기의 새로운 단계에서는 국가 개혁이 빠르고 강력해졌으며, 세계의 군사변혁도 심화되었다. 중국공산당 중앙위원회와 중앙군사위원회는 이 시대의 특징을 잘 파악하여, 사상을 해방하고, 실사구시하며, 시대와 더불어 전진하면서 국방과 군대건설 각 분야의 개혁을 적극 추진하였다.

2005년 4월의 군사위원회의 어느 한 회의에서 후진타오(胡錦濤)는 새로운 상황에서 국방과 군대개혁을 추진할 기본 구상을 제시했다. 2007년 10월 중국공산당 제17차 전국대표대회는 국방과 군대개혁을 심화하는데 대한 중요한 조치를 취하였다. 즉 군대체제·편제와 정책제도를 조정·개혁하여 점차 중국 특색이 있으면서도, 현대적 군대건설의 법칙에 부합되는 과학적인 조직모델, 제도조치와 운영방식을 형성하는 것이다. 또한 국방 과학기술공업 체제와 무기 장비의 구매체제를 조정 개혁하고, 무기 장비 연구개발의 자주적인 혁신능력과 품질의 효익을 제고시키자는 것이다. 이에 따라 국방과 군대의 새로운 개혁이 깊이 있게 추진되었다.

정보화시대에 군사력의 각축은 갈수록 자질이 뛰어난 인재들의 각축장으로 부각되고 있다. 2004년 12월 후진타오는 군대의 인력난, 특히 합동작전 지휘인력 부족문제를 해결하기 위한 비상조치를 취해야 한다고 지시했다. 외부경쟁 압력과 내부수요 장력은 이 10년 동안 인재가 속도를 내는 시대적 논리를 구성했다. 정보화 군대를 건설하며, 정보화 전쟁에서 이겨야 하는 시대적 물결 속에서 자질이 높은 신형 군사인재가 집단적으로 성장·육성되었다. 인민해방군 최초의 상규 미사일부대의 성장역사는 마침 인재전략의 실시와 박자가 맞았다. 이 여단은 설립 이후, 박사 6명, 석사 69명을 배출했으며, 형제부대에 600여 명의 핵심 인력과 여단장 6명을 수송했다. 전체적으로 10년의 노력 끝에 군대의 인재구조가 전반적으로 최적화되었고, 작전부대 지도부의 연령구조가 더욱 합리적으로 변화되었으며, 우수한 젊은 간부들이 대거 지도 직에 진출했고, 양원(중국과학원과 중국공정원) 원사들로 대표되는 과학기술 리더급 인재들의 과학연구 능력이 끊임없이 강화되었다. 이에 대해 '2010년 중국의 국방'은 "합동작전지휘 인재, 정보화 건설관리 인재, 정보기술 전문 인재, 신 장비 조작과 정비 인재 양성에 중점을 두고 지휘관·참모·과학자·기술 전문가와 사관대오의 건설을 심층적으로 추진했다"고 밝혔다. 이와 함께 인재의 성장 경로를 넓혔다. 2009년 겨울에는 10만 명의 대학생을 군에 징집해 병사의 구조를 최적화하고, 병사들의 자질을 높였다. 이에 따라 인민해방군 인재의 종합적 자질이 눈에 띄게 향상되었다. 2012년까지 인민 군대 간부 중, 본과 이상 학력이 80%로 상승했고, 대학원생 학력이 20%로 상승했으며, 학사 비행사, 박사 함장, 석·박사 사단장과 군단장이 배출됐다.

샤오캉사회를 전면적으로 건설하는 과정, 부국과 강군의 통일을 더욱 잘 실현하기 위해 중국공산당 중앙위원회와 중앙군사위원회는 새로운 정세 하에 국방건설과 경제건설을 통괄하고, 군민 결합과 우군우민(寓軍于民, 민간 과학기술 자원을 군에 이용함 – 역자 주)의 새로운 도경, 새로운 방법을 적극적으로 탐색하여 중국특색의 군민 융합식 발전의 길을 길어왔다. 중국특색의 군민 융합식 발전의 길은 중국공산당 제17차 전국대표대회의 공식 제안이다. 이에 앞서 후진타오는 2005년 전국 양회(전국인민대표대회와 전국인민정치협상회의) 기간 때 군민 융합식 발전의 중요한 구상을 제시했다. 그는 과학 발전관을 견지하고 정착시키는 것은 국방건설과 경제건설의 관계를 잘 처리하는 것을 포함하며, 국가 경제사회발전에 의지해 국방건설을 현대화건설의 전반적 국면 속에 융합시키고, 국방자원과 경제자원을 총괄하여 국방경제와 사회경제, 군용기술과 민용기술, 군대인재와 지방인재의 겸용 발전을 중시해, 국방건설과 경제건설이 상호 추진하고 조화롭게 발전하는 양호한 국면을 이루어야 한다고 말했다.

군대와 백성이 한집안처럼 융합되었으니 천하에 대적할 자가 어디 있을 것인가? 현 시대, 정보화 전쟁 조건 하의 체계적 대항은 실질적으로 국가 전체의 실력에 기초한 체계적 대항이다. 전쟁이 필요로 할 때, 누가 국가의 막강한 경제실력을 군대의 작전능력으로 전환시킬 수만 있다면 누가 바로 강성을 유지할 수 있을 것인지 알 수 있을 것이다. 세계를 둘러보면 시사하는 바가 많다. 이라크전쟁에서 미국 실리콘밸리에서는 600개 회사가 미국 국방부와 서비스 계약을 맺었었다. 실리콘밸리는 엄연히 미국의 '무기고'가 된 것이다. 새로운 시기, 군민 융합식 발전은 사실 정보화 조건 하에서의 인민전쟁이라고 누군가 아주 생동적으로 말한 적이 있다. 이 말은 일리가 없지 않다. 통신 분야의 경우 군은 국가 CDMA망에 의존해 군용 이동통신 응용시스템을 구축하면 경비의 1%만 투입해도 전국을 커버할 수 있는 이동통신 네트워크를 사용할 수 있게 된다. 즉 군용 휴대폰이 공중 인터넷이 깔린 곳에서 모두 원활한 통신이 가능했는데 원촨(汶川) 대지진 구조, 올림픽과 엑스포 안보 등 중차대한 임무를 수행하는 과정에서 대체 불가능한 역할을 할 수 있었다.

후진타오의 강력한 추진으로 군민 융합식 발전은 주로 국방과학기술 분야에 국한되던 것으로부터 점차 국방과 군대건설의 여러 분야로 확대되어 전 방위적이고, 전 요소적이며, 체계적인 돌파를 가져왔다. 다년간 국방경제에 대해 연구해 온 한 군사 전문가는 군민융합 발전의 성취에 대한 감회가 가장 깊은 것이 무기 장비에 대한 연구와 생산에서 취득한 중대한 진전이라고 했다. 그는 "20여 년 전 군수기업에 조사연구를 갔다가 크게 실망한 적 있다. 북양군벌 시기에 남긴 낡은 기계를 쓰는 기업마저 있었다. 지금은 개혁개방과 군민융합 발전에 힘입어 중견 군수업체가 크게 발전했는데, 이들이 연구개발한 순항 미사일, 주전 전차, 항공기와 함정들이 속속 부대에 배치되어 장비를 업그레이드하게 됐다"고 말했다. 사실상 더 고무적인 것은 군민기술 전환체계가 초보적으로 형성되었다는 점이다. 일부 민간 첨단기술 기업들이 앞 다투어 '입대'해, 유인우주선에서부터 군용기 연구개발에 이르기까지 모두 그들의 활약상을 볼 수 있다. 국민경제에 대한 국방과학기술 공업의 역할도 날로 뚜렷해지고 있는데 10여 만 건의 군수기술이 민간용으로 전환되었다.

중국특색의 강군의 길을 가다

전쟁은 국가의 중대 사안이다. 2014년 10월 31일, 시진핑은 전군 정치업무회의에서 "나라를 다스리는 일 중에서 군대를 잘 건설하는 것보다 더 중요한 일은 없다"고 의미심장하게 말했다. 역사의 경험이 증명하듯이 나라가 강대해지자면 반드시 군대가 강대해져야 하며, 군대가 강대해야만 나라가 안정될 수 있다. 돌이켜 보면, 중국은 긍정적인 것과 부정적인 두 가지 경험 교훈이 다 있다. 군대가 강대하지 못해 침략당한 적도 있고, 강적을 두려워하지 않고 결정적인 시각에 칼을 뽑아들었기에 압력을 견뎌내고 국가의 독립과 자주, 안전을 수호한 적도 있다. 중국은 패권을 노리지는 않지만 패권자의 '비계덩이'로 전락하는 것도 막아야 한다. 2017년 8월 1일 시진핑은 중국 인민해방군 창군 90주년 기념대회에서 "새로운 역사의 출발점에 서서 중화민족이 고난에서 벗어나고, 중국 인민이 해방을 실현할 수 있은 것은 영웅적인 인민군대가 있었기 때문이라는 것을 더욱 깊이 느꼈다.

중화민족의 위대한 부흥을 이루고, 중국 인민이 더욱 나은 생활을 하게 하려면, 반드시 인민군대를 세계 일류의 군대로 만드는데 박차를 가해야 한다"고 지적했다.

사상은 행동의 길잡이이고, 이론은 실천의 지침이다. 새로운 시대의 강군사업을 추진하려면 먼저 새로운 시대의 강군 사상이 필요하다. 시진핑은 중국공산당 중앙위원회의 핵심이자, 전당의 핵심이며 군대의 통수자로서, 마르크스주의 정치가로서의 거대한 이론적 용기와 전략 전의 지혜로 국방과 군대건설에 대해 깊이 사고하고, 전략적 계획을 수립하였으며, 일련의 새로운 사상, 새로운 관점, 새로운 견해, 새로운 요구를 제시했으며, 새로운 시대의 "인민군대는 누구의 지휘를 받고, 어떻게 군 정신을 키우며", "왜 강력한 군을 건설해야 하고, 어떻게 강력한 군을 건설할 것인가?", "어떠한 전쟁을 하고, 어떻게 전쟁에서 이길 것인가" 등 새로운 시대의 기본적인 문제에 대해 깊이 있는 대답을 했다. 이러한 것들은 내용이 풍부하고 심오한 과학적인 사상체계를 이루었으며, 중국공산당이 군사지도 법칙에 대한 인식을 승화시키고, 마르크스주의 군사이론과 현대 군사 실천을 새로운 경지로 끌어올렸다. 중국공산당 제19차 전국대표대회는 시진핑의 강군(強軍)사상을 시진핑의 새로운 시대 「중국특색의 사회주의」 사상의 중요한 구성부분으로 하였고, 당이 인민군대에 대한 절대적인 영도를 견지하는 것을 새로운 시대 「중국특색의 사회주의」 기본방략을 견지하고 발전시키는데 포함시켰으며, 새로운 시대의 강군사업을 전면적으로 조치했다. 이는 당의 군사지도이론이 시대와 함께 발전했음을 보여준다. 현재 「중국특색의 사회주의」는 새로운 시대로 접어들었고, 국방과 군대건설도 새로운 시대로 접어들었다. 새로운 역사의 출발점에서, 국방과 군대의 현대화를 전면적으로 추진하는 것은 얻기 힘든 역사적 기회이기도 하지만, 또 많은 중대한 도전과 중대한 위험, 중대한 장애, 중대한 모순 등도 피할 수가 없다. 당과 군대의 역사에서 국가와 민족의 중대 고비일수록, 건설과 발전의 관건적 시기일수록, 사상이론의 선도적 역할을 발휘할 것이 필요하게 되며, 난국을 돌파하는 강한 정신적 역량을 모을 것이 필요하다.

2012년 11월 29일 시진핑은 국가박물관에서 "부흥의 길" 전시회를 관람할 때, 중화민족의 위대한 부흥을 실현하는 중국의 꿈에 대에 처음으로 설명했다. 열흘도 안 돼 시진핑은 처음으로 베이징을 떠나 현지 지도에 나섰다. 그는 광저우 주둔 부대 사단급 이상 지도자들을 회견할 때 다시 한 번 중국의 꿈에 대해 말했다. "이 위대한 꿈은 강국의 꿈입니다. 군대에 대해 말한다면, 강군을 만드는 꿈입니다". 이로부터 강군의 꿈은 중국의 꿈의 중요한 구성부분으로서 강군의 꿈을 실현하는 것은 중국의 꿈을 실현하는 전제 중의 하나임을 알 수 있다. 시진핑은 "군사적 후진성이 일단 형성되면 국가안보에 미치는 영향은 치명적일 것입니다. 나는 중국근대의 사료들을 자주 보고 있습니다. 낙후된 국력으로 인하여 침략당한 비참한 광경을 보면 가슴이 아픕니다."고 말했다. 시진핑은 전군에 "새로운 군사혁명은 우리에게 천재일우의 기회를 제공했다. 우리는 반드시 그 거센 흐름 속에서 분발 노력해야 한다. 개혁하지 않아도 안 되고, 개혁이 늦어져도 안 된다. 이는 우리가 회피할 수 없는 큰 시험이다. 군대는 반드시 당과 인민, 그리고 역사에 자취를 남겨놓을 수 있는 답안지를 내놓아야 한다"고 했다. 여기서 말하는 거센 흐름이란 바로 '강군'의 길을 말하며, 이 거센 흐름 속에서 분발 노력해야 한다는 것은 과감히 책임지고, 어려움을 두려워하지 않으며, 가시밭길을 헤쳐 나가는 용기로 강군의 꿈을 실현해야 한다는 것이다. 중국공산당 제18차 전국대표대회 이래 시진핑은 중화민족의 위대한 부흥을 실현하는「중국의 꿈」의 차원에 서서 강군의 목표를 달성하고, 세계 일류의 군대를 건설하는 데에 착안점을 두고, 무거운 사명을 짊어지고, 직접 국방과 군대건설을 추동하기 위한 계획을 세우고, 전군의 장병들을 이끌고 강군·흥군(兴军)의 새로운 출발을 했다. 2013년 3월 시진핑은 제12기 전국인민대표대회 제1차 회의의 해방군대표단 전체회의에서 "당의 지휘를 받고, 전투에서 이길 수 있으며, 기풍이 좋은 인민군대를 건설하는 것은 당이 새로운 형세 하에서의 강군의 목표"라고 명확히 제기했다. 2013년 11월 중국공산당 제18기 중앙위원회 제3차 전체회의는 "개혁을 전면 심화함에 있어서의 약간의 중대한 문제에 대한 중국공산당 중앙위원회의 결정"을 통과시켰다. 이 결정에서는 국방과 군대개혁을 심화하는 것을 총체적 조치에 포함시킨다고 명확히 했다. 동시에 개혁의 3대 방향을 제시했다. 즉 군대 체제, 편제 조정과 개혁을 심화하고, 군대의 정책 제도의 조정개혁을 추진하며, 군민융합의 깊이 있는 발전을 추진하는 것이다. 시진핑이 직접 국방과 군대개혁 심화영도소조 조장, 중앙군사위원회 합동작전지휘센터 총지휘관, 중앙군민융합발전위원회 주임을 맡았다. 이후 제18기 중앙정치국은 선후로 6차례에 걸쳐 해양강국 건설, 세계 군사발전의 새로운 흐름과 우리 군의 군사혁신 추진, 국방과 군대 개혁의 심화 등 군사 관련 문제를 둘러싸고 집단학습을 조직했다. 2015년 7월 22일 시진핑은 중앙군사위원회 상무회의와 중앙정치국 상무위원회 회의를 각각 주재하면서 "국방과 군대 개혁을 심화할 총제적 방안"을 심사 결정했다. 2015년 11월 24일 중앙군사위원회 개혁실무회의가 베이징에서 개최되어, 국방과 군대개혁의 지도사상·목표·임무와 전략적 조치를 확립했다. 지금 중국의 군대는 "큰 데로부터 강한 데"로의 중요한 도약시기에 처해 있으며, 강군(強軍) 개혁은 이 '도약'을 위해 강력한 힘을 모으고 있다. 새로운 시대 강군사상의 인도 하에, 5년간의 강군 실천을 거쳐, 인민군대는 조정을 통해 정치생태의 재정립, 조직 형태의 재정립, 역량체계의 재정립, 기풍·이미지의 재정립을 실현해 중국특색의 강군의 길을 열었다.

첫째, 정치로 군대를 건설한다는 방략을 실시해 우리 군의 건설에서 확고하고 정확한 정치방향을 확보했다.

정치로 군대를 건설하는 것은 인민해방군의 근본이다. 중국공산당 제18차 전국대표대회 이래 시진핑과 중앙군사위원회는 사상적·정치적으로 부대의 업무를 건설하고 파악하는 것을 매우 중시해 일련의 중대한 결책을 취하였으며, 일련의 중대한 전략적 조치를 실시했다.

흰 벽과 푸른 기와로 지어진 꾸텐(古田)회의[12] 개최지는 장중하고도 고풍스러운데, "꾸텐회의는 영원히 빛나리."라는 글자가 번쩍번쩍 빛이 났다. 이곳은 중국공산당이 사상적으로 당을 건설하고 정치적으로 군을 건설한다는 원칙을 확립한 곳이고, 인민군대의 정치공작 기초를 잡은 곳이며, 신형의 인민군대가 정형화된 곳이다. 시진핑은 일찍 푸젠(福建)에서 근무할 때부터 7번이나 이곳을 찾아 꾸텐회의 정신을 고취하고 선양했다. 2014년 10월 31일 시진핑은 꾸텐회의 개최지에서 전군 정치공작회의에 참석한 전체 대표들을 접견한 뒤, 중앙군사위원회 전원과 함께 꾸텐회의 개최지를 참관했다. 시진핑은 다시 한 번 꾸텐회의 개최지를 자세히 둘러보았으며, 사진과 전시판 앞에 멈춰서서 자세히 들여다보았다. 또한 수시로 안내원에게 질문을 하기도 했다. 그는 마오쩌둥이 정치보고를 했던 대청으로 가서 기둥 위에 있는 전투성이 선명한 구호들을 응시했고, 당시 난방을 위해 숯불을 피웠던 흔적들을 주시하면서 사람들과 함께 선대들이 혁명의 길을 모색하기 위해 힘겹게 분투하던 정경을 회억했고, 사람들에게 그가 매번 꾸텐회의 개최지에 와 본 정경과 느낌을 소개했다.

점심시간이 되자 시진핑은 식당에서 11명의 기층간부와 영웅·노동자 모범 대표들과 함께 '홍군의 밥' 즉 수수밥에 호박국을 맛있게 먹었다. 시진핑은 사람들과 함께 식사를 하면서 홍군의 어려웠던 전투

---

12) 꾸텐회의 : 홍4군의 제9차 당대표 대회로, 1929년 12월 푸젠성 상캉현(上杭縣) 꾸텐촌에서 개최되었다. 이 회의는 당시 홍4군의 당과 군대 내에 존재하는 각종 비 무산계급을 규정하고, 당과 홍군건설의 기본원칙을 규정한 것으로 공산당·공산군 역사상 매우 중요한 회의였다.

를 하던 세월을 회고했다. 시진핑은 "청년세대는 당과 군대의 미래이고 희망이며, 혁명 사업은 당신들이 이어받아 분투해야 하며, 우량한 전통은 당신들이 계승하고 선양해야 한다"고 의미심장하게 당부했다. 그는 또 군대의 정치공작은 모두가 함께 해야 하고, 특히 기층에서 잘하는 것이 중요하다고 하면서 앞장서서 전통을 따라 배우고, 전통을 사랑하며, 전통을 중시하고, 부대 장병들이 노 홍군의 본색을 유지할 수 있도록 이끌어야 한다고 말했다. 오후에 시진핑 총서기는 전군 정치공작회의에 참석해 중요한 연설을 했다. 그는 연설에서 '11가지 견지'라는 우수한 전통에 대해 개괄해 냈으며, 10개 면의 두드러진 문제에 대해 날카롭게 짚어내고, '4가지를 튼튼히 수립할 것'과 '5가지를 잘 움켜쥘 것'을 명확히 강조했다. 이번의 중요한 회의에서 시진핑은 새로운 역사적 조건 하에서 당이 사상적·정치적 군대건설의 중요한 문제들에 대해 깊이 있게 서술했으며, 인민군대의 정치공작의 시대적 주제에 대해 분명하게 제시했다.

초심을 잊지 않고 계속 전진한다. 인민군대는 꾸톈에서 재정비를 마치고 다시 출발했다. 예를 들면, 시진핑이 꾸톈에서 연 전군정치공작회의에서 10개 면의 두드러진 문제에 대해 지적한 것에 초점을 맞추면, 전군 적으로 사상을 정돈하고, 인원을 정돈하며, 조직을 정돈하고, 규율을 정돈하며, 간부의 사업에 대한 대 검사와 재무 업무 조사, 주택·차량·인원에 대한 결산, 기층 풍기의 8가지 '전문적인 정리'를 집중적으로 전개해, 한 항목씩 선별 조사하고, 그물 식으로 철저히 엄격히 다스리며, 규정을 위반한 진급, 문서 변조 등 문제의 당사자와 관련 책임자에 대해 각각 조직적 처리와 규율 처분을 내리도록 했다. 이로써 6억 5,600만 위안에 달하는 규정위반 지출을 추적 조사해 냈고, 2015년에만 해도 불합리하게 발급된 주택 9,632채를 반환시켰으며, 공무용 차량 24,934대를 감축했다…그 외에도 또 다른 데이터들이 기풍건설이 가져다 준 거대한 변화를 직관적으로 보여주고 있다. 2015년 군단 이상 기관의 행정소모성 지출은 전년 대비 50% 이상 감소했으며, 전군 각 부서는 주요 회의와 행사 110여 개를 축소했다. 이와 함께 전군 81,000여 명의 연대 이상 지도자와 기관 간부들이 중대·분대로 내려갔으며, 군단급 이상 부서에서 80여 억 위안을 들여 기층의 난방용 전기와 물 사용, 병 치료에서의 실제적인 어려움을 해결했고, 4만여 명 장병 가족의 취업문제와 자녀의 입학 및 탁아소에 보내는 문제를 해결했다.

둘째, 개혁을 통한 강군 전략을 전면적으로 실시해 국방과 군대개혁이 역사적인 돌파를 가져왔다.

중국이 대국으로부터 강국으로 발전하는 관건적인 단계에서, 시진핑은 세계를 내다보고 전반적인 국면을 종람하며 시국을 잘 파악한 후, 금후 20·30년 동안 국방과 군대 발전에 대한 설계 및 군 미래에 대한 조소를 고려해 중국에서 개혁을 전반적으로 심화하는 전체적 계획 속에서 국방과 군대개혁의 심화를 포함시켜 당의 의지와 국가의 행위로 격상시켰다. 2015년 11월 24일 중앙군사위원회는 개혁실무회의를 개최했다. 시진핑은 개혁을 통한 강군전략을 실시하고, 중국특색의 강군의 길을 확고히 걸어가야 한다고 호소했다. 이로서 인민해방군 역사에서의 전반적인 혁명적 변혁이 시작되었다.

중앙군사위원회의 개혁 관련 회의 개최 이후, 각종 개혁 작업이 신속히 전개되었다. 개혁은 영도지휘체제 개혁에서 중대한 돌파를 취득했고, 군사위원회–작전구역–부대라는 순서의 작전지휘체계와 군사위원회–군별–부대라는 순서의 영도관리체계를 구축했다. (1) 군사위원회 영도관리체제를 개혁했다. 이번 개혁은 원래의 총참모부, 총정치부, 총후근부(총병참보급부), 총장비부 등 4개 본부를 '하나의 청(厅), 세 개의 위원회, 여섯 개의 부' 등 15개 직능부문을 군사위원회 기관으로 개편했다. 새 군사위원회 기관이 편성된 후, 빠른 시일 내에 운행시스템을 완성해 각항의 업무가 질서 있게 전개되었다. (2) 전군 군별 영도관리체제를 완비했다. 2015년 12월 31일 중국인민해방군 육군영도기구, 중국인민해방군 로켓군, 중국인민해방군 전략지원부대 설립대회가 팔일빌딩(八一大楼)에서 열렸다. 시진핑은 육군과 로케트군, 전략지원부대에 군기를 수여하고 훈사를 했다. 육군영도기구는 창설 이후, 육군건설 발전의 새로운 요구에 부응해 "어떤 육군을 건설할 것인가?", "어떻게 육군을 건설할 것인가?"라는 중대한 과제에 초점을 맞춰 각종 규칙과 제도를 연구·제정했다. 전략지원부대는 구성된 이래 군의 합동작전을 제약하는 문제를 중점으로 해서 군사사업기획 연구로부터 시작해, "어떻게 임무를 이해하고, 어떻게 건설·발전하며, 어떻게 더 높은 기점에서 좋은 국면을 열어나갈 것인가?"에 대해 광범위한 조사연구와 좌담회를 조직해, 부대의 직능, 편성과 구조, 영도지휘체제 등 중대한 문제에 대해 지속적인 연구와 논증을 했다. (3) 합동작전지휘체제 개혁을 추진했다. 2016년 2월 1일 중국인민해방군 작전구역 설립대회가 팔일빌딩에서 열렸다. 시진핑은 동부전역, 남부전역, 서부전역, 북부전역, 중부전역에 군기를 수여하고 훈령을 발표했다. 원래의 7대 군사구역이 5대 작전구역으로 조정되었으며, 작전구역 합동작전지휘 기구를 설립했다. 이는 군대의 합동작전체계 구축의 역사적인 진전이었다.

셋째, 과학기술로 군대를 발전시키는 전략을 대대적으로 추진해, 군대건설에서 품질효율 형과 과학기술밀집 형으로의 전환 속도를 빠르게 하였다.

지금의 세계는 새로운 과학기술혁명과 산업혁명이 태동하고 있으며, 세계적으로 새로운 군사혁명이 빠른 속도로 추진되고 있다. 과학기술이 군사영역에서의 광범한 운용은 전쟁형태와 전쟁방식에 심각한 변화를 일으키고 있으므로 갈수록 전쟁승패에 영향을 주는 중요 요인으로 되고 있다. 시진핑은 이러한 형세에 따라가기 위해 세계 군사과학기술 발전의 추세를 따라서 정보화 국지전에서 이길 수 있도록 적응하며, 과학기술 혁신에서 전투력을 얻고, 과학기술로 군을 발전시키는 것을 대대적으로 추진하여 강군사업을 발전시키는 새로운 국면을 개척했다.

무기 장비의 발전에 있어서 외국매체는 "중국 무기 장비 폭발적인 발전"이라는 표현으로 중국 무기 장비의 쾌속 발전에 감탄하는 경우가 많았다. 2013년 이래 중국의 신형 첨단무기는 빈번히 대중의 시야에 들어왔다. 연초 Y-20 대형 수송기의 첫 비행 성공으로부터 젠-20

스텔스 전투기의 여러 차례에 걸친 시험, 그리고 우즈-10(武直-10) 헬기, 052C형 구축함의 대량 취역에서부터 056형 호위함의 대량 건조 등은 중국 무기 장비의 왕성한 발전을 잘 보여주고 있다. 중국의 급속한 경제성장과 종합국력의 향상으로 현재 다수의 신형무기가 군 장비에 도입되는가 하면 빈번히 새로운 무기를 시험하는 양상이 나타나고 있다. 특히 중국 해군은 신형 전함의 밀집 배치로 역량이 크게 강화됐다. 2013년 '랴오닝호' 항공모함은 1년도 채 안 되는 사이에 첫 출항훈련부터 전투력 형성의 비약적 발전을 이루어냈다. 젠-15 함재기의 첫 이착륙으로부터 첫 주함 이륙과 단거리 이륙에 이르기까지 끊임없이 돌파를 가져왔다. 2013년 1월 31일에는 '창춘호(长春号)' 미사일 구축함이 동해함대에 배치됐고, 10월 27일에는 같은 052C형인 '지난호(济南号)' 미사일 구축함이 동해함대 모 군항에서의 사진이 공개됐으며, 12월 26일에는 역시 같은 052C형인 '정저우호(郑州号)' 신형 구축함이 동해함대에 배치됐다. 1년 사이에 신형 전함 3척이 동해함대에 배치되면서 동해함대의 밀집 교체작전이 서막을 열었다. 공개보도된 통계에 따르면, 2013년 신형 전함 17척이 중국해군 각 함대에 배치되면서 전함의 총수가 세계 1위에 올랐다.

물론 공군과 육군 항공병부대 신형 전투기의 연구개발과 배치에 관한 희소식도 많았다. 많은 군사 전문가들은 2013년 1월 26일의 윈-20 대형 군용수송기의 첫 비행 성공을 유인우주선 비행 성공에 견주하고 있다. 이는 중국공군이 전략적 공군 차원을 향해 첫 걸음을 내디뎠음을 의미한다. 그 외에 젠-20·젠-31 전투기의 시험비행도 계속

되고 있다. 12월 23일에는 '즈-20(直-20)'으로 불리는 중국 국산 중형 통용 헬기가 첫 비행에 성공하면서 이 모델의 국내 공백을 메웠다. 즈-10, 즈-19 무장 헬기는 2012년 주하이(珠海) 에어쇼에서 선보인 후, 대규모로 부대에 배치되었다는 공개보도를 많이 보게 되었다. 이 두 유형의 헬기는 중국 무장헬기산업의 화려한 변신이라 할 수 있다. 이 두 기종은 고저 배합으로 중국육군 항공병부대의 수요를 충족시킬 수가 있다. 이밖에도 중국은 또 2013년 말에 억지력이 대단히 큰 두 번의 미사일 시험발사를 완성했다. 이 두 번의 미사일 시험발사는 외계에서 중국의 핵 타격 능력에 대한 큰 관심을 불러일으켰다. 이 두 미사일은 외신들에 의해 중국의 향후 20년간의 전략적 핵 억지력의 중견 역량으로 평가받았다는데 중대한 의미가 있다.

넷째, 법에 따라 군을 다스리는 개혁을 깊이 있게 추진했으며, 국방과 군대건설에서의 법치수준이 끊임없이 높아졌다.

중국공산당 제18차 전국대표대회 이래 중국공산당 중앙위원회와 중앙군사위원회는 시진핑의 강력한 지도하에 국방과 군대의 법치화 과정을 전면적으로 추진했다. 군사 입법·법률집행·사법과 법치에 대한 선전교육과 군 관련 권익 수호를 위한 법률서비스 등 각종 사업에서 뻬어난 점들이 많이 나타났다. 인민군대는 법에 따라 군을 다스리고, 엄하게 군을 다스리는 길에서 힘찬 발걸음을 내디뎠다. 이 같은 군사법치건설에서의 혁신적인 발전은 세계의 이목을 집중시켰다. 2012년 막 중앙군사위원회 주석 직에 취임한 시진핑은 광저우 군사구역에서 조사 연구할 때, 처음으로 국방과 군대건설에서 반드시 '세 가지를 꼭 기억'할 것을 강조했다. 그중 "법에 따라 군을 다스리고 엄하게 군을 다스리는 것은 강군의 기반"이라는 점을 반드시 기억할 것을 강조했다. 그는 법에 따라 군을 다스리고 엄하게 군을 다스리는 것을 '강국의 꿈'과 '강군의 꿈'이라는 시대적 요구라는 차원으로 격상시켜, 군사법치건설이 국방과 군대건설에서의 기초적 지위를 확립했으며 당이 새로운 정세 하에서의 강군의 목표를 실현하는데 기본적으로 준수해야 할 원칙을 제공했다.

　2014년 10월 시진핑의 직접적인 선도 하에 중국공산당 제18기 중앙위원회 제4차 전체회의는 "'의법치국(依法治國)을 전면적으로 추진하는 데에 관한 중국공산당 중앙위원회의 약간의 중대한 문제에 대한 결정"을 통과시켰다. 이 '결정'에서는 법에 따라 군을 다스리고 엄하게 군을 다스리는데 관한 내용을 독립적인 한 부분으로 했으며, "법에 따라 군을 다스리고 엄하게 군을 다스리는 것을 깊이 있게 추진하자"는 전략적 목표를 분명히 제시했다. 같은 해 12월 중앙군사위원회 확대회의에서 시진핑은 법에 따라 군을 다스리고, 엄하게 군을 다스리는데 관한 풍부한 내용을 체계적으로 논술했으며, 처음으로 이를 군을 다스리는 지침 차원에서 군을 다스리는 기본방략의 차원으로 격상시켰다. 2015년 2월 21일 시진핑의 비준을 거쳐 중앙군사위원회는 "새로운 정세 하에서 법에 따라 군을 다스리고 엄하게 군을 다스리는 것을 깊이 있게 추진하는 데에 관한 결정"을 인쇄 발부했다. 이는 중국인민해방군의 역사상 최초로 군사법치건설을 강화하는데 관한 전문적인 결정이었다. 중국공산당 제18차 전국대표대회 이래 중국공산당 중앙위원회·중앙군사위원회와 시진핑의 일련의 정책 결정과 조치와 거듭된 강조로 인해 "법에 따라 군을 다스리는 것은 국방과 군대건설, 개혁에서의 위치와 역할"이 날로 부각되었다. 군사법치건설의 총체적인 포석과 거시적 계획의 윤곽이 드러나면서 국방과 군대의 법치화수준이 끊임없이 높아졌다. 특히 군대의 법률 집행 감독과 규율 집행 문책의 강도가 갈수록 커지고, 군대 내 당풍(党风)·염정(廉政)건설과 반부패투쟁의 '나사'가 점점 더 죄어들었으며, 과거 쉬차이허우(徐才厚)[13]·궈보숑(郭伯雄)[14]등이 군대건설에 미친 부정적인 면을 철저히 변화시켰으며, 그들의 악영향을 깨끗이 제거해 군영은 상하가 청렴해졌고 정기로 차 넘치게 되었다. 2014년 3월 15일 중국공산당 중앙위원회는 당의 규율조례에 따라 쉬차이허우의 규율 위반문제를 조사하기로 결정했다. 심사에 따르면 쉬차이허우는 직무의 편의를 이용해 다른 사람의 승진을 돕고, 직접 혹은 가족을 통해 금품을 수수했다. 또한 직무적인 영향력을 이용해 다른 사람을 위해 이익을 도모했으며, 가족이 타인의 재물을 수수했다. 이는 당의 규율을 엄중하게 위반한 것이며, 뇌물을 받은 범죄혐의가 있을 뿐만 아니라 경위가 심각하고 영향이 아주 나빴다. 2014년 6월 30일 중국공산당 중앙

---

13) 쉬차이허우(徐才厚, 1943년 6월 ~ 2015년 3월 15일) : 중화인민공화국 선양 군구의 정치 장교로 오랫동안 복무했으며, 중국공산당 중앙군사위원회의 부주석을 지낸 중국인민해방군 수뇌부 중 한명이다. 최종 계급은 상장(上將)이었으나, 2014년 7월 30일 뇌물수수와 부정축재 혐의로 공산당 당적에 이어 박탈당했다

14) 궈보숑(郭伯雄, 1942년 7월~) : 중국인민해방군 수뇌부 중의 한 명이었으며, 계급은 상장이었다. 중국공산당 중앙군사위원회 제1부주석이었다. 2015년 4월부터 거액 수뢰 등으로 조사를 받았으며 2016년 7월 무기 징역형이 선고되었다.

위원회는 쉬차이허우의 당적과 군적을 박탈하고 상장 계급을 취소하기로 결정했다. 2015년 3월 15일 쉬차이허우는 방광암 치료가 효과를 보지 못하고 사망했다. 「중화인민공화국 형사소송법」제15조의 규정에 따라 군사검찰원은 쉬차이허우에 대해 불기소 결정을 내렸으며, 수뢰 범죄 혐의로 얻은 소득은 법에 따라 처리하기로 했다. 2015년 4월 9일 중국공산당 중앙위원회는 당의 규율 조례에 따라 궈보슝에 대해 조직적으로 조사를 하기로 결정했다. 심사에 따르면 궈보슝은 직무의 편의를 이용해 다른 사람의 직무 승진 등 이익을 도모했으며, 직접적 혹은 가족을 통해 뇌물을 수수하는 등 당의 규율을 심각하게 위반했으며, 수뢰 범죄의 혐의가 있고 경위가 매우 심각하고 영향이 나빴다. 2015년 7월 30일 중국공산당 중앙위원회 정치국은 중앙군사위원회 규율검사위원회의 "궈보슝에 대한 조직 조사 상황과 처리 의견에 대한 보고"를 심의 통과시켰으며, 궈보슝의 당적을 박탈하고, 엄중한 수뢰 범죄 혐의 및 그 단서를 최고인민검찰원이 수권한 군사검찰 기관에 송치해 법에 따라 처리하기로 했다. 2016년 7월 25일 군사법원은 궈보슝 중앙군사위원회 전임 부주석의 뇌물수수 사건에 대한 1심 판결을 내렸다. 1심 판결은 궈보슝의 수뢰죄를 인정해 무기징역, 종신 정치권리 박탈, 개인의 전 자산 몰수 판결을 내렸으며, 추징한 장전과 장물은 국고에 상납하고 상장 계급을 박탈했다.

종합적으로 중국공산당 제18차 전국대표대회 이래의 군사이론 혁신과 군사실천 창조의 동시 발전의 위대한 역사적 과정은 시진핑의 강군사상이 강군 실천을 이끌어 강군의 실천으로 승화되었는데, 이는 인민군대의 근본적인 승리의 길이며, 현재 중국인민해방군이 강군의 새로운 시대를 개척하는 것을 이끌어나가고 있을 뿐만 아니라 앞으로 계속 이끌어나갈 것임을 보여주었다.

9

국가의 통일을 이루다

국가의 통일을
이루다

　국가의 통일은 중화민족이 위대한 부흥으로 나아가는 역사적 필연이다. 국가의 통일을 소임으로 생각하고 있는 중국공산당은 국가의 통일과 민족의 부흥을 위해 끊임없이 노력을 기울여 왔다. 개혁개방 40년 동안, 마오쩌둥 동지를 핵심으로 하는 제1세대 중앙영도집단의 조국통일에 관한 구상을 이어가는 기초 위에서, 덩샤오핑 동지를 핵심으로 하는 제2세대 중앙영도집단은 '일국양제(一国两制)'로 홍콩·마카오·타이완 문제를 평화적으로 해결할 방침을 제기했다.

　이 방침의 지도하에 홍콩과 마카오는 순조롭게 귀환됐으며, 귀환 후 계속 번영과 안정을 유지하고 있다. 양안관계는 흐렸다 개였다 하지만 여전히 좋은 방향으로 발전하고 있다. 새로운 시대에 진입한 후, 시진핑 동지를 핵심으로 하는 중국공산당 중앙위원회는 국가의 통일을 민족부흥의 한 항목으로 삼고, 일련의 방침 정책을 제정해, 홍콩·마카오의 사회경제문화 발전을 추진했으며, 양안관계의 평화적인 발전을 추진했다.

"국가의 통일을 실현하는 것은 민족의 염원이다"
"죽으면 만사가 허사임을 알건만, 나라의 통일을 못보고 죽는 게 서럽구나. 이 나라 군대가 북쪽으로 중원을 평정하거든 제삿날을 잊지 말고 아비에게 고하거라.(死去元知万事空, 但悲不见九州同. 王师北定中原日, 家祭无 忘告乃翁.)" 남송(南宋)시기의 시인 육유(陆游)의 "아들에게(示儿)"는 널리 알려진 시로서 읽을 때마다 공명을 일으킨다. 금(金)나라와 싸워 빼앗긴 강토를 되찾는 것이 평생의 포부였지만, 육유는 누차 실권파들의 배척과 억압을 받았다. 나중에 중병에 걸려 생명이 위급한 상황에서도 그는 여전히 북쪽을 바라보며 국가의 대사를 잊지 못해 했다. 산천이 부서지고 백성이 도탄에 빠졌고, 육유는 이미 '구주(중국) 통일'의 그 날을 기다릴 수가 없게 되었다. 다만 언젠가는 아들이 국토 수복의 기쁜 소식을 구천에 있는 자신에게 알려주기를 바라는 마음뿐이었다. 이 같은 슬픔과 유감의 배후에는 국가통일의 염원이 있었다. 이러한 염원은 고대로부터 지금까지 쭉 이어져 오며 화하(华夏) 자손들이 외래 침략세력에 맞서 싸우는 정신적 원동력이 되어 왔다. 오늘날 세계에서 영토가 큰 몇몇 나라들 중 중국은 유일하게 오랜 통일의 역사와 안정된 강역을 가진 나라이다. 통일된 국가·문자·문화·기년(紀年, 일정한 기원으로부터 계산한 햇수-역자 주) 및 통일 이념 그 자체가 이미 중화민족 정신에 각인되어, "요임금을 위해 존재하는 것이 아니고, 걸임금을 위해 망하는 것이 아닌(不为尧存,不为桀亡)" 중국 역사의 대세를 만드는 강력한 힘이 되었다. 역사적 사실로부터 볼 때, 중국 수천 년 간의 통일과 분열의 이중변주 가운데서 통일은 항상 인심을 고무시키는 강력한 주선율이었다. 기원전 221년 진시황이 중국을 통일한 이래, 중국 2,000여 년의 역사에서 비록 왕조가 바뀌기는 했지만, 통일된 시간은 분열된 시간보다 훨씬 더 길었다. 중국의 통일과 분열의 역사적 흐름으로 볼 때, 큰 분열은 시간이 갈수록 짧아진 반면, 통일된 시간은 갈수록 길어지고, 통일의 규모도 갈수록 커졌으며, 통일의 정도도 갈수록 높아졌다. 청(淸)나라 때에 이르러서는 중화민족의 대규모 대 통일을 이루면서, 오늘날 중국 통일의 기본적 판도를 다지게 되었다.

청나라 말년에 국운이 쇠약해진 청 정부는 서방 열강의 견고한 함선과 성능이 우수한 대포에 저항할 방법이 없었다. 패전한 결과 청 정부는 서방 열강들과 각종 불평등조약을 체결할 수밖에 없었다. 홍콩과 마카오 문제는 바로 역사상 식민주의 침략이 남겨놓은 결과였다. 1840-1842년 중영 간에는 아편전쟁이 일어났다. 전쟁 결과 청 정부는 어쩔 수 없이 영국과 '난징조약(南京条约)'을 체결했다. 이 조약에는 "홍콩의 한 섬을 대영군주 및 그 후세 세습주에게 주어 멀리 거주하면서 관리하고, 편한대로 법을 세워 다스리도록 한다."고 규정했다. 제2차 아편전쟁에서 실패한 후, 청나라정부는 1860년 10월 하는 수 없이 또 영국과 굴욕적인 '베이징조약(北京条约)'을 체결해야만 했다. 이 조약에서는 홍콩섬 건너편의 주룽반도(九龙半岛) 남단의 침사추이(尖沙嘴), 즉 지금의 제센가(界限街) 이남의 주룽을 영국에 할양해야 했다. 그 후 갑오중일전쟁(청일전쟁)에서 중국은 일본에 패하면서 청 정부의 부패 무능함을 한층 더 드러냈다. 그러자 제국주의 열강들은 중국 분할의 광풍을 일으켰다. 이 광풍 속에서 영국은 중국의 웨이하이웨이(威海卫)를 강제로 임대하고, 홍콩의 경계지를 넓혀달라고 요구했다. 1898년 6월 9일 청 정부의 대표 이홍장(李鸿章)과 중국 주재 영국공사인 Colonel Sir Claude Maxwell MacDonald는 베이징에서 '홍콩 경계지 확장 특별 조항'에 서명하고, 사터우자오(沙头角)로부터 선전만(深圳湾)사이의 최단거리인 직선 이남, 제센제(界限街) 이북의 주룽반도 전부(즉 신제)를 강제로 임대했다. 여기에는 부근의 200여 개 섬이 포함되었다. 임대 기간은 99년간으로 1997년 6월 30일이 만기였다. 마카오 문제의 유래도 홍콩과 비슷한 불평등조약으로 인한 악과였다. 1557년 포르투갈 인들은 광동 지방 관리에게 뇌물을 준 후 마카오에서의 생산·무역과 거주권을 얻었다. 근대 이후 청정부의 부패 타락을 본 포르투갈도 이 틈을 타 마카오를 손에 넣었다. 1887년 3월 포르투갈은 청 정부를 압박하여 "중국–포르투갈 회의 초안"을 체결하고, "포르투갈은 마카오 및 그 부속지역에 영구 거주하고 관리하며, 이는 포르투갈이 다른 지역을 관리하는 것과 다름이 없다."고 확인했다. 이 초안은 12월에 정식 사인했다. 이로부터 포르투갈 정부는 마카오에 대한 영구적인 통치권을 획득했다.

타이완문제는 중국 내전이 남긴 문제였지만, 홍콩·마카오 문제와 마찬가지로 근대중국의 국력 약화에 의한 산물이었다. 1895년 갑오중일전쟁의 가장 직접적인 후과는 청 정부가 일본과 "마관조약(马关条约, 시모노세키조약)"을 체결하고 타이완과 펑후(澎湖)열도를 일본에 할양한 것이다. 1943년 세계 반파시스트전쟁 승리의 서광이 처음 나타났을 무렵, 중·미·영 3국은 카이로회의 후 저명한 "카이로선언"을 발표했다. 이 '선언'은 일본이 훔쳐간 중국 영토, 예를 들면, 동북 4성

과 타이완·펑후열도 등을 중국에 귀속시켜야 한다고 규정했다. 1949
년 중화인민공화국 건국 후, 타이완 해방을 위해 많은 준비 작업을
했으나, 얼마 후 미국이 한국전쟁을 발동해 제7함대를 타이완해협에
파견함으로써 인민해방군이 타이완을 해방시키는 것을 저지했다. 타
이완을 해방시키는 계획은 하는 수 없이 보류되었다. 1954년 12월 2
일 미국과 장제스(蔣介石) 집단은 "공동방어조약"을 체결하고, 타이완
과 펑후열도를 미국의 '보호' 범위에 넣음으로써 중국의 통일을 저지
했고, 그로 인해 타이완 해협을 사이에 둔 대륙과 타이완의 양안관
계는 장기간 단절 상태가 될 수밖에 없는 환경을 조성했다. 1978년 1
월 1일 미국은 수교 3원칙(미국과 중국 타이완 당국의 "외교관계 단
절", "공동방어조약" 폐지 및 중국 타이완으로부터 철군)을 인정한 기
초 하에서 중국과 정식으로 외교관계를 맺었다. 중미 수교 후, 미국
은 타이완문제에서 여전히 양면정책을 실시했다. 즉 한편으로 "하나
의 중국"이라는 정책을 지키며 타이완과는 비공식적인 관계를 유지
할 뿐이라고 표시하였고, 다른 한편으로는 중국의 타이완문제 해결
을 계속 저지했다. 일례로 중미 수교 후 3개월도 안 되어, 미국 국회
는 이른바 "타이완과의 관계법"을 통과시켜, 타이완을 계속 미국의
'보호' 범위 안에 두기로 했던 것이다.

　홍콩·마카오가 조국의 품에서 벗어났고, 타이완이 대륙과 해협을
사이에 두고 마주보게 됐지만, 홍콩·마카오와 타이완 인민의 조국통
일의 염원은 시종 매우 강렬했고 변함이 없었다. 원이둬(聞一多) 선생
이 1925년 창작한 「일곱 아이의 노래(七子之歌)」는 홍콩·마카오와 타이

완 인민들이 조국에 대한 그리움과 찬미의 감정을 남김없이 드러내고 있다. "그들이 빼앗아 간 것은 내 육체였고, 당신은 여전히 내 마음 속의 영혼을 간직하고 있습니다', '어머니! 저는 돌아오겠습니다, 어머니!" 어머니 조국의 품으로 돌아오겠다는 외침은 홍콩·마카오와 타이완 인민들의 마음을 보여준 것이었다. 만년에 타이완에 거주한 국민당 원로 위여우런(于右任)은 신변에 일가족이 한 사람도 없었으므로 고국으로 돌아갈 수 있기를 간절히 바랐으나 결국 소원을 이루지 못했다. 이에 그는 슬프고 분한 마음으로 「고향을 바라보며」라는 시를 썼다. "나를 높은 산 위에 매장해 다오, 고향을 바라볼 수 있도록. 고향이 보이지는 않지만, 영원히 잊을 수가 없구나. 나를 높은 산 위에다 묻어다오, 대륙을 바라볼 수 있게. 대륙이 보이지를 않으니 목 놓아 우는 수밖에 없네. 하늘은 푸르디푸르고, 들판은 아득하기만 한데, 산 위에는 나라를 위해 죽은 자가 있다네!(葬我于高山之上兮, 望我故乡；故乡不可见兮, 永不能忘. 葬我于高山之上兮, 望我大陆；大陆不可见兮, 只有痛哭. 天苍苍, 野茫茫, 山之上, 国有殇！)' 이 시는 진실하고도 애절하다. 고령의 노인이 고국과 고향에 대한 그리움과 슬픔의 감정은 모든 염황 자손의 마음속 깊숙한 곳의 아픔을 자아냈던 것이다.

덩샤오핑이 "우리의 조상은 염제와 황제이다. 염황의 자손은 모두 조국통일을 희망한다, 분열된 상황은 민족의 의지에 위배된다."고 말한 것처럼, 국가의 통일은 줄곧 중화민족의 변함없는 염원이었다.! 중국의 여러 민족 인민의 이익을 대변하는 중국공산당도 이러한 강렬한 애국적인 자각과 감정을 가지고 있다. 1948년 마오쩌둥은 반드시

"중화민족의 처지를 변환시켜야 한다.", "중국인민의 대 해방을 가져와야 한다."고 호기롭게 선언했다. 덩샤오핑도 "국가의 통일을 실현하는 것은 민족의 염원이다. 백년에 통일이 안 되면, 천년에라도 통일을 가져와야 한다"고 말했다. 이는 해내외 모든 염황 자손의 간절한 기대일 뿐만 아니라, 나아가서는 공산당이 실천에 옮길 것을 천하에 선포한 맹세이기도 한 것이다.

"한 나라의 큰 틀 속에서 두 가지 제도의 차이점을 보류하다"

중국공산당은 전국에 대한 집권을 앞두고 이미 국가통일을 수호하는 것을 일정에 넣었었다. 1949년 2월 마오쩌둥은 비밀리에 내방한 미꼬얀[15]에게 중국의 형세에 대해 "섬의 일은 비교적 복잡하므로 또 다른 유연한 방식으로 해결하거나 혹은 평화적인 방식이 필요합니다. 이는 비교적 많은 시간이 필요합니다. 이런 상황에서 홍콩·마카오문제의 해결을 서두르는 것은 의미가 없습니다. 오히려 이 두 곳의 기존의 위치를 이용하는 것, 특히 홍콩을 이용하는 것이 우리가 해외관계와 수출입무역을 발전시키는데 더욱 유리합니다. 총체적으로 상황이 어떻게 돌아가는지를 두고 봐야 하는 겁니다."라고 말했다. 이는 중국공산당이 상황에 따라 정책을 조정하겠다는 전통을 설파했던 것이다. 중국공산당의 하나의 중국 원칙을 고수하지만, 구체적인 방침 정책은 "상황의 추이를 보면서 최종 결정"하는 것으로, 원칙성과

---

15) 미꼬얀(Anastas Ivanovich Mikoyan) : 소비에트의 정치가로 스탈린의 측근이었으나 흐루쇼프를 도와 스탈린 비판을 추진했던 부수상.

유연성의 통일을 이루고 있었던 것이다.

새 중국 건국초기 중국공산당 중앙위원회는 무력으로 타이완을 해방하기로 결정했었다. 1950년 한국전쟁이 발발 후 미군이 타이완에 진주하면서 중국의 타이완문제는 복잡해졌다. 그리하여 1950년대 중반부터 중국공산당은 타이완에 대한 정책을 무력을 통한 해방으로부터 평화적 수단에 의한 해방으로 변경했다. 1956년 1월 25일 마오쩌동은 제6차 최고 국무회의에서 "무릇 단결할 수 있는 사람, 우리의 줄에 서려는 사람은 과거 그가 무엇을 했든 관계없이 모두 단결해야 한다. 예컨대 타이완에는 아직 애국주의 입장을 가지고 있는 사람들이 적지 않다. 그들이 오고자 한다면, 개별적이든, 부분적이든, 아니면 집단이든 우리는 그들이 공동의 목표를 위해 분투하려는 것을 환영해야 한다."고 했다. 1963년 저우언라이(周恩来)는 장쯔종(张治中), 푸쭤이(傅作义) 등을 청해 천청(陈诚)에게 편지를 보냈다. 편지에는 마오쩌동이 제기하고 저우언라이가 총괄한 중국공산당이 타이완문제를 평화적으로 해결하기 위한 구체적 방안인 '1강4목(一纲四目)'에 대해 언급하고 있었다. 그중 '1강(一纲)'은 "타이완이 조국의 품으로 돌아오기만 하면 기타 모든 문제는 타이완 지도자들의 의견을 존중해 적절히 처리하겠다."는 내용이었다. '4목(四目)'에는 "타이완이 조국의 품속으로 돌아오면 외교권을 반드시 중앙에서 통일적으로 관장하는 외에, 모든 군정대권과 인사권은 타이완 지도자에게 일임한다. 모든 군정 및 건설비용은 부족한 부분을 모두 중앙에서 지불한다. 타이완의 사회개혁은 천천히 진행한다. 반드시 조건이 성숙되기를 기다려, 타이완 지도자의 의견을 존중해 협상결정 후 진행한다. 양측은 사람을 파견해 상대방의 단결을 깨뜨리는 일을 하지 않기로 상호 약속한다." 등이 들어있었다. 여기에서 어떠한 어휘를 사용했느냐 하는 문제는 차치하고, 우리는 조국통일에 대한 제1세대 중앙지도부의 간절한 희망을 엿볼 수가 있다. 나라가 통일만 된다면 모든 문제는 다 상의할 수 있다는 것이었다.

타이완을 평화적으로 해방시키고 조국통일을 실현하는 것은 중국 공산당 제1세대 지도부의 기본적인 발상이었다. 덩샤오핑 동지를 핵심으로 하는 제2세대 지도부는 이러한 발상을 이어나가면서 "한 나라 두 가지 제도(一国两制)"의 구상을 내놓았던 것이다. 1978년 11월 덩샤오핑은 미국 기자와 만난 자리에서 타이완 문제에 대해 두 가지 제도를 시행할 수 있는데, 타이완을 지방정부로 만들고 현행의 자본주의제도를 유지할 수 있다는 생각을 밝혔다. 1981년 9월 30일 예젠잉(叶劍英) 전국인민대표대회 상무위원장은 타이완의 조국 회귀와 평화적 통일에 관한 9가지 방침 정책을 발표했다. 여기에는 국민당과 공산당 양당의 대등한 협상, '3통(우편이 통하는 것과 통상, 통항)' 등 외에 제3조와 제4조에서는 타이완의 기존의 자본주의제도를 유지할 수 있다고 밝혔는데, 이를 두고 역사적으로는 '예9조(叶九条)'라고 했다. 1982년 1월 11일 미국 중국인협회 리야오쯔(李耀滋) 회장을 만난 덩샤오핑은 '예9조'에 대해 말하면서, '예9조'의 실질은 "한 나라 두 가지 제도이다. 두 가지 제도가 허용될 수 있다"고 요약했다. 1983년 6월 덩샤오핑은 베이징에서 미국 대학의 양리위(杨力宇) 교수와 만나 대륙과 타이완의 통일에 대한 여섯 가지 구상을 자세히 이야기했다. 즉 타이완의 지방정부와 대내 정책은 자기 식대로 할 수 있고, 사법을 독자적으로 행할 수 있으며, 베이징을 거치지 않고 종심권(終審权)을 행사할 수 있다. 군대가 독립적이고, 대륙은 타이완에 군정 인원을 파견하지 않는다. 타이완의 당·정부·군대 계통은 타이완 자체로 관리한다. 중앙정부에는 타이완의 정원을 남긴다. 이것이 바로 국내외에 널리 알려진 '덩6조(邓六条)'이다. 1984년 제6기 전국인민대표대회 제2차 회의의 '정부업무보고'에서 정식으로 '일국양제(한 나라 두 가지 제도)'의 구상 및 관련 정책을 제기해, 대회에서 통과된 후 법률적 효력을 가진 기본국책으로 되었다. 이해 10월 15일 주간지 『랴오왕(瞭望)』은 "한 나라 두 가지 제도"라는 제목의 덩샤오핑의 글을 발표해, "평화적 통일, 한 나라 두 가지 제도"라는 과학적 구상과 기본 국책을 더욱 체계화하고 이론화했다. 이 기간 덩샤오핑은 여러 공개석상에서 조국을 평화적으로 통일하자는 구상을 전달했다. 이 영향으로 해협 양안은 서로 적대시하던 긴장된 분위기가 점차 완화됐다. 1988년 음력설부터 샤먼(廈门)과 진먼(金门)은 동시에 폭죽을 터뜨리며 새해를 축하했다. 오색찬란한 불꽃놀이는 해협 양안에 평화로운 분위기를 가져다주었다.

타이완문제를 어떻게 해결할 것인가를 모색하는 동시에 홍콩문제도 일정에 올랐다. 1970년대 말 영국 당국은 홍콩 신계(新界)의 임대차 만기일(1997년 6월 30일)을 앞두고 홍콩문제에 대한 중국정부의 입장과 태도를 타진해왔다. 1979년 봄 덩샤오핑은 베이징에 내방한 맥리호스 홍콩총독을 만나 중국은 1997년 홍콩을 회수할 것이며, 동시에 중국정부는 홍콩을 특별행정구역으로 간주할 것이라고 밝혔다. 또한 20세기와 21세기의 상당 기간 "홍콩은 홍콩대로 자본주의를 실시하고, 우리는 우리대로 사회주의 실시할 것"이라고 했다.

1982년 가을 대처 영국총리가 중국을 방문했다. 당시 영국은 아르헨티나와의 마르비나스제도 전쟁에서 막 이기며 기세를 올리던 참이었다. '철의 여인' 마거릿 대처는 승리의 기쁨에 젖어 있었고, 베이징을 방문해 총성 없는 이 전쟁에서 이길 수도 있을 것이라고 환상하고 있었다. 9월 24일 덩샤오핑과 대처는 베이징의 인민대회당에서 정식 회담을 했다. 영국 측은 홍콩문제에 있어서 "절대 타협하지 않겠다."는 입장을 미리 공개했고, 덩샤오핑은 "강경하게 맞서겠다."고 결정했다. 덩샤오핑은 회담에 앞서 측근들에게 "홍콩은 마르비나스가 아니며, 중국도 아르헨티나가 아니다"고 말했다. 회담이 시작되자 덩샤오핑은 단도직입적으로 중국의 세 가지 기본입장을 밝혔다. 첫째는 주권문제였다. 덩샤오핑은 1997년 중국은 반드시 홍콩을 회수할 것이라고 했다. 신계(新界)를 회수할 뿐만 아니라, 홍콩과 주룽(九龙)도 되찾겠다고 했다. "중국은 이 문제에서 변통의 여지가 없습니다.… 회수하지 않으면 중국정부는 만청(晩淸)정부나 다름이 없고, 중국의 지도자는 이홍장(李鴻章)이나 다름없습니다!… 인민은 우리를 신임할 이유가 없게 되며, 어느 중국정부든 모두 하야해 스스로 정치무대에서 물러나야 합니다. 선택의 여지가 없습니다." 둘째는 1997년 이후 중국은 "어떤 방식으로 홍콩을 관리하고, 홍콩의 번영을 계속 유지할 것인가?"였다. 이에 대해 덩샤오핑은 "우리가 홍콩을 되찾은 후에 시행할 정책은 양국이 모두 받아들일 수 있는 정책을 마련할 수 있다고 믿는다"고 자신감을 피력했다. 셋째는 중국과 영국 양국 정부가 홍콩이 지금부터 1997년까지 15년 동안 큰 파동을 겪지 않도록 하는 방법을 잘 논의하겠다는 것이었다. 이는 덩샤오핑이 가장 우려했던 문제였다. 그는 회담에서 "앞으로 15년간의 과도기를 어떻게 잘 넘기느냐가 걱정됩니다. 이 시기에 큰 혼란이 일어날까 걱정된다는 말입니다. 이 혼란은 인위적일 수도 있습니다. 여기에는 외국 사람도 있겠지만 중국 사람도 있을 것입니다. 하지만 주로는 영국인일 것입니다. 혼란을 일으키기는 매우 쉬울 것입니다"라고 숨김없이 말했다. 덩샤오핑은 또 대처 총리에게 "우리가 원치 않는 문제이지만, 만약 이 15년 사이에 큰 파동이 생기면 어떻게 할 것입니까? 그렇게 되면 중국정부는 회수시간과 방법에 대해 달리 고려하게 될 것입니다."라고 했다. 이는 덩샤오핑이 처음으로 홍콩에서 '의외'의 문제가 나타났을 때의 처리 방법을 제기했던 것이다. 즉 홍콩이 불안정해지만 절대 약한 모습을 보이지 않고 단호히 교란자들의 환상을 꺾어버릴 것이라는 것이었다. 협상에서 중국정부는 조리 있고 절도가 있었을 뿐만 아니라, 강력한 의지를 나타냈다. 그러자 영국정부는 부득이 받아들이지 않을 수가 없었다. 그리하여 마침내 양측은 공동성명을 발표하게 되었다. 원래는 주권문제에서 중국이 양보할 것으로 생각했는데, 결국은 허사가 되고 말았던 것이다. 회담이 끝난 후 대처 총리는 멍한 표정으로 인민대회당을 나서다가 마지막 계단에서 부주의로 넘어지기까지 했다.

이에 홍콩 언론들은 "한 번 발을 잘못 내디디면 천추의 한이 된다."
는 기사를 발표했고, 외신들에서도 "철의 여인이 강철 사나이를 만났
다."는 등의 농담이 나왔다.

덩샤오핑과 대처 총리의 회담은 홍콩문제 해결에 관한 중영 양국
정부의 외교적 협상의 장이 되었다. 2년 동안의 길고도 어려운 협상
이 지속되었다. 중국과 영국 양측의 끊임없는 노력과 협상을 거쳐,
1984년 12월 19일 홍콩문제에 관한 중영 양측의 공동성명에 대한 공
식 조인식을 갖게 되었다. 이어 중국정부와 포르투갈정부도 역시 "한
나라 두 가지 제도"의 방침에 따라 회담을 열었고, 1987년 "중국·포
르투갈 공동성명" 대해 조인했다. 중영, 중포의 공동성명이 있은 후,
전국인민대표대회는 각각 4~5년의 시간을 들여 홍콩·마카오 두 특
별행정구의 '기본법'을 제정해, 두 공동성명을 법률화·구체화해 미래
두 특별행정구의 제도와 정책을 규정함으로써, "한 나라 두 가지 제
도"가 각각 1997년과 1999년에 정식으로 홍콩과 마카오에서 실시될
수 있도록 담보했다.

타이완문제로부터 홍콩·마카오문제에 이르기까지 덩샤오핑 동지를
핵심으로 하는 제2세대 중앙지도부는 제1세대 중앙지도부의 구상과
경험을 계승·발전시켜, 조국통일이라는 이 중화민족의 근본적인 이
익과 관련된 문제에서 시종 어떠한 타협과 양보도 하지 않았으며, 조
국통일과 안전을 수호하려는 중국공산당의 강력한 의지를 세계에 과
시하고, 국제역량이 중국의 내정에 개입하려는 환상을 깨뜨렸다. 하
나의 중국이라는 원칙을 견지하는 동시에 중국 공산주의자들은 구체

적 정책문제에 있어서는 유연하고 실무적이었으며, 전반적인 국면에 착안해 호혜상생의 원칙을 내놓았으며, 홍콩·마카오와 타이완에서 자본주의제도를 유지한다는 위대한 구상을 내놓았다. "한 나라 두 가지 제도"는 중국 공산주의자들의 일관된 애국주의 감정과 민족부흥의 위대한 염원을 보여준 것이었으며, 덩샤오핑을 대표로 하는 중국 공산주의자들의 위대한 정치적 지혜와 "천재적인 창조력"을 보여준 것이었다.

"식민주의는 내보내고 자본주의는 보류한다"

"일국양제의 설계사인 덩샤오핑은 "나는 1997년까지 살아서 홍콩이 중국에 귀속된 후 홍콩의 우리 땅에 가서 둘러보고 싶다"고 말했다. 그러나 그는 1997년 2월 19일 93세를 일기로 세상을 떠났다. 결국 덩샤오핑은 홍콩이 반환되어 홍콩 땅을 밟는 그 날을 기다리지 못하고 떠났다. 그로부터 5개월 후인 1997년 7월 1일 0시 0분 0초 중국 홍콩 땅 위에 150년 동안 걸려 있던 영국 국기가 내려지고 붉은 오성기가 서서히 게양되었다. 0시 4분, 장쩌민(江澤民) 중화인민공화국 주석은 "중국은 홍콩의 주권을 회복했다. 중화인민공화국 홍콩특별행정구가 정식으로 설립되었다. 이는 중화민족의 대사이자, 세계평화와 정의사업의 승리이기도 하다."고 장엄하게 선포했다. 인계인수식이 끝난 후에는 중화인민공화국 홍콩특별행정구 설립 및 특별행정구 정부 선서취임식이 있었다. 이날 오전 10시에 열린 홍콩특별행정구 설립 경축의식에는 덩샤오핑의 부인 줘린(卓琳) 등 일가족 4명이 참석해 감동적인 장면이 펼쳐졌다. 홍콩의 초대 행정장관이었던 동젠화(董建華)가 쥐린의 도착을 알리자 장내에는 긴 박수가 울려 퍼졌다. 쥐린은 자리에서 일어나 허리 굽혀 경례했고 박수소리는 오래도록 그치지 않았다. 이 박수소리에는 "일국양제의 설계사인 덩샤오핑에 대한 깊은 감격과 추모의 마음이 담겨 있었던 것이다.

  2년여가 지난 1999년 12월 19일 자정부터 20일 새벽까지 중국과 포르투갈 두 나라 정부는 마카오정권의 이양 식을 개최했다. 포르투갈 국기와 마카오 시청기(市政厅旗)가 내려지고 중화인민공화국 국기와 중화인민공화국 마카오 특별행정구 구기(区旗)가 게양됐다. 장쩌민 중화인민공화국 주석은 "중국정부는 마카오 주권을 회복했다. 역사는 세계의 이목이 집중된 이 중요한 시각을 영원히 기억할 것이다. 이 순간부터 마카오의 발전은 새로운 시대에 접어들었다"고 말했다. 홍콩·마카오의 성공적인 귀환에 전 세계 중국인들은 흥분에 빠졌으나 바로 이런 기쁜 분위기 속에 불협화음이 나타났다. 서방의 일부 언론들은 홍콩과·마카오가 쇠락할 것이라 했으며, 미국의 유명한『포춘』잡지는 홍콩 귀환 전에 벌써 "홍콩의 죽음"이라는 제목으로 표지를 장식하며, "귀환 후 홍콩은 더 이상 번영하지 못할 것"이라고 예언했다. 확실히, 홍콩·마카오는 귀환 후 과거 식민통치가 남겨놓은 여러 가지 문제들과 아시아 금융위기가 가져온 심각한 영향에 직면해 있었다. 홍콩과·마카오의 번영과 안정이 계속 유지될 수 있을까? 홍콩·마카오 문제는 해결되었다 하지만, 타이완 문제는 또 어떻게 해결할 것인가? 이러한 문제들이 중국정부 앞에 놓이게 되었다. 전반적으로

"일국양제"의 방침이 제기된 후 20여 년 동안, 중국공산당은 이 방침을 일관되게 견지해 오면서 조국통일의 대업을 추진해 오고 있다.

홍콩과 마카오가 반환된 후, 중국공산당은 "일국양제"의 방침을 더욱 전면적으로 실시했다. (1) "일국양제"를 계속 홍콩·마카오 사무를 처리하는 기본방침으로 하였다. 홍콩·마카오는 시종 조국의 일부분이며, 내지는 그들에게 강력한 힘을 실어주었다. 동시에 중국의 국가주체는 사회주의 제도를 실시하고, 홍콩·마카오는 계속 원래의 자본주의 제도를 실시하며, 생활방식이 변하지 않았다. 홍콩인이 홍콩을 다스리고, 마카오인이 마카오를 다스리는 것을 견지했다. (2) 법에 따라 홍콩을 다스리고, 법에 따라 마카오를 다스리며, 특별행정구의 기본법에 따라 일을 처리함으로써, 홍콩·마카오의 장기적인 번영, 안정과 발전을 위해 중요한 보장을 제공했다. (3) 경제발전과 민생개선을 위해 역량을 집중하는 것을 견지했다. (4) 사회화합과 안정을 유지하고, 홍콩·마카오의 장기적인 번영, 안정과 발전을 위해 유리한 사회환경을 조성했다. 이러한 기본방침의 보증과 선도 하에 식민주의와 결별하고 자본주의를 유지한 홍콩·마카오는 금융위기의 부정적인 영향을 이겨내고 경제의 안정적인 발전을 유지했다. 법치수준이 안정적으로 향상되었다. 광범위한 홍콩·마카오 동포들은 주인이 되어 법에 따라 광범위한 자유와 민주적 권리를 향유했다. 홍콩·마카오 주민들의 생활이 지속적으로 개선되었고, 사회 전반이 조화롭고 안정되었으며, 각종 사업이 전면적으로 진보하였으며, 대외교류가 확대되어 각 방면의 사업이 뚜렷하게 추진되고 향상되었다. 이러한 성과들은 "홍콩이 쇠락할 것"이라는 논조가 스스로 파탄되게 했으며 "일국양제"는 역사가 남긴 홍콩·마카오 문제를 해결하는 최선의 방안임을 입증했다. 이에 반해 타이완문제는 비교적 까다로웠다. 리덩훼이(李登輝), 천수이뻰(陈水扁)이 집권한 후, 분열활동이 더욱 심화되고, 점차 하나의 중국 원칙이 파기되기 시작했다. 이러한 분열행위에 대응해, 1995년 1월 장쩌민은 "조국 통일대업의 완성을 위해 계속 분투하자"는 중요 담화를 발표해, 조국의 평화적 통일을 추진하는 몇 가지 중대한 문제에 대한 8가지 주된 주장과 견해를 제시했다. "하나의 중국 원칙을 견지하는 것은 평화적 통일을 실현하는 하나의 기초이자 전제이다. 타이완이 외국과 민간적인 경제·문화관계를 발전시키는 것에 대해 우리는 이의를 제기하지 않는다. 해협 양안의 평화적 통일에 대해 협상하는 것은 우리의 지론이다. 평화적 통일을 실현하기 위해 노력하고, 중국 사람끼리 싸우지 않는다. 양안의 경제교류와 협력을 크게 발전시킨다. 양안 동포는 공동으로 중화문화의 우수한 전통을 계승하고 발양시켜 나가야 한다. 타이완 동포의 생활방식과 주인으로서의 염원을 충분히 존중하며, 타이완 동포의 모든 정당한 권익을 보호한다. 우리는 타이완 당국의 지도자들이 적당한 신분으로 대륙을 방문하는 것을 환영하며, 우리도 타이완 측의 요청을 받아들여 타이완으로 갈 수 있다." 이것이 바로 이름난 '장8조(江八条)'이다. 후진타오(胡锦涛) 동지를 총서기로 하는 중국공산당 중앙위원회도 여전히 타이완 문제에 큰 관심을 기울였다. 후진타오는 타이완문제 해결을 위해 다양한 아이디어를 제공했다. 2008년 12월 31일 "타이완 동포들에게 알리는 글" 발표 30주년 기념 좌담회에서 그는 양안관계의 평화적 발전의 기틀을 구축하는 "여섯 가지 의견"을 제기했다. (1) 하나의 중국이라는 원칙을 엄격히 지키고, 정치적 상호 신뢰를 증진한다. (2) 경제협력을 추진하고 공동발전을 촉진한다. (3) 중화문화를 선양하고 정신적 유대를 강화한다. (4) 인적 교류를 강화하고 각계의 교류를 확대한다. (5) 국가의 주권을 수호하고, 대외 사무는 협상한다. (6) 적대 상태를 결속 짓고 평화적 협의를 이룬다. 이 "여섯 가지 의견"은 발표 직후 타이완 당국의 호의적인 반응을 얻었다. 왕위치(王郁琦) 타이완 당국 대변인은 기고문에서 후진타오의 발언은 30년 이래 대륙의 타이완정책의 변천과 양안관계의 발전을 촉진하려는 발상을 체현했다고 밝혔다.

"일국양제"를 견지하고 조국통일을 추진하다

중국공산당 제18차 전국대표대회 이래, 시진핑 동지를 핵심으로 하는 중국공산당 중앙위원회는 새로운 시대 어떻게 "일국양제의 방침을 계속 실행할 것인가?"에 대해 많은 창조적인 관점과 새로운 논단을 제시하였으며, 조국 통일의 대업을 가속화하는 새로운 전략적 사상을 제시했다. 시진핑 주석이 말한 것처럼 "중화민족의 위대한 부흥을 실현하는 것은 근대 이래 중화민족의 가장 위대한 꿈이다", 하지만 "중화민족의 위대한 부흥이라는 중국의 꿈을 실현하려면 홍콩·마카오와 조국 대륙의 장점을 상호 보완하고 공동발전하며, 홍콩·마카오 동포와 대륙 인민이 서로 도우며 공동으로 추진해야 한다". 그러므로 홍콩·마카오가 "일국양제"를 더욱 잘 실천하는 것 자체가 바로 조국통일을 추진하고, 중화민족의 위대한 부흥을 실현하는 과제인 것이다. 시진핑 주석은 마카오 귀환 15주년 때 "'탁자 위에서 큰 연극을 공연하려면 벌려 놓을 자리가 모자란다(桌子上唱大戏, 摆布不开)'는 속어가 있다. 하지만 마카오의 조국 귀환 15주년의 실천이 증명하다시피 방향이 정확하고 정책이 좋고 유연하며 단결된다면 탁자 위에서도 큰 연극을 공연할 수 있다"고 비유했다. 귀환된 후의 마카오가 그러하고 홍콩이 그러했다. 중국공산당 제18차 전국대표대회 이후, 시진핑 동지를 핵심으로 하는 중국공산당 중앙위원회는 "일국양제"의 근본적인 길을 견지하고, 홍콩과 마카오의 발전에 부합되는 많은 '정책'들을 제정했다. 홍콩과 마카오는 적절한 시기에 정책을 조정하고, 홍콩·마카오 동포와 대륙 인민들이 합심해 공동 추진하는 새로운 역사적 단계에 들어섰다. 중국공산당 제18차 전국대표대회 이래, 시진핑 동지를 핵심으로 하는 중국공산당 중앙위원회는 "일국양제" 방침의 정착을 계속 추진했으며, "일국양제"가 실천 속에서 성질이 변하지 않고, "홍콩 사람들이 홍콩을 다스리고", "마카오 사람들이 마카오를 다스리는 것"을 견지했으며, 중앙은 홍콩과 마카오에 고도의 자치권을 부여했다. 그러나 근년에 홍콩사회 일각에서는 이른바 홍콩의 "고유 권력", "자주 권력", 심지어 "본토 자결"과 "홍콩 독립"을 선동하며 홍콩에 대한 중앙의 통치권을 부인·왜곡하고 "고도의 자치"로 중앙권력에 맞서고 있다. 이러한 잡음에 마주해서 시진핑 등 중앙위원회 지도자들은 여러 자리에서 중국은 단일제 국가이고, 중앙이 홍콩과 마카오 특별행정구를 포함한 모든 지방의 행정구역에서 전면적인 통치권이 있으며, 어떠한 경우도 "고도의 자치"로 중앙의 권력에 대항해서는 안 된다는 입장을 밝혔다. 이는 사실 중앙정부가 "홍콩 독립"이라는 논조에 대해 검을 빼어든 거나 다름없으며, 실제 행동으로도 이어지고 있다. 예를 들면, 2016년 11월 7일 오전 제12기 전국인민대표대회 상무위원회 제24차 회의는 만장일치로 "홍콩 특별행정구 기본법 제104조에 대한 전국인민대표대회 상무위원회의 해석"을 통과시켰다. 이 조문은 홍콩특별행정구 행정장관, 주요 관원, 행정회의 구성원, 입법회 의원, 각급 법원 법관과 기타 사법 인원은 취임할 때, 반드시 법에 따라 중화인민공화국 홍콩특별행정구 기본법을 옹호하고, 중화인민공화국 홍콩특별행정구에 충성할 것을 선서해야 한다고 규정했다. 이 조문은 조국통일을 수호함에 있어서의 중국공산당 중앙위원회의 결심과 용기를 설명한 것이고, 홍콩에서의 어떠한 국가분열활동도 절대 허용하지 않으며, 홍콩독립주의자들이 특별행정구의 정권기관에 들어가는 것도 절대 허용하지 않음을 설명한 것이다.

물론 진정으로 "홍콩 독립"과 같은 불안정 요소들이 숨을 곳이 없게 하려면 홍콩·마카오 자체의 발전과 번영에 의존해야 한다. 중국 공산당 제18차 전국대표대회이래, 시진핑 동지를 핵심으로 하는 중국공산당 중앙위원회의 확고한 지지 하에, 특별행정구와 행정장관은 법에 의해 정무를 수행하고, 적극적으로 경제를 발전시켰으며, 민생을 개선하고, 법치를 수호하였으며, 민주를 추진하고, 화합을 촉진했다. 이 일련의 좋은 정책들은 홍콩과 마카오 발전의 좋은 형세를 유지했다. 이는 데이터 상의 숫자로도 설명할 수 있다. 1997년부터 2017년까지 홍콩의 현지 총생산액은 1조 3,700억 홍콩달러에서 2조 6,600억 홍콩달러로 늘어났고, 홍콩 증시 시가는 3조 2억 홍콩달러에서 27조 9,000억 홍콩달러로 증가했다. 홍콩거래소 상장사는 619개에서 2,020개로 늘었다. 주요 경제지표의 같은 기간 성장속도가 선진 경제권 중 선두를 차지했으며, 국제금융·해운·무역중심의 위상이 더욱 공고해졌다. 1999년부터 2017년까지 마카오의 현지 총생산액은 518억 7,200만 마카오달러에서 4,042억 마카오달러로 증가했으며, 입국 관광객은 연 800만 명 미만에서 연 3,260만 명으로 증가했다. 관광·컨벤션·요식업·호텔업 및 소매업이 번창하며 비약적인 발전을 이루었다.

홍콩·마카오의 양호한 발전 태세는 어느 정도 이들의 유연한 정책과 국가발전 추세에 적극 동참한 덕분이다. 국가의 지속적인 빠른 발전은 홍콩·마카오의 발전에 모처럼의 기회와 무궁무진한 동력, 드넓은 공간을 제공했으며, 홍콩·마카오를 도와 풍랑을 막고 도전을 이겨냈으며 기회를 얻어왔다. 홍콩·마카오도 국가의 개혁개방과 현대화 건설에 적극 참여해, 국가의 경제발전과 대외개방에서의 지위와 기능이 끊임없이 향상되어, 특수하고도 중요한 기여를 했다. 최근 몇년간 대륙과 홍콩·마카오는 CEPA의 틀 안에서 경제무역 협력을 확대·향상해 왔으며, "후깡퉁(滬港通, 상하이와 홍콩 간 증시 교차 거래제도)", "선깡퉁(深港通, 선전과 홍콩 간 증시 교차 거래제도)", "채권퉁(債券通, 홍콩과 본토의 채권 교차 거래시스템)" 등 금융시장의 상호 운용메커니즘이 가동되었다. 홍콩의 위안화 역외 업무가 전면 발전했고, 마카오의 해역범위가 명확해졌으며, 홍콩–주하이–마카오 대교, 광저우–선전–홍콩 고속철 등 기반시설 건설이 추진되었으며, "일대일로", "웨강아오대만구(粤港澳大湾区)" 건설도 홍콩·마카오의 발전에 새로운 중대한 기회를 제공했다. 홍콩·마카오가 국가발전의 전반적 국면에 편입되도록 지지하는 것은 "일국양제의 장점을 살리고, 홍콩·마카오의 장기적인 번영과 안정을 유지하는 필연적인 요구이다. 방향이 정확하고, 정책이 좋고 유연한 것은 모두 단결을 떠날 수 없으며, 애국적인 역량과 홍콩·마카오를 사랑하는 역량의 박수와 발전이 필요하다. "한 나라 두 가지 제도"의 전제는 '한 나라'이며, "홍콩 사람이 홍콩을 다스리는 것", "마카오 사람이 마카오를 다스리는 것"은 모두 조국을 사랑하고 분열을 반대하는 원칙 아래 진행되는 것이며, 애국자를 주체로 하는 것이다. 시진핑 주석은 많은 자리에서 홍콩·마카오 동포들의 국가의식과 애국정신을 증강하고, 홍콩·마카오 동포들이 조국의 인민들과 함께 민족부흥의 역사적 책임을 다 하며, 조국의 번영과 부강의 위대한 영광을 함께 누려야 한다고 강조했다. 홍콩·마카오 애국자 주체 중, 청년세대는 "일국양제의 위대한 사업을 개척할 중요한 후계자이다. 시진핑 주석은 홍콩·마카오 청소년들의 교육을 매우 중시해 왔다. 예를 들어, 마카오 귀환 15주년에 즈음해 시진핑 주석은 정위통(鄭裕彤)서원에서 열린" 중화 전통문화와 당대 청년 살롱에 참석했다. 그는 청년들의 현장 발언에 대해 "중화 문화는 중국인들에게 뼛속까지 영향을 미쳤다. 이것이 바로 DNA다"라고 평가했다. 그는 또 현장 청년들에게 중화민족과 나라의 역사를 배우고 이해하며, 문화적 자신감을 키워가며, 중국인으로서의 기개와 본색을 강화하며, 더 나아가 애국주의정신을 고양할 것을 부탁했다. 이는 사실 신시대 홍콩·마카오 청소년 교육의 중점 방향을 보여주는 것이기도 했다. 즉 중국의 역사·문화와 국정에 대한 교육을 중요한 위치에 놓고, 광범위한 홍콩·마카오 청소년들이 중화문화가 얼마나 방대하고 심오한가를 느끼게 하며, 근대 이래 중화민족이 나라를 멸망에서 구하기 위해 어떠한 노력을 기울여왔는가에 대해 알게 하는 것이었다. 또한 "일국양제와 「중국특색의 사회주의」를 견지하고 발전시키며, 중화민족의 위대한 부흥을 이루는 「중국의 꿈」 사이의 내적 연계를 더 잘 이해하고, 조국과 긴밀히 연결돼 있는 홍콩·마카오의 운명과 앞날에 대해 더 잘 파악하며, "일국양제" 사업에 투신하려는 책임감과 사명감을 증강케 하고, 중화민족의 위대한 부흥에 기여하려는 책임감과 사명감을 증강케 하는 것이다.

홍콩과 마카오의 성공적인 귀환과 귀환 후의 여러 가지 성과는 "일국양제"의 과학성을 증명한 것이었으며, 또한 타이완 문제해결에 중요한 구상을 제공했다. 양안의 동포는 한집안으로서 누구도 그 혈맥을 끊을 수 없다. 따라서 "타이완문제를 해결하고, 조국통일을 실현하는 것은 전 중화 아들딸들의 한결같은 소망이자, 중화민족의 근본이익에 부합된다". 또한 "형제가 마음을 합치면 쇠도 자를 수 있다"는 속담이 있듯이, 중화민족의 위대한 부흥을 실현하려면 양안동포가 함께 노력해야 한다. 손잡고 양안관계의 평화적 발전을 추진하고, 한마음으로 중화민족의 위대한 부흥을 실현하는 것은 양안관계의 기조가 되어야 하며, 양안 중화 아들딸들의 공동의 사명이 되어야 한다. 그러므로 반드시 "평화적 통일과 한 나라 두 가지 제도"의 방침을 견지해, 양안관계의 평화적 발전을 추진하고, 조국의 평화적 통일의 진전을 촉진시켜야 한다.

시진핑 주석의 말처럼 "양안관계의 평화적 발전은 평화적 통일로 가는 바른 길이다". '평화'는 타이완문제 해결의 핵심 단어이다. 시진핑 주석은 "우리는 확고부동하게 평화적 발전의 길을 걷고, 확고부동하게 공동의 정치적 기초를 견지하며, 확고부동하게 양안 동포들을 위해 복지를 도모하고, 확고부동한 협력으로 중화민족의 위대한 부흥을 실현해야 한다"고 말했다. 일련의 노력은 양안 정치관계에 역사적인 돌파를 가져왔다. 2015년 11월 7일 시진핑은 타이완 지도자 마잉주(马英九)와 싱가포르에서 회동해, 양안관계의 평화적 발전을 추진하는데 대한 의견을 나누었다. 이는 1949년 이래 양안 지도자의 첫만남을 실현한 것으로서 양안 지도자의 직접 대화와 소통의 서막을 열었으며, 양안 관계의 역사적인 한 페이지를 펼친 것이었고, 양안관계의 평화적 발전과 정치적 상호 작용을 새로운 차원으로 끌어올린 역사적 순간이었다. 그러나 현재 타이완의 지도자 차이잉원(蔡英文)은 의도적으로 "하나의 중국"이라는 원칙을 모호하게 만들면서 양안관계의 좋은 발전추세를 최근 몇 년 간 주춤하게 하고 있는 것은 아쉬운 부분이 아닐 수 없다. 이에 시진핑 주석은 중국공산당 창립 95주년 기념대회, 해마다 3월에 열리는 전국 양회(인민대표대회와 정치협상회의) 등 중요한 자리에서 발표하는 중요 담화에서 "하나의 중국"

이라는 원칙을 강조하고, "92컨센서스(九二共识)"[16]를 견지하는 것은 양안관계의 평화적 발전을 위한 정치적 기초라고 명확히 밝혔으며, "타이완 독립"을 반대하고, 양안의 교류협력과 양안 경제사회 융합발전을 가속화해야 한다는 정치적 주장을 재확인했으며, "일국양제와 조국통일을 추진 분투해야 하는 목표를 견지해야 한다고 명확히 밝혔다. 중국공산당 제19차 전국대표대회 보고에서도 "'하나의 중국' 원칙과 '92컨센서스'를 견지할 것"을 강조했으며, "일국양제를 견지하고, 조국 통일을 추진하는 것"을 금후 한 시기의 기본 임무로 정했다. 이러한 논술은 한편으로는 "하나의 중국" 원칙의 확고성·중요성·필요성을 부각시키고, 레드라인을 분명하게 그어 민진당(民進党) 출범 후 양안관계의 방향을 정하고, 규칙을 세웠으며, "타이완 독립"을 단호히 타격·억제했으며, 타이완 시국 변화가 양안관계에 주는 충격을 효과적으로 감소시켰다. 다른 한편으로는 타이완 당국에 선의를 표시했다. 비록 양안관계와 타이완해협 지역의 정세가 복잡다단하기는 하지만, 타이완 당국이 '92컨센서스'의 역사적 사실을 인정하고, 양안이 하나의 중국이라는데 공감한다면, 양안 양측은 대화를 할 수 있고, 양안 동포가 관심을 두는 문제를 협상으로 해결할 수 있으며, 타이완의 어떠한 정당과 단체든 대륙과 교류하는데 지장이 없을 것이다.

"'하나의 중국' 원칙이 양안관계의 정치적 토대"라고 한다면, "양안의 한 가족 같은 관계"는 양안관계가 평화적으로 발전하는 정서적 토

---

16) 92컨센서스(九二共识) : 1992년 중국대륙 정부와 대만 양안이 각자의 명칭을 사용하기로 합의한 협의문.

대이다. 중국공산당 제18차 전국대표대회 이래, 시진핑 주석은 "양안의 한 가족 같은 관계"를 여러 번 언급했으며, 이를 중국공산당 제19차 전국대표대회의 보고에 포함시켰다. "양안이 한 가족 같은 관계"라는 말은 아주 소박해 보이지만, 사실은 큰 정치적 지혜를 담고 있다. 양안동포는 같은 근원과 같은 문화, 같은 조상을 가지고 있어, 서로 마음이 쏠리고 정이 통하며, 원래부터 운명을 같이한 부모형제이며, 피가 물보다 진한 가족이었다. 그러나 특수한 역사적 조우와 서로 다른 사회 환경 때문에 타이완 동포들은 자신만의 생활방식과 사회제도가 있게 되었다. 이에 대해 우리는 진심과 선의, 그리고 혈육의 정으로 양안동포 간의 심리적 거리를 좁히고, 처지를 바꾸어 생각하고, 진심으로 대하려고 한다. "사람 사이에 가장 소중한 것은 상대방의 마음을 헤아릴 수 있는 것"이라고 했다. 양안의 교류는 결국 사람과 사람 사이의 교류이고, 가장 소중한 것은 양안동포 간의 마음의 소통인 것이다. 국가의 통일은 형식적인 통일뿐만이 아니다. 더욱 중요한 것은 양안동포의 의기투합이다. "양안이 한 가족 같은 관계"라는 이념으로, 서로 진심으로 대하고, 속마음을 털어놓을 수 있다면, 각종 의심과 오해를 불식하고 함께 양안관계의 평화적 발전을 추진할 수 있다. 사실이 증명하다시피, "양안이 한 가족 같은 관계"라는 표현은 대부분 타이완 민중의 공감을 어느 정도 이끌어냈다. 타이완 『연합보』는 중국공산당 제19차 전국대표대회 폐막 후 양안관계에 대한 연례조사를 실시했다. 조사에 따르면 타이완 민중이 대륙민중에 대한 호감도가 처음으로 역전을 가져와 호평이 많았으며, 응답자의 49%가 대륙민중에 대한 인상이 좋았다고 했으며, 대륙정부에 대한 호감도도 역대 최고 수준으로 나타났다. 또한 40%의 응답자가 대륙에 가 취업하는 것을 원한다고 말해, 2017년보다 9% 포인트 늘어난 것으로 나타났다. 타이완 도(島) 내 각계 인사들의 분석에 의하면, 중국공산당 제19차 전국대표대회에서 "양안이 한 가족 같은 관계"라고 거듭 밝힌 것은 타이완 동포에 대한 존중이고, 대륙의 발전기회를 우선적으로 타이완 민중과 공유하려는 의사를 표명한 것으로, 타이완 민심을 얻는데 성공했다고 분석했다.

양안관계의 평화적 발전은 "양안이 한 가족 같은 관계"라는 심리적 동력이 필요한 외에도 양안의 경제사회 융합의 물질적 기반도 필요하다. 양안의 경제적 협력을 전개하는 데에는 천혜의 장점이 있으며, 양안의 경제사회 융합발전을 추진하는 것은 또 양안동포들의 공동의 이익에 부합된다. 새로운 시대, 새로운 기상으로 조국대륙의 제반 사업은 역사적인 성과를 이룩했고, 역사적인 변혁이 발생했다. 이는 양안의 경제사회 융합발전을 계속 추진하는데 더욱 좋은 기초와 더욱 충분한 조건을 제공했다. 이와 상응하여 양안의 각 분야의 교류와 협력이 활발하게 추진되었고, 양안의 경제사회 융합발전이 지속적으로 심화되어 훌륭한 성과를 거두었다. 상무부의 수치에 따르면 2013년부터 2017년 6월까지 누계로 신규 승인한 타이완 자본 프로젝트는 1만 2,502개이고, 실제 이용한 타이완 자본은 87억 9,700만 달러였다. 대륙에서 심사 비준한 타이완에 대한 투자 프로젝트는 327개이고, 총금액은 20억 7,200만 달러였다. 이중 2016년의 경우 대륙에서 승인한 타이완 상인들의 투자 프로젝트는 3,517개였는데, 이는 전년 대비 18.7% 증가한 것이며, 실제 이용한 타이완 자본은 19억 6,000만 달러로 전년 대비 27.7% 증가했다. 이런 수치들은 양안의 경제교류와 협력이 깊이 있게 추진되었음을 어느 정도 설명해 준다. 이와 동시에 양안의 사회교류와 융합도 갈수록 긴밀해지고 심화되었다. 통계에 따르면 2013년부터 2017년 6월까지 양안 간 인적 왕래는 40,967,000명, 대륙의 관광객들은 타이완에다 68억 7,000만 달러의 외화수입을 가져다주었다. 이는 타이완 입경 관광 외화수입의 절반을 차지했다. 여러 가지 요소의 영향으로 양안 간 인적 왕래는 2016년에는 9,376,000명으로, 2015년보다 4.87% 줄었다. 하지만 타이완 주민의 대륙방문은 그 전해보다 4.2% 늘었다. 타이완동포의 대륙 내방 인원수의 증가 이면에는 중앙정부와 지방 각급 부문에서 양안 간 교류와 협력을 추진하기 위한 노력이 들어 있다. 일례로 국무원은 "중국 공민의 타이완지역 왕래 관리방법"을 개정해 타이완주민의 대륙 출입경 심사 수속을 면제하고, 카드식 타이완 동포증 제도를 실시했다. 또 다른 일례로 중국공산당 제19차 전국대표대회 이후 2018년 2월 28일 국무원 타이완사무판공실과 국가발전개혁위원회는 중앙조직부, 중앙선전부, 중앙인터넷정보판공실 및 교육부, 과학기술부, 공업정보화부, 민정부, 재정부 등 29개 기관과 조율해, "양안 경제문화 교류와 협력을 촉진하는데 관한 약간한 조치"를 발표했다. 이는 타이완 동포들이 대륙에서 공부하고, 일하고 생활하는데 더 많은 편의를 제공하고 더 나은 여건을 만들어주었다. 이 조치는 범위가 넓고, 강도가 세며, 혜택이 확실한 새로운 시대의 타이완에 대한 정책의 역작이라 할 수 있다. 또한 시진핑 동지를 핵심으로 하는 중국공산당 중앙위원회가 중화민족의 위대한 부흥이라는 전반적 이익으로부터 출발해, 타이완문제에서 보다 자신감 있고 여유 있는 자세로 대응한 중대 조치로서, 양안 경제 사회 교류와 융합의 새로운 시대를 열었던 것이다.

'문운(文运)은 국운(国运)과 연결되어 있고, 문맥(文脉)은 국맥(国脉) 과 연결되어 있다'. 중국공산당 제18차 전국대표대회이래, 시진핑 동지를 핵심으로 하는 중국공산당 중앙위원회는 문화발전을 중시하고, 문화에 대한 자신감을 강조했는데, 이런 사고방식은 타이완에 대한 정책에서도 구현되었다. 문화는 한 나라, 한 민족의 영혼이다. 중화민족은 5,000년 넘게 이어져 온 찬란한 문명이 있고, 중화의 우수한 전통문화는 양안동포들의 마음속에 뿌리내렸다. 이는 양안동포의 '뿌리'와 '혼'이다. 양안동포는 모두 중화문화의 계승자이고, 혈맥 속에 흐르는 것은 모두 중화민족의 피이며, 정신적으로 지켜지는 것은 모두 중화민족의 얼이다. 그러므로 양안의 문화교류를 추진하고, 양안의 교육교류를 강화하며, 중화문화의 우수한 전통을 고양하고, 중화문화의 시대적 내용을 설명하며, 양안동포의 정신적 유대를 두텁게 하는 것은 양안관계의 평화적 발전에 문화적 토대를 마련할 수 있다는 것은 의심할 여지가 없다. 1980년대 후반 양안은 교육·과학·위생·종교·문학·스포츠·연극·회화·서예·영화·신문·출판 등 문화 분야에서 중화문화라는 최대공약수를 찾아냈다. 양안은 중화문화를 기저로 하여 양측이 모두 공감할 수 있는 교류의 토대와 공간을 형성했다. 중국공산당 제18차 전국대표대회이래 양안은 각 분야에서의 문화교류가 한층 더 추진되었다. 문화·예술·위생·스포츠·종교 및 공회·청년·여성 활동 등 분야에서의 교류가 끊이지 않았고, 음악당의 고상한 음악으로부터 시골의 속극(俗劇)에 이르기까지, 학자들의 논설에서부터 종친 사이의 정담에 이르기까지 각계각층에서 해협 양안을 오가는 행렬이 끊기지 않았다. 이러한 맥락에서 위에서 언급한 "양안 경제문화 교류협력을 촉진하는데 관한 약간의 조치"는 양안 문화교류의 성공적인 방법과 경험을 정책화한 것이라 볼 수 있다. 이러한 '조치'는 양안의 문화교류에 관련된 19개 조목을 출범시켜 타이완 동포들이 대륙에서 공부하고, 창업하며, 취업하고, 생활하는 등 면에서 점차 대륙 동포와 동등한 대우를 받을 수 있도록 한 것이다. 이러한 조치들로는, (1) 타이완동포에게 134건의 국가 직업자격시험을 개방하고, (2) 타이완 인이 취업자격을 취득해 대륙에서 취직하는데 편의를 도모하며, (3) 타이완 동포들도 '천인계획'과 '만인계획'과 같은 각종 기금을 신청할 수 있도록 한 것이다. 또한 중화 우수 전통문화의 전승 발전사업과 수상자 선정프로그램, 영예칭호 선정사업에 참여할 수 있도록 했으며, 전문 단체, 업계 협회에 가입할 수 있도록 했으며, 대륙의 기층업무에도 참여할 수 있도록 했다. 동시에 타이완의 영화·TV, 도서 등의 시장진입 제한도 완화시켰다. 이러한 조치들은 점차적으로 이행되고 있다.

한마디로 조국통일을 추진하고 중화민족의 위대한 부흥을 실현하는 것은, 전체 중국인들의 공동의 꿈이다. 홍콩·마카오·타이완 동포들을 포함한 모든 중화의 아들딸들이 역사의 대세에 순응하여, 민족의 대의를 짊어지고, 민족의 운명을 굳건히 장악하고, 손잡고 조국통일의 대업을 추진한다면, 반드시 중화민족의 위대한 부흥의 아름다운 미래를 함께 열어나갈 수 있을 것이라 믿어 의심치 않는다.

10

평화로운 발전환경을 조성하다

평화로운 발전환경을
조성하다

　　1978년 12월 서설이 흩날리는 가운데 개최된 역사적 전환의 의미
를 지닌 중국공산당 제11기 중앙위원회 제3차 전체회의는 중국 개혁
개방 역사의 새 장을 열었다. 역사상 유례가 없는 이 대 개혁 대 개방
으로 당대의 중국과 세계의 관계는 역사적 변화를 겪었으며, 중국의
외교는 새로운 역사시기로 접어들었다. 지난 40년간의 발전을 거쳐,
중국은 국제적 지위가 뚜렷이 향상했고, 국제적 영향력이 뚜렷이 증
대되었으며, 세계 각국과의 우호협력관계가 전면적으로 발전했다. 중
국은 더욱 개방적인 자세로 세계무대에서 활약하고 있다.

평화와 발전은 시대의 주제이다

　　1978년 중국공산당 중앙위원회는 중국을 변화시키고 세계에 영향
을 미치는 중대한 결정을 했다. 즉 개혁개방을 하고, 업무의 중점을
사회주의 현대화 건설로 전이하는 것이었다. 이 중대한 결책을 실행
에 옮기려면 양호한 국제환경이 필요했다. 1980년대 중국 외교는 '화
려한 변신'을 실현해, 개혁개방과 현대화 건설을 위해 양호한 외적 분
위기를 조성했다. 1979년 1월 1일 중국은 미국과 수교했다. 그해 1월
1일 덩샤오핑은 전국정치협상회의 좌담회에 출석해 "1979년의 신정은

평범하지 않은 날로서, 세 가지 특징이 있다. 첫째, 우리의 전국사업 중점을 4개 현대화 건설로 옮기었다. 둘째, 중미관계가 정상화되었다. 셋째, 타이완을 조국의 품속으로 돌아오게 하고, 조국통일의 위업을 완성하는 것을 구체적 일정에 올려놓았다. 이 세 가지는 우리가 '4인 방'을 무너뜨린 후 국내사업과 국제사무에서 상당한 성과를 거두었음을 보여준다."고 말했다. 이로부터 중미수교의 의의가 중대하다는 것을 알 수 있다. 덩샤오핑은 중미관계를 한 단계 더 발전시키기 위해 1979년 음력 정월 초하루 미국방문을 시작한 이래, 단 9일 만에 미국에서 '덩(鄧) 돌풍'을 일으키며, 중국의 대외개방, 미국과의 좋은 관계를 희망하는 메시지를 명확히 전했다. 그는 미국방문 연설에서 우리는 전쟁을 원하지 않으며, 현대화를 목표로 하고 있다. 이는 비교적 긴 평화적 환경이 필요하다고 말했다.

중국의 대외개방 구도에서 미국은 매우 중요한 역할을 했다. 덩샤오핑은 장원진(章文晉) 외교부 미주 담당 부부장에게 "개혁개방 정책을 펴려면 먼저 미국에 개방해야 한다. 미국에 개방하지 않으면 다른 어떤 나라에 개방해도 소용없다"고 말한 적이 있다. 전후 가장 발달한 자본주의 국가인 미국은 시장·자금·기술 등에서 중국에 매우 큰 매력을 갖고 있었으며, 중미 간의 경제기술협력은 양국관계에서 지속적인 추진력이 되었다. 중미관계는 전략적 차원의 협력이었지, 전술적 차원의 협력이 아니었다. 1980년대 중미관계에 비록 불화가 있기는 했지만 총체적인 상호작용은 양호했다.

이와 함께 중국은 소련과의 관계도 점차 완화했다. 1982년 3월 24

일 소련 지도자 브레즈네프는 소련 중앙아시아지역에 와서 우즈베키스탄공화국의 수부인 타슈켄트에서 장편의 연설을 했다. 연설에는 여전히 중국에 대한 공격으로 가득했지만, 중국이 사회주의 국가임을 명확히 인정하고, 타이완에 대한 중국의 주권을 강조했으며, 중국과의 관계개선 용의를 표시하고, 양국 간 협의를 통해 양국이 다 받아들일 수 있는 조치를 취해 중소 관계를 개선할 것을 건의했다. 3월 25일 당시 외교부 부장이었던 황화(黃華)는 덩샤오핑에게 이에 대해 보고하고 지시를 내릴 것을 요청했다. 덩샤오핑의 지시로 3월 26일 중국 외교부에서 열린 브리핑에서 당시 외교부 뉴스국장이었던 첸치천(錢其琛)은 세 마디의 짧은 성명을 발표했다. 즉 "중국은 타슈켄트에서 한 브리즈네프 주석의 중소관계 발언에 주목한다. 중국 측은 연설에서 중국에 대한 공격을 반대한다. 하지만 중국은 소련의 말보다는 실제 행동을 더 중시한다."는 것이다. 이 짧은 성명은 다음날 『인민일보』 1면 중간쯤에 발표돼 내외신의 큰 관심을 이끌었다.

1982년 여름 덩샤오핑은 천윈(陳云)·리셴녠(李先念) 및 외교부 주요 책임자들을 불러 회의를 열고 중소관계 문제를 연구했다. 덩샤오핑은 중대한 행동을 취해 소련에 메시지를 전달하고, 중소 관계의 큰 개선을 쟁취할 것을 제기했다. 하지만 중소관계의 개선에는 반드시 원칙이 있어야 하며, 조건은 소련이 먼저 '3대 장애'를 해결해야 하는 것이다. 즉 중소 접경지역과 몽골에서 철군하소, 아프가니스탄에서 철군하며, 베트남이 캄보디아에서 철군하도록 권유하는 것이었다. 이렇게 해서 중국에 대한 안보위협을 없애자는 것이었다. 어떤 방식으로 메시지를 전달할 것인지에 대해서는 덩샤오핑의 제의로 외교부 소련·유럽 국장이 대사관 업무시찰 명분으로 모스크바에 가며, 노정에 폴란드 바르샤바도 포함시키는 것이었다. 8월 10일 위훙량(于洪亮) 소련·유럽 국장이 모스크바로 떠났다. 그는 소련 외무부 이리체프 차관에게 중소관계를 개선하기 위해 함께 노력하자는 중국 측 메시지를 전달하고, 양측의 관계 정상화에서의 한두 가지 중요한 장벽을 제거하는 것으로부터 시작해 양국관계의 새로운 국면을 열 것을 제안했다. 8월 20일 소련은 관계 정상화의 장벽을 제거하기 위해 어떠한 시간, 어떠한 장소, 어떠한 레벨에서든지 중국과 양자관계 문제를 논의할 수 있다는 공식 답변서를 보내왔다. 덩샤오핑은 중소 협상 재개에 동의했다. 1982년부터 중소 간의 정치·경제관계를 처리함에 있어서 중국은 정책을 조정하기 시작했으며, 대(对)소 경제무역·과학기술·문화관계를 발전시킴에 있어서 점차 규제를 완화했다.

중소관계의 정상화는 결국 1989년 질적 돌파로 이어졌다. 그해 5월 15일부터 18일까지 소련 최고 지도자 고르바초프가 중국을 방문했다. 덩샤오핑은 회담을 적정하게 배치하며 만날 때 "악수만 하고 포옹은 안 한다"고 표현해 양국의 미래관계를 형상화했다. 회동의 주제도 덩샤오핑이 자세히 생각한 끝에 "과거를 끝내고 미래를 개척한다."로 결정했다. 이번 고위급 회담으로 중소 두 이웃 나라는 마침내 수십 년 동안의 비정상적 상태를 끝내고 다시 정상적인 국가관계를 수립하게 되었다. 대미·대소 관계를 조정하는 과정에서 덩샤오핑을 비롯한 중국정책을 결정하는 계층은 대외정책의 조정을 결심하고 보다 유연한 외교방식으로 중국에 보다 유리한 외부환경과 전략적 입지를 구축했다. 1982년 9월에 열린 중국공산당 제12차 전국대표대회에서 중국의 외교정책은 사람들의 주목을 끄는 조정이 나타났다. 중국공산당 제12차 전국대표대회 보고는 중국 대외정책의 취지는 "독립자주 외교정책"을 견지하는 것이라고 밝혔다. 1984년 5월 덩샤오핑은 중국의 대외정책을 독립자주 외교로 요약하면서 "중국의 대외정책은 독립적이고 자주적이다"라고 했고, 그것이 "진정한 비동맹"이므로 구체적으로 '4불1전(四不一全)'으로 구현된다고 했다. 즉 동맹을 맺지 않고, 고립하지 않으며, 대항하지 않고, 제3국을 겨냥하지 않고 전 방위로 외교활동을 펼치는 것이다. 그 핵심은 동맹을 맺지 않는다는 것이었다. 중국은 독립자주와 비동맹의 외교정책에 따라 주요 강대국과의 관계를 개선하고 발전시켰다. 모든 역량을 연합해 소련을 견제하던 "하나의 선" 전략을 조정해, 그 어느 대국이나 국가집단과도 동맹을 맺지 않으며, 이데올로기로 친밀함의 여부를 정하지 않았다.

1985년 중국 새 시기 외교방침에 비약적인 발전이 일어났다. 3월 덩샤오핑은 일본 손님을 만난 자리에서 '평화'와 '발전'은 당대 세계의 두 가지 주제라고 명확히 제시했다. 즉 "현재의 세계에서 진정한 가장 큰 문제는 전 지구적인 전략문제인데, 그중 하나는 평화문제이고, 다른 하나는 경제 또는 발전문제"라고 했다. 덩샤오핑은 일본 손님에게 "이 몇 년 동안 중국은 전쟁에 대한 관점이 달라졌다. 중국은 전쟁의 위험이 남아 있다고는 느끼지만, 전쟁을 제약하는 힘도 발전했다"고 말했다. 이는 중국 지도자들이 '시대'를 인식함에 있어서의 거대한 변화였으며, '시대문제'에 대한 과거의 "전쟁과 혁명"의 관점을 철저히 변화시킨 것이었다.

1985년 6월 4일 열린 중국공산당 중앙군사위원회 확대회의에서 덩샤오핑은 중국외교에 대한 담화를 통해, 중국 지도자들이 국제정세에 대한 판단과 대외정책에 대한 사고와 결론을 요약했다. 덩샤오핑은 몇 년간의 관찰과 사고 끝에 중국의 정책을 결정하는 계층은 두 가지 중요한 전환을 이루었다고 말했다. 첫 번째 전환은 "전쟁의 위험이 닥쳤다는 기존 견해를 바꾸었다는 것이다". 과거에는 전쟁이 불가피하며, 코앞에 닥쳤다고 생각했었다. 이 몇 년 동안 세계 대세를 종합적으로 분석하고, 중국의 주변 환경을 분석한 결과 비교적 오랜 기간 동안에 대규모적인 세계적 전쟁이 일어나지 않을 것이며, 세계 평화를 수호하는 것도 희망이 있다는 것이다. 두 번째 전환은 소련의 위협에 맞서 취해 온 "하나의 선" 전략, 즉 반소(反苏) 국제통일전선 정책을 포기하고, 이른바 "미·중·소 대 삼각형"이라는 사고의 틀에서 중국의 대외정책을 짜지 않는다는 것이었다. 이 두 가지 전환은 하나는 국제정세에 대한 판단이고, 다른 하나는 이 판단에 기초한 대외정책에 있어서 그에 상응하는 조정이었다. 덩샤오핑의 이번 발언은 개혁개방 이후 중국 외교정책 조정이 완료되었음을 보여주었다.

국제정세에 대한 중국 지도자들의 판단, 특히 덩샤오핑의 '시대' 주제에 대한 해석은 심원한 영향을 가지고 있었는데, 이는 중국외교에 커다란 변화를 가져왔을 뿐만 아니라, 중국 사회주의 현대화 건설에 중요한 과학적 근거를 제공했다.

전면에 나서지 않고 실력을 기르며, 해야 할 일은 해서 성취한다

1989년 6월의 정치풍파는 중국외교를 곤경에 빠뜨렸다. 정치적 파장이 발생한 다음 날, 미국 정부는 중미 간 모든 무기 판매와 상업적인 대중 무기수출 잠정 중단, 중미 양국 군사 지도자 간의 상호방문 중단 및 중국 유학생의 체류 연장 요청 재검토 등 세 가지 중국정부에 대한 제재 조치를 발표했다. 미국의 공세 하에 20여 개 선진국이 중국 제재에 동참했고, 유럽공동체 이사회는 6월 27일 성명을 통해 중국을 비난했으며, 일본도 7월 서방 7개국 정상회의 때 정치성명을 발표해 중국을 비난했다. 일순간 중국과 외부의 접촉이 거의 모두 정지됐다.

1989년 봄부터 1991년 사이 국제정세도 크게 변했다. 동유럽 사회주의 국가에서 격변이 일어나면서 이들 국가에서 공산당은 정치풍파 속에서 잇달아 집권의 지위를 잃었다. 그 후 얼마 지나지 않아 정치적 불안이 소련으로 번져 소련공산당의 집권지위가 흔들리면서 소련의 국가 결속력이 떨어졌다. 1991년 8월 19일 소련에서 정변이 발생하여 가맹했던 공화국들이 잇달아 독립을 선언했다. 이 해 말 소련 지도자 고르바초프는 사임을 선언했으며 소련은 해체되었다. 동유럽 격변으로 유럽 사회주의 진영이 철저히 소실되고 냉전은 소련의 해체로 끝났다.

복잡한 국내·국제 정세에 직면해 있던 중요한 순간에 덩샤오핑은 냉철하게 관찰하고(冷静观察), 기반을 다지며(稳住阵脚), 침착하게 대처하고(沉着应付), 도광양회(韬光养晦, 실력을 감추고 때를 기다림)하며,

자세를 낮추고(善于守拙), 앞에 나서지 말되(決不当头), 할 일은 한다(有所作为) 등 일련의 대외관계 지도방침을 제시했다. 그는 "중국은 기필코 자신이 선택한 사회주의 길을 따라 갈 것이다. 그 누구도 우리를 좌절시키지 못한다. 중국이 무너지지 않는 한, 세계에는 5분의 1의 인구가 사회주의를 견지해 나갈 것이다. 우리는 사회주의 앞날에 대해 확신을 갖고 있다"고 말했다.

1989년 6월 23일, 중국공산당은 제13기 중앙위원회 제4차 전체회의를 소집하고 인사를 교체했다. 장쩌민 동지를 핵심으로 하는 중앙지도부는 덩샤오핑이 확정한 대내외 정책에 따라 대내적으로는 안정을 유지하고, 대외적으로는 서방국가들의 압력을 막아냈다.

중국은 서방의 제재를 돌파하기 위해 외교적으로 적절한 대응 조치를 취했다. 1989년 6월 21일 조지 W 부시 미국 대통령은 덩샤오핑에게 서한을 보내 특사를 파견하여 비밀리에 중국을 방문하고 중국과 완전히 솔직한 담화를 나누자고 요구했다. 중국 측은 미국 대통령 특사의 방중을 절대 비밀로 하는 상황에서 미국 대통령 특사의 방중을 환영한다고 밝혔다. 덩샤오핑은 직접 회담하기를 원한다고 표시했다. 7월 1일 스콧로프트 미국 국가안보보좌관은 대통령 특사로 C-141형 수송기를 타고 중국에 왔다. 보안을 위해 이 수송기는 외부에 위장을 했으며, 표기를 지워 일반 상용 수송기처럼 보이도록 했다. 이 비행기는 22시간 연속 비행하기 위해 공중 급유함으로써 중간에서 착륙하지 않았다. 이번 방문은 1970년대 키신저의 방문을 능가할 정도로 비밀에 부쳐졌다. 중국 측의 보안 조치도 매우 엄격했다. 대통령 특사가 타는 차량과 숙소를 포함한 모든 회견·회담·연회장소는 국기를 게양하지 않았으며, 미국 측 대표단의 도착과 베이징을 떠난 소식도 발표하지 않았다. 7월 2일 오전 덩샤오핑은 스콧로프트를 만나 "문제의 해결은 장본인이 해야 한다"고 제기하면서, 미국이 앞으로 불난 집에 부채질하지 말고, 중국 인민들에게 신뢰를 얻을 수 있는 실질적 행동을 취하기 바란다고 했다. 그러나 이제 막 호전되기 시작한 중미관계는 그해 말 동유럽 격변사태로 인해 다소 후퇴하고 말았다. 1990년 여름 걸프만에서 위기가 발발하자 미국은 유엔안전보장이사회에서 중국의 이라크 출병 지지를 얻기 위해 다시 대중국 관계개선을 타진하기 시작했다. 1991년 베크 미 국무장관의 중국방문은 2년 넘게 지속돼 온 미국과 서방의 대중국 제재가 타파되었음을 의미했다. 냉전종식 후 소련의 붕괴로 미국 하나의 초대강국과 여러 강국이 공존하는 새로운 국제구도가 나타났으며, 중미관계는 '은하호(銀河号)' 사건[17], 타이완해협 위기 및 유고슬라비아대사관 폭격 등 몇 차례의 중대한 곡절을 거쳐야 했다. 1999년 현지시간으로 5월 7일 밤 베이징 시각으로는 5월 8일 오전 5시경, 나토의 미국 B-2 폭격기가 연합하여 직접 탄약 5발을 발사하여 베오그라드 뉴 베오그라드 벚꽃 길 3번

---

17) 은하호사건 : 1993년 7월 23일 아프리카와 아라비아반도 사이의 홍해(Red Sea)에서 미 7함대가 중국의 화물선 은하(銀河)호를 막아 사건이다. "화학무기 원료가 실려 있는지 확인하겠다." 며 선박 수색을 요구한 것인데, 중국은 "그런 물건을 싣지 않았다" 고 버텼지만, 미국은 억류를 계속했다. 1개월 넘게 대치하다 결국 미군의 수색이 이뤄졌지만 화학무기 원료는 나오지 않았다. 중국 내부는 들끓고 반미 시위가 일어났다. 중국은 그러나 "아직은 힘이 약하니까 국력을 키워야 할 때다. 미국과 대립해 싸울 때가 아니다"라는 은퇴한 지도자 덩샤오핑(鄧小平)의 말 한마디에 잠잠해졌던 사건을 말한다.

지에 위치한 유고슬라비아 주재 중국대사관을 명중시켰다. 현장에서 신화통신의 사오윈환(邵云环), 광명일보의 쉬싱후(许杏虎)와 주잉(朱颖) 등 3명의 중국 기자가 숨졌으며 수십 명이 부상했고, 대사관 건물이 크게 훼손됐다. 이러한 갑작스런 변고에 직면해 중앙의 정책을 결정하는 계층은 국제·국내 정세 및 이번 사태의 성격과 영향을 깊이 있게 분석하고 엄정한 교섭을 통해 중국의 국가주권과 민족의 존엄을 수호하면서도 또한 개혁개방의 전반적인 국면을 포괄적으로 고려해 중화민족의 근본이익과 원대한 발전을 도모하기로 했다. 중앙은 미국에 엄정교섭과 가장 강력한 항의를 제기했으며, 또 전세기로 전담팀을 베오그라드에 보내 대사관 피격사건을 처리하고, 3명 열사의 유골을 국내로 이송했으며, 움직일 수 있는 부상자들을 전원 귀국시켰다. 국내의 민중은 대사관 피폭과 동포들의 사상 소식을 듣고 격분한 나머지 잇달아 시위행진을 벌이면서 미국의 폭행을 성토했다. 미국을 필두로 하는 나토에 항의하는 목소리가 일파만파로 높아지면서 미국 및 나토에 대한 강력한 민의의 압력이 형성되었다. 중국의 적극적인 조율 하에 유엔안전보장이사회는 14일 중국 공관에 대한 나토의 폭격문제를 논의하기 위한 공식 회의를 열고, 나토가 유고슬라비아 주재 중국대사관을 폭격한데에 관한 의장성명을 발표했다. 안보리는 공식회의에 앞서 이례적으로 '중국대사관 폭격사건'의 희생자들을 위해 단체로 묵념했다. 대사관 피폭 후 중국 측은 일련의 강력한 반응을 보였는데, 그 격렬함은 미국의 예상을 넘어섰다. 미국은 결국 중국 측에 사과하고 정보부서 요원 8명을 징계했으며, 중국 측에 상응하는 경제적 배상을 했다. 탕자쉬안(唐家璇) 당시 외교부 부부장은 "우리의 가장 큰 수확은 오늘날의 중국과 중국인민은 결코 만만치 않다는 것을 미국에 알려주었으며, 중국인민은 부정과 불의에 굴복하지 않고, 국가의 주권과 민족의 존엄을 지키기 위해서는 희생을 두려워하지 않으며, 패권주의에 대해 단호히 반대한다."고 말했다.

장쩌민 동지를 핵심으로 하는 제3세대 중국공산당 중앙지도부는 덩샤오핑의 외교사상을 창조적으로 계승 발전시키고, 중국외교를 계속 앞으로 밀고 나감으로써 새로운 성취를 이룩했다. 대국(大國)관계의 틀을 구축하는 데 있어서, 각 대국과 21세기를 향한 신형 협력관계의 구축을 추진했다. 선린우호를 적극적으로 발전시키는 데 있어서, 중국은 아시아 국가들과 전면적으로 수교해 유리한 주변 환경을 조성했다. 개발도상국과의 단결과 협력을 강화함에 있어서 중국은 국제사무에 광범위하게 참여하였고, 세계평화를 수호하는데 힘썼으며, 공동발전을 촉진케 했다.

평화적 발전의 길을 견지하다

2002년부터 2012년 사이의 10년 동안 국제정서는 여전히 심각한 변화 중에 있었다. 후진타오 동지를 총서기로 하는 중국공산당 중앙위원회는 국내외 정세를 냉철하게 분석하고, 전략적 기회를 단단히 잡고 평화·발전·협력의 기치를 높이 들고 평화적 발전의 길을 견지해, 대외사업에서 중대한 진전을 이루었다.

이 시기에 중국은 주요 대국과의 관계나 주변국과의 관계에서 모두 안정적인 발전을 이룩했다. 중러 양국은 전략적 협력 동반자 관계를 전면적이고도 깊이 있게 쾌속 발전시켰다. 중미는 21세기 건설적 협력 관계를 전면적으로 추진하기로 합의했다. 중국은 유럽연합 및 그 주요 회원국들과 포괄적 전략적 동반자 관계를 맺었다. 2008년 5월 후진타오는 일본에서 '따뜻한 봄' 여행을 함으로써, 중일 전략적 호혜관계의 새로운 국면을 열어놓았다. 중국은 또 주변국과의 선린우호 협력관계를 더욱 확대하고 심화시켰다. 중국은 인도·인도네시아 등과 다른 형식의 전략적 동반자 관계를 맺었고, 카자흐스탄 등 나라와는 우호협력조약을 맺었다. 상하이협력기구 회원국들이 장기적으로 선린우호협력 조약을 체결하도록 추진해, 상하이협력기구는 전면적인 실무 협력단계에 들어갔다. 중국은 비 아세안 국가로는 처음으로 "동남아우호협력조약"에 가입함으로써 아시안-중국(10+1), 아시안-중·일·한(10+3) 협력에서 큰 성과를 거두었다.

중국이 개발도상국과의 단결·협력도 중요한 진전을 가져왔다. 2006년 "중국·아프리카 협력 포럼" 베이징 정상회의가 바로 그 하이라이트였다. 2006년 11월 4일 아프리카 48개국 대표들이 인민대회당에 모였다. 그중에는 국가원수 35명, 정부수뇌 6명, 부통령 1명, 고위급 6명 및 아프리카연합(au) 집행위원장 등이 포함되어 있었다. 음베키 남아프리카공화국 대통령은, 일부 아프리카 지도자들은 여러 해 동안 아프리카연합(au)의 정상회의에도 참석하지 않았는데, 이번에 베이징에 왔다고 하면서 아프리카연합(au)의 회의보다 더 많이 왔다고 감탄했다. 이번 정상회의는 새 중국 외교사에서 주최 규모가 가장 크고,

정상들이 가장 많이 참석한 국제회의 중 하나로 중국과 아프리카 국가들 간의 우호 관계를 공고히 하고 발전시키는 데 큰 의미가 있었다. 중국의 국제적 위상이 높아지면서 공공외교와 문화외교의 무대에서도 중국의 모습을 더 많이 볼 수 있게 되었다. "문화의 해", "문화제" 등 대외적인 문화행사를 주최했고, "공자학원"과 해외 문화센터를 건립했으며, 베이징 올림픽·상하이 엑스포 등 굵직한 행사를 계기로 다차원·다분야의 공공외교를 펼쳐 국외 대중이 중국에 대한 이해와 호감을 증진시켰다. 중국은 평화·민주·문명·진보라는 국가 이미지를 한층 더 확고히 했다.

대외교류가 빈번해지면서 중국공민과 법인의 국외에서의 합법적 권익수호가 외교업무의 하나로 되었다. 경외의 중국공민과 기구의 안전문제를 위한 부서 간 연석회의제도를 구축하고, 해외 안전·위험 평가와 예방 조기경보메커니즘을 구축했다. 중국 인원의 해외 피습사건을 잘 처리했다. 외교부 영사보호센터를 설치하고, 영사보호메커니즘을 지속적으로 강화했다. 특히 여러 분쟁국가로부터 교민들을 대규모로 철수시키는데 성공해 중국의 막강한 국력을 과시했다.

2011년 리비아의 교민철수는 새 중국 건국 이후 최대 규모의 교민철수작전 중 하나였다. 그때의 교민 철수에서 중국은 처음으로 군사역량을 동원했다. 2011년 1월 리비아에서 내전이 발발하면서 정세는 빠르게 통제 불능 상태에 빠졌다. 폭도들은 미친 듯이 중국의 공지를 습격했고, 리비아 주재 중국기업들은 조업을 중단했다. 당시 리비아에는 약 3만 명의 중국인이 있었고, 이들은 주로 리비아 동부·서부·

남부와 수도지역에 분포되어 있었으며, 철도·통신·유전 등에 종사하는 노무인력이 대부분이었다. 그 외 중국식당 경영자와 유학생 등도 있었다. 중국정부는 리비아에 있는 중국공민을 국가차원의 1급 호응으로 한 사람도 빠짐없이 철수시키기로 했다. 교민 철수작전이 가장 긴박했던 당시 공군은 중앙군사위원회의 비준을 거쳐, 이르-76기 4대를 리비아로 파견하여 2011년 2월 27일 리비아 주재 중국인원을 수송하는 임무를 수행하게 했다. 중국이 군사력을 동원해 교민 철수임무에 참여한 것은 이번이 처음이었다. 이르-76 수송기 4대는 연속적으로 12번 비행했는데 한 비행기의 총 비행거리는 29,397km였으며, 1,655명을 수단의 수도 카르툼까지 수송하고, 287명을 베이징으로 안전하게 수송했다. 한편 중국 해군의 제7차 호위 편대인 '쉬저우함(徐州艦)'은 2011년 3월 2일 리비아 인근 해역에 도착해 교민 철수임무를 수행했다. 리비아 교민철수는 중국의 군사·경제·외교력의 전면전으로 평가된다. 이번 작전에서 중국정부는 91대의 중국민항 전세기와 35대의 외국항공기 전세기, 12대의 군용기를 동원했으며, 외국 크루주선 11척을 빌려서 이용했고, 국유 상선 5척, 군함 1척을 동원했다. 총 12일에 걸쳐 리비아 주재 중국 인원 35,860명을 성공적으로 철수시켰고, 또 12개국 2,100명의 외국인 철수를 도왔다. 그 후에도 중국인민해방군은 또 여러 차례 교민 철수임무를 수행했다. 2015년 3월 29일 중국해군 함정 편대는 예멘으로 파견돼, 중국 공민 621명 및 15개국 외국 공민 279명을 철수시켰다.

인류운명공동체를 구축하다

중국공산당 제18차 전국대표대회 이래 중국외교는 개혁개방의 연속성과 대외 대정방침의 안정성을 유지한 기초위에서 실천·이념 및 제도 등 여러 차원에서의 혁신을 실현했다. '일대일로(一帶一路)'이니셔티브의 제안과 착지, 아시아인프라투자은행의 설립, 인류운명공동체의 제안 및 국가안전위원회의 창설 등을 일례로 들 수 있다. 전체 외교의 중요한 구성부분으로서의 중국의 주변외교는 주변 환경의 압박이 큰 배경 하에서도 많은 성과와 경험을 얻었다. 중국외교는 갈수록 뚜렷한 중국특색의 중국 풍격과 중국 기백을 보여주었다.

중국공산당 제18차 전국대표대회 이래 시진핑 동지를 핵심으로 하는 중국공산당 중앙위원회는 일련의 외교사상을 제기해 왔는데, 그 주요 내용은 다음과 같다.

첫째, 신형 대국관계 이념을 건립한다. 중국의 발전과 미국경제 실력과의 격차가 좁혀지면서 일부 사람들은 역사상 신흥대국과 기성대국 사이에 여러 차례 대항과 전쟁이 발생한 경험을 바탕으로 중미 간 대결, 심지어 군사적 충돌까지 우려했다. 2013년 6월 시진핑은 버락 오바마 미국 대통령과의 회동에서 "비 충돌, 비 대항, 상호존중, 협력 상생'의 원칙에 따라 신형 대국관계를 수립하자는 이념을 제기했다. 이는 중국이 중미관계를 발전시키고, 안정시키는 목표와 지도사상이 되었다. 2014년 11월 중앙 외교사무 업무회의에서 시진핑은 협력 공영을 핵심으로 하는 새로운 국제관계의 구축을 추진하고, 상호 이익을 추구하는 개방적 전략을 견지하며, 협력 공영이념을 정치·경제·

안전·문화 등 대외협력 분야에서 구현해야 한다고 강조했다. 이는 국제질서 관에 대한 혁신과 발전으로 국제관계의 새로운 비전을 개척한 것이었다. 이런 이념의 지도 아래 대국관계는 건전하고 평온했다. 2013년 이래 중국과 미국의 정상들은 여러 차례 회담을 가졌으며, 중미 신형 대국관계를 구축함에 있어서 중요한 성과를 거두었다. 미국의 새 정부 출범 후, 시진핑 주석은 트럼프 대통령과 2017년 4월 플로리다주의 마라라고 리조트에서 첫 회동을 가지고 중미관계의 발전방향과 원칙을 분명히 했으며, 양자 간 협력의 우선 분야와 메커니즘을 기획하고, 국제 지역사무에서의 소통과 조율을 강화했다. 이번 회동은 중미 관계가 안정적으로 과도하고, 양국관계가 올바른 궤도를 따라 앞으로 나아가게 하는데 중요한 의의를 가졌다. 중국과 러시아는 고위층 왕래가 잦았다. 시진핑 주석과 푸틴 대통령은 이미 20여 차례나 만나면서 전략적 신뢰를 두터이 했고, '일대일로'와 유러시아경제연맹 건설이 연결되고 협력이 순차적으로 추진되었다. 또한 대형 프로젝트 협력에서 파격적인 진전을 이루었고, 중러 간 전면적인 전략적 협력동반자 관계는 계속해서 더 높은 수준으로 나아갔으며, 세계평화와 안정을 위한 중요한 '밸러스터'[18]가 되고 있다. 2018년 6월 푸틴 대통령은 재차 중국을 방문할 때 중국 고속철에 탑승했는데 낭만적인 느낌이 들었다고 말했다.

둘째, 인류운명공동체 구축에 관한 것이다. 시진핑은 2013년 국가주석 취임 후 첫 해외 방문에서 "이 세상에서, 각국의 상호연계와 상

---

18) 밸러스터 : 안정적으로 나아갈 수 있게 해주는 역할.

호의존 정도가 전례 없이 심화되고, 점점 더 당신 속에는 내가 있고, 내 안에는 당신이 있는 운명공동체가 되고 있다."고 말했다. 2015년 9월 제70차 유엔총회 연설에서 시진핑은 "우리는 유엔헌장의 취지와 원칙을 계승하고 고양하여 협력 상생을 핵심으로 하는 신형 국제관계를 구축하고, 인류운명공동체를 건설해야 한다"고 재차 강조했다. 2017년 1월 유엔 제네바 본부에서 한 연설에서는 세계 문제에 대해 "세계의 운명은 각국이 공동으로 주재하고, 국제규칙은 각국 간 공동으로 작성하며, 세계 사무는 각국이 공동으로 관리하고, 발전성과는 각국이 공동으로 누려야 한다"고 강조했다. 그는 더 나아가 인류운명공동체를 구축하는 관건은 행동에 달려 있으며, 대화와 협상을 견지해 항구하고 평화로운 세계를 건설해야 하며, 공동건설과 교류를 견지해 보편적으로 안전한 세계를 건설해야 한다고 말했다. 또한 협력과 상생을 견지해 공동으로 번영하는 세계를 건설해야 하며, 교류와 상호 귀감이 되기를 견지해 개방적이고 포용적인 세계를 건설하며, 녹색·저탄소를 견지해 깨끗하고 아름다운 세계를 건설해야 한다고 말했다. 인류운명공동체 사상은 중국이 아름다운 세계를 건설하려는 숭고한 이상과 끈질긴 추구를 담았으며, 세계 각국이 평화적이고 공정한 새 질서에 대한 아름다운 기대를 반영하였으므로, 국제사회 특히 개발도상국들의 보편적인 환영과 지지를 받았다. 2017년 2월 10일 유엔 사회발전위원회는 "아프리카 새로운 동반자 관계 발전을 위한 사회적 차원"의 결의를 통과시켜 "국제사회가 협력 상생과 인류운명공동체 정신에 따라 아프리카의 경제사회 발전에 대한 지지를 강화할 것을 호소했다". 인류운명공동체 구축이라는 이념이 유엔 결의에 정식으로 채택된 것은 이 이념이 국제사회의 광범위한 인정을 받았음을 말한다. "인류운명공동체란 무엇인가?" 시진핑 주석은 중국공산당 제19차 전국대표대회 보고에서 "인류의 운명공동체를 구축하고, 항구적인 평화와 보편적인 안전, 공동 번영, 개방적이고 포용적이며 깨끗하고 아름다운 세계를 건설하자"고 했다. 이어 그는 5개의 "해야 한다"로 어떻게 인류운명공동체를 구축할 것인가에 대해 체계적으로 설명했다. 즉 (1) 상호 존중하고, 평등하게 협상하며, 냉전적인 사고와 강권정치를 단호히 버려야 한다. (2) 대화를 통해 분쟁을 해결하고, 협상을 통해 이견을 해결해야 한다. (3) 함께 어려움을 헤쳐 나가며, 무역과 투자의 자유화와 편리화를 촉진해야 한다. (4) 세계문명의 다양성을 존중해야 한다. (5) 인류의 생존터전인 지구를 잘 보호해야 한다.

셋째, '일대일로' 이니셔티브에 관한 것이다. 2013년 시진핑 주석은 중국 대외개방의 내외환경의 새로운 변화를 정확히 파악하고, '일대일로' 이니셔티브를 제기했다. 이는 시대의 요구에 부응한 토대 위에서 고대 실크로드에 대한 전승과 업그레이드인 것이다. '일대일로'는 아시아-태평양 경제권과 유럽 경제권을 연결하기 위해 관련 국가가 함께 협력하고 함께 건설하며 함께 공유하는 포용적 발전의 장을 제공하는 것이다. '일대일로'는 각국의 정책 소통, 시설 연계, 무역 원활, 자금 융통, 민심 상통을 추구한다. 지난 몇 년 간 '일대일로' 건설은 제의에서부터 행동으로, 이념으로부터 실천으로 전화되어, 개방적이고 포용적인 국제 협력 플랫폼이 되어 세계 각국에서 보편적인 환영을 받는 공공제품으로 변모했다. 100여 개 국가와 국제기구가 적극적으로 지원하고 참여했으며, 일련의 영향력 있는 상징성 프로젝트들이 순조롭게 실시됐으며, 중국과 많은 나라의 발전 전략이 순조롭게 접목되고, 기반시설의 상호연결 수준이 빠르게 향상됐다. 2014년부터 2016년까지 중국은 '일대일로' 연선국가들과의 무역총액이 3조 달러를 넘었으며, '일대일로' 연선국가들에 대한 투자액은 총 500억 달러를 넘어섰다. 2017년 5월의 '일대일로' 국제 고위급 포럼에는 140여 개 나라와 80여 개 국제기구의 1,600여 명 대표가 참석해 5가지 유형, 76개 대형 종목, 270여 건의 협력성과를 올리면서, 국제사회의 폭넓은 참여와 힘을 합쳐 '일대일로' 건설을 추진하는 큰 기세를 이루었다. 각국은 '일대일로' 건설이 개방형 세계경제를 구축하고, 글로벌 관리를 개선·강화하기 위한 중국방안을 제공했다고 극찬했다.

넷째, 글로벌 파트너십을 목표로 한 전방위 외교구도이다. 시진핑 주석은 탁월한 정치가와 전략가의 큰 시야와 전략적 사고로 대외사업 전반을 계획하고, 5대주의 다양한 국가와 주요 국제 혹은 지역 협력조직들을 두루 방문했다. 시진핑은 각국 지도자, 각계 인사, 사회 민중과 폭넓고도 깊이 있게 접촉하고 교류했으며, 중국과 외국이 상호 협력한 전형사례와 인민들 사이의 우호적인 미담을 이야기했으며, 각국과 각국 인민이 동반자가 되어 함께 아름다운 미래를 열어나가는 중대한 의의를 강조했다. 중국공산당 제18차 전국대표대회 이래, 중국은 주변과 대국을 중점으로 하고, 개발도상국을 기초로 하며,

다자간을 무대로 하여, 실무협력의 심화, 정치적 신뢰강화, 사회기초 다지기, 메커니즘 보완 등을 경로로 삼아 각국과의 우호협력을 전면적으로 발전시켰다. 2016년 말까지 중국은 이미 97개 국가 및 국제기구와 서로 다른 형식의 파트너관계를 수립해 대국과 주변 및 개발도상국과의 파트너 관계를 전면적으로 실현했다.

다섯째, '친(亲, 가깝게 지내다), 성(诚, 성심으로 대하다), 혜(惠, 혜택을 주다), 용(容, 포용하다)'의 주변 외교 이념과 '진(真, 진심으로 대하다), 실(实, 실리를 주다), 친(亲, 가깝게 지내다), 성(诚, 성심으로 대하다)'의 대 아프리카 외교업무 사상이다. 주변은 중국이 의탁하고 있는 곳으로 발전과 번영의 토대이다. 2013년 10월 중국공산당 중앙위원회 주변 외교업무 간담회에서 시진핑 주석은 중국은 주변국과의 관계에서 선린관계·동반관계를 견지하고, 안정되고 조화로운 이웃관계(睦邻), 평화적인 이웃관계(安邻), 공동발전의 이웃관계(富邻)를 견지하며, "친(亲)·성(诚)·혜(惠)·용(容)"의 이념을 두드러지게 구현해야 한다고 강조했다. 또한 주변국과 화목하게 지내고 상호 협조하며, 평등하게 대하고, 감정을 중히 여기며, 자주 만나고 왕래하며, 인심을 얻을 수 있고, 마음을 따뜻하게 하는 일을 많이 하며, 주변국들이 우리에게 더 친절하고, 더 친근하며, 더 공감하고, 더 지지하도록 하며, 우리의 친화력과 감화력·영향력을 키워야 한다고 말했다. 2013년 시진핑 주석은 첫 아프리카 방문기간 아프리카 외교업무에 대한 "진(真), 실(实), 친(亲), 성(诚)" 4자 잠언을 제시했다. 즉 "아프리카 친구를 대함에 있어서 우리는 진심이어야 하며", "아프리카와의 협력에 있어서는 실리를 주어야 하며", "아프리카와의 우호관계를 강화함에 있어서는 확실히 가까운 사이가 돼야 하며", "협력 중 나타난 문제에 대해서는 성심으로 해결해야 한다"는 것이었다. 이는 중국이 대 아프리카 사업에서의 새 이념이 되었다.

이러한 이념들은 새 시대 중국이 주변국과 개발도상국과의 외교관계를 발전시키는 지도사상이 되었다.

여섯째, 글로벌 거버넌스를 혁신하다. 시진핑 주석은 글러벌 거버넌스가 직면한 중대한 현실문제와 도전과 관련해, 글로벌 거버넌스관, 신안보관, 신발전관, 바른 의리관, 글로벌관 등 새로운 이념을 제시하고, 보다 공정하고 합리적이며 보편적이고 균형 잡힌 글로벌 거버넌스시스템의 구축을 추진했다. 중국공산당 제18차 전국대표대회 이래, 중국은 글로벌 거버넌스의 체제변혁에 적극 참여해 멋진 '삼부곡'을 펼쳤다. (1) 베이징 아시아태평경제협력체(APEC) 정상회의를 성공적으로 개최하고, 아시아태평양 지역 프로세스를 가동하고 로드맵을 확정함으로써 아태지역의 협력에서 중요한 견인차 역할을 했다. (2) 항저우(杭州) G20정상회의를 성공적으로 개최하고, 처음으로 글로벌 성장회복의 새로운 동력으로 혁신을 제시했으며, 처음으로 세계경제의 난제를 해결하는 주된 방향으로 구조적인 개혁을 채택했다. 처음으로 발전을 거시정책을 조율하는 두드러진 위치에 놓았고, 처음으로 글로벌 다자 투자규칙의 기틀을 형성했으며, G20이 위기대응에서 장기적인 관리메커니즘으로 변신하도록 유력하게 추진해, 혁신성·선도성·메커니즘성을 갖춘 일련의 중요한 성과를 달성했다. (3) 시진핑 주석은 2017년 초 세계경제포럼 연차총회에 참석하고 유엔 제네바 본부를 방문해 개방·포용·보편적 혜택·균형·상생으로 경제의 세계화를 추진하고, 인류운명공동체를 건설하겠다는 중국의 의지와 약속을 밝혔다. 이로써 인류사회의 발전과 진보를 위해 청사진을 그리고 자신감을 제고시켰다. 이에 대해 국제사회가 높이 평가하며 찬사를 보내는 가운데, 중국의 이념은 국제적인 공감대로 자리 잡았다. 현재 유엔 전담기구와 주요 국제기구 책임자를 맡고 있는 중국인이 점점 더 많아지고 있다. 또한 국제통화기금(IMF)에서 중국의 비중이 6위에서 3위로 올라갔으며, 위안화는 국제통화기금 특별인출권 통화바스켓에 편입되었다. 중국의 국제 발언권과 영향력도 한창 뚜렷이 향상되고 있다.

새로운 시대, 중국은 외교 사업을 통해 중국특색의 이슈와 범세계적 문제해결의 방도를 모색함으로써 세계를 위해 더욱 큰 기여를 하기 위해 노력하고 있다. 시진핑 주석은 중국은 시종 세계평화의 건설자로서 각국과 함께 평화를 도모하고, 평화를 수호하며, 평화를 공유하는데 진력하고 있다고 강조했다. 중국은 중국인민 항일전쟁 및 세계 반파시스트 전쟁 승리 70주년 기념행사를 성공적으로 개최하여, 제2차 세계대전의 승리 성과를 수호하고, 세계평화를 수호하는 시대적 강력한 목소리를 내었다. 중국은 또 국제 및 지역 이슈를 정치적으로 해결하는 데 주력하면서 이견차이를 봉합하고 화해를 권유하는 건설적인 역할을 수행하려고 노력하고 있다. 한반도의 비핵화 목표를 견지하고, 대화와 담판을 통해 한반도의 핵문제를 해결하는 것을 견지하며, "투 트랙 병행" 구상과 "쌍중단"을 제의해, 한반도의 긴장완화와 대화 재개, 지역평화와 안녕을 수호하는데 중요한 기여를 하였다. 2018년 시진핑 주석은 김정은 조선 최고지도자와 두 차례 만나 중조 관계의 건전한 발전을 위한 토대를 마련했다. 중국은 이란·시리아·남수단·아프가니스탄의 문제해결에 적극 참여했고, 유엔 평화발전기금을 건립했다. 솔선적으로 상비 평화 유지 경찰대와 8,000명 규모의 평화유지 대기부대를 창설해 중국의 책임감 있는 대국으로서의 이미지를 부각시켰다. 중국은 세계 각국과 함께 테러·사이버 안보·공중보건·난민 등 세계적 도전에 대처했고, 기후변화 "파리협약"의 추진, 에볼라 전염병 대응 등에서 중요한 역할을 했다.

　무역 보호주의가 고개를 들고 있는 상황에서, 중국은 세계화 시대의 발전 흐름에 순응하고, 제로섬 사유와 근린 궁핍화 사유를 완전히 배제했다. 상하이 협력조직 칭다오 정상회의에서 시진핑 주석은 일방주의·보호무역주의·역세계화의 사조가 끊임없이 새로운 양상을 보이고 있지만, '지구촌' 세계는 각국의 이익이 갈수록 융합되고, 운명을 같이하며, 협력 상생하는 것이 대세로 되고 있다고 말했다. 이처럼 높은 곳에 올라 멀리 내다보는 외교의 대 지혜는 점점 더 많은 나라의 인정을 받고 있다. 중국외교는 민본위(民本位) 강조한다. 현재 중국에서는 매년 약 1억 3,000만 명의 사람들이 해외로 나가고 있으며, 수백만 명의 중국인민들이 전 세계 도처에서 공부하고, 생활하고, 일하고 있다. 또한 3만 여 개의 중국기업들이 세계 각지에 분포되어 있다. 새로운 형세와 새로운 임무에 직면해 외교업무는 영사보호

능력을 끊임없이 증강하고 해외 민생공사를 활발하게 조성하고 있다. 최근 몇 년 간 9차례의 해외국민 철수작전에 성공했으며, 중국인민의 해외 납치 혹은 피습 대형사건 100여 건을 포함해 각 유형의 사건을 근 30만 건이나 처리했다. 중국 외교부는 또 신판 중국 영사서비스망, '12308'핫라인, '영사직통차' 위챗 계정 등 영사정보와 서비스 플랫폼을 내놓음으로서 해외동포들에게 전천후·제로 시차·무장애 영사서비스를 제공하고 있다. 현재 중국의 일반여권 소지자에게 조건부 무비자 또는 착지비자 발급을 실시하는 나라와 지역은 64개에 달하며, 중국과 사증 수속 간소화 협약을 맺은 나라는 41개에 달한다. 중국여권의 '신뢰도'가 점점 높아지면서 동포들의 출국이 더욱 안전해지고 편리해졌다. 시진핑 주석은 "우리는 침략 당하던 문제를 해결했고, 굶주리던 문제도 해결했다. 지금은 욕을 먹는 문제도 해결해야 한다. 일을 잘 해야 하지만 또한 홍보도 잘 해야 한다"고 말했다. 시진핑 주석은 솔선하여 진실하고 아름다운 중국이야기를 들려주기 위해 노력해 왔다. 그는 다자회의 참석, 외국 지도자의 방중 기회에 회담·강연·인터뷰·문장 발표 등 다양한 방식을 통해 중국의 사회제도, 발전의 길과 가치·이념을 국제사회에 홍보하고 소개함으로서 외국에서 중국에 대한 이해를 증진하도록 유도했으며, 「중국특색의 사회주의」길·이론·제도와 문화에 대한 자신감을 충분히 체현하고, 중화문명의 심후한 저력을 보여주었으며, 중외 우호를 위한 민의 기반을 다져놓았고, 중국의 개방·포용·협력이라는 좋은 이미지를 수립했다. 40년래 중국의 개혁개방이 이룩한 중대한 성과는 독립자주 외교정책의 제기와 실시, 그리고 이로 인한 대외관계의 전면적인 발전에 힘입은 바가 크다. 중국의 시대문제 및 중국과 세계관계에 대한 새로운 인식과 새로운 판단은 중국외교 지도사상을 끊임없이 심화시켰다. 새로운 시대 중국의 외교는 안정 속에서 발전을 도모하고, 적극적이고 능동적인 자세를 견지하며, 전략적 계획에 중시를 돌리고, 통일적인 조율을 잘 함으로써, 중국특색의 대국외교를 끊임없이 새로운 단계로 끌어올릴 것이며, "두 개의 100년" 분투목표와 중화민족의 위대한 부흥이라는 「중국의 꿈」을 실현하기 위해, 그리고 인류운명공동체를 만들기 위해 더 새롭고, 더 큰 기여를 할 것이다. 40년간의 고도성장으로 중국은 경제 총생산량이 세계 2위로 올라서며 쟁쟁한 대국으로 성장했다. 시진핑 주석이 지적했다시피 중국은 전례 없이 세계무대의 중심에 접근하고 있으며, 중화민족의 위대한 부흥을 실현하는 중국의 꿈에 접근하고 있으며, 이 목표를 실현할 능력과 믿음을 가지고 있다. 중국외교는 파란만장한 이 대 장정에서 적극적이고 진취적이며, 능동적으로 움직이고 있으며, 민족부흥과 인류의 진보를 위해 책임을 다 하고 있다. 또한 세계의 혼란 속에서 중국의 발전에 필요한 양호한 외부환경을 수호하고, 국제적 변국 속에서 중국의 국제적 지위와 영향력을 제고하면서 중국특색의 대국 외교의 멋진 장을 쓰고 있는 것이다.

11

개혁개방에 대한 당의 지도력을 강화하다

개혁개방에 대한
당의 지도력을 강화하다

세계 현대화의 역사는 한 나라가 현대화를 향해 나아가려면 강력한 정치조직을 가지고 일련의 좋은 정책을 수립하고, 연속적으로 집행해야 한다는 것을 보여주었다. 미국의 저명한 정치학자 헌팅턴은 변화하는 사회 속의 정치질서에서 바로 이 같은 견해를 제기했다. 중국공산당은 40년 동안 개혁개방정책을 이어가면서 중국이 빠르게 부상하고 부강해지는 위대한 새 시대로 나아가도록 추진했다. 당대 중국에서 나라를 잘 다스리고 정치를 잘 하는 열쇠는 당에 있고, 당을 엄하게 다스리는 데 있다. 시진핑 주석이 말한 바와 같이 당의 영도를 견지하고, 당을 엄하게 다스리는 것은 중국의 개혁개방이 성공할 수 있는 관건이고 담보이다.

개혁개방을 확고부동하게 견지하다

중국 개혁의 성공은 40년 간 중국공산당 지도자들이 개혁을 지속적으로 단호히 추진해 온 것과 밀접한 관련이 있다. 중국 개혁의 서막을 열어놓은 덩샤오핑은 중국 사회주의 개혁개방과 현대화 건설의 총설계사로 평가받고 있다. 푸까오이(傅高义)가 『덩샤오핑시대』라는 책에서 덩샤오핑을 "근대 중국의 1인자"라고 부르는 이유는 그가 중국 개혁을 이끌고 추진했기 때문이다. 40년 동안 덩샤오핑으로부터 시진핑에 이르기까지 중국공산당 주요 지도자들은 개혁개방을 명확하게 주장했고, 모두가 직접 앞에 나선 개혁가들이었다.

덩샤오핑은 제일 먼저 개혁의 기치를 내들었다. 그가 주재한 1975년 전면적인 정돈 작업은 사실 개혁의 예행연습이었다. '문화대혁명'이 끝난 후, 서방국가들이 나날이 새롭게 발전하는 새로운 태세에 직면해 국내의 민중들은 하루 빨리 생활이 좋아지기를 간절히 바랐다. 1978년 12월 13일 덩샤오핑은 "이제 더 개혁하지 않으면 우리는 현대화 사업과 사회주의 사업을 말아먹게 될 것"이라고 말했다. 1978년 말에 열린 중국공산당 제11기 중앙위원회 제3차 전체회의에서 당의 사상노선과 정치노선·조직노선을 재정립하고, 개혁개방의 중대 결정을 내린 것은 중화인민공화국 역사와 중국공산당의 역사에서의 위대한 전환을 상징한다. 이번 회의 이후 중국은 개혁개방의 새 시대로 접어들었고, 중국 대지 위에는 개혁개방의 파도가 거세게 일어났다.

개혁개방이 난관에 부딪칠 때마다 덩샤오핑은 중요한 시각에 선뜻 나서곤 했다. 예를 들면, 그가 중요한 시각에 한 말은 농촌개혁이 제대로 되도록 보장해주었다. 1979년 농촌개혁이 우선적으로 돌파를 가져왔다. 농민들의 "가정단위 도급생산이 사회주의냐? 자본주의냐?" 하는 비난에 부딪쳤을 때, 그는 "일부 지방에서 도급제를 실시해 효과가 매우 좋고 변화가 매우 빠르다. 이 때문에 집체경제의 발전에 영향을 주게 될까 우려하는 것은 불필요한 일이다"라고 말했다. 또 다른 일례로 그는 중요한 시기에 남하해 개방 확대를 강조했다. 경제특구가 건설되자 국외의 일부 '파리'들도 날아들었다. 이에 일부 사람들이 경제특구의 전체적 실적에 이의를 제기했다. 덩샤오핑은 1984년 초 직접 선전(深圳)과 주하이(珠海)를 방문해 조사 연구했다. 이번 방문에서 그는 선전에서 시작되었지만 전 중국에 울려 퍼진 "시간은 돈이고, 효율은 생명이다"라는 구호를 보았고, "공담은 나라를 망치고, 실제적인 일을 하는 것만이 나라를 부흥시킬 수 있다"는 분투정신을 보게 되었다. 베이징에 돌아온 후 그는 중국의 대외개방정책은 제한할 것이 아니라 더 많이 풀어줘야 한다고 명확히 말했다. 1984년 5월 중국공산당 중앙위원회는 북방의 따렌(大連)으로부터 남방의 베이하이(北海)에 이르는 14개 연해 항구도시를 개방하기로 결정했다. 1984년 10월에 개최된 중국공산당 제12기 중앙위원회 제3차 전체회의는 중국 개혁이 농촌으로부터 도시로 전환되었음을 상징하며, 전면적 개혁의 서막을 열어놓았다. 경제체제의 개혁이 급물살을 타고 있는 가운데 정치체제 개혁에 대한 목소리도 높아졌다. 덩샤오핑의 강력한 추진 아래 중국은 질서 있게 정치체제 개혁을 시작했다.

또 다른 일례로 그는 중대한 역사적 시각에 개혁개방을 지지한다고 태도를 명확히 표시했다. 1980년대 말 1990년대 초에 일부 사람들이 중국공산당 제11기 중앙위원회 제3차 전체회의 이래의 당 노선과 방침정책을 동요시키고, 중국공산당 제13차 전국대표대회의 보고를 부정하려 들었다. 이 같은 역사적인 중요한 시기에 덩샤오핑은 중국공산당 제11기 중앙위원회 제3차 전체회의의 노선과 방침정책은 변할 수 없으며, 중국공산당 제13차 전국대표대회의 보고는 당의 전국 대표대회에서 통과한 것으로 한 글자도 고칠 수 없다고 분명히 지적했다. 1991년 8월 덩샤오핑은 "개혁개방을 견지하는 것은 중국의 운명을 결정짓는 한 수"라고 명시했다. 1992년 초에 발표한 유명한 남방담화에서도 개혁개방을 하지 않으면 무너질 것이라고 지적했다. 88세의 고령에 그는 노고도 마다하지 않고 5,000㎞를 달려가며 가는 길마다 연설을 했다. 그의 이러한 책임감은 중국의 개혁개방을 새로운 단계로 촉진시켰다. 중국공산당 제14차 전국대표대회로부터 제18차 전국대표대회 전까지 중국공산당 중앙위원회는 개혁개방의 기치를 높이 들고 개혁개방을 점차 심화시켰다. 새 시대로 접어들면서 시진핑은 개혁개방의 기치를 높이 들고 중국의 개혁개방 사업을 더 높은 단계에로 끌어 올렸다. 중국공산당 제18차 전국대표대회 이후 첫 시찰에서, 시진핑 주석은 중국 개혁개방의 전초기지인 광동을 찾았다. 그는 선쩐(深圳) 롄화산(蓮花山)에서 덩샤오핑의 동상에 헌화함으로써 개혁을 멈추지 않고, 개방을 멈추지 않겠다는 결의와 자신감을 표명했다. 시찰기간 동안 시진핑 주석은 "개혁개방은 당대 중국이 발전하고 진보하는 활력의 원천이고, 우리 당과 인민이 큰 걸음으로 시대를 따라가는 중요한 법보이며, 「중국특색의 사회주의」를 견지하고 발전시켜 나가는 길이다"라고 명확히 지적했다. 제18기 중앙정치국 제2차 집단학습에서도 시진핑 주석은 "개혁개방은 당대 중국의 운명을 결정하는 가장 중요한 방법"이며 "'두 개의 백년' 분투목표를 실현하고, 중화민족의 위대한 부흥을 실현하는 가장 중요한 방법"이라고 명확히 밝혔다. 덩샤오핑이 "개혁개방은 중국의 운명을 결정짓는 한 수"라고 언급한 데 이어, 시진핑이 "개혁개방은 가장 중요한 방법"이라고 제시한 것은 중국공산당이 개혁개방의 중차대한 역할에 대해 정확한 평가를 내렸음을 말한다.

2013년 중국공산당 제18기 중앙위원회 제3차 전체회의는 개혁을 전면적으로 심화하는 데 관한 전략적 조치를 취했다. 그 후 개혁이 순차적으로 전면 심화되어 개혁의 주체 골격이 기본적으로 확립되고, 뚜렷한 성과를 거두었다. 이러한 토대 위에서 2017년 9월 시진핑은 "사실이 증명하다시피 개혁을 전면적으로 심화하는 길이 옳았으며, 아직도 큰 걸음으로 나가야 한다"고 말했다. 10월에 개최된 중국공산당 제19차 전국대표대회는 개혁을 전면적으로 심화하는 데서 중대한 돌파를 가져왔다고 인정하고, 개혁개방을 계속 심화할 것임을 분명히 했다. 중국공산당 제18차 전국대표대회 이래 시진핑은 기치선명하게 개혁에 대해 말했다. 그는 또 직접 중앙개혁전면심화지도소조 (중국공산당 제19기 중앙위원회 제3차 전체회의 이후 '중앙개혁전면심화위원회'로 개칭함) 조장을 맡고, 40여 차례 회의를 열어 직접 세밀하게 개혁에 대해 연구하고, 개혁에 대해 배치했다. 개혁개방을 이끌어 가는 과정에서 시진핑은 개혁개방의 역사적 지위, 총체적 목표, 입장과 방향, 가치 인도, 로드맵, 시간표, 실행 등에 대해 체계적으로 논술함으로써, 지위론·목표론·원칙론·중점론·전면론·실행론 등을 포괄하는 체계적이고도 논리적인 개혁사상체계를 형성했다. 이는 개혁개방의 경험에 대한 최신의 총결산이자 계속하여 전면적으로 개혁개방을 심화시키는 가이드라인이기도 했다.

보아오포럼 2018년 연례회의에서 시진핑은 "한 세대는 그 세대만의 문제가 있고, 그 세대만의 사명이 있다고 말했다. 비록 우리는 이미 만수천산을 지났지만 여전히 끊임없이 산을 넘고 물을 건너야 한다. 새 시대에 중국인민은 계속해 자강불식하고, 자기혁신하며, 거침없이 개혁을 전면적으로 심화시켜 나갈 것이다. 산을 만나면 길을 트고, 물을 만나면 다리를 놓으며, 과감하게 고질병을 치료하고, 이익 고화의 울타리를 뚫고 개혁을 끝까지 진행할 것이다"고 말했다. 이는 중국공산당의 개혁 심화의 의지를 보여주는 대목이다.

40년 동안 중국공산당 주요 지도자들이 개혁의 기치를 높이 들고, 공들여 개혁을 위한 조치를 취하고, 직접 나서서 개혁에 매진했기에 중국의 개혁개방은 끊임없이 경험을 총화하면서 성공으로 나아갈 수 있었던 것이다.

방향을 잡고 대국을 도모하다

중국공산당은 개혁을 영도함에 있어서 주로 정확한 방향을 파악하고, 세계 대세와 시대의 흐름에 순응하면서 개혁개방을 도모하고 관련 정책을 제정해 왔다.

개혁은 심각한 혁명이므로 반드시 올바른 방향을 견지해야 한다. 방향은 전략적인 문제로, 당·민족·국가의 장래 운명과 관련된다. 중국공산당은 개혁개방을 이끌어 가는 과정에서 개혁의 방향을 확고히 파악해, 국가의 중심 임무를 위해 봉사하도록 했다. 시진핑 주석은 근본적인 문제에서 반복적인 실수를 범해서는 안 된다고 지적했다. 근본적인 문제란 방향문제와 전략문제이다. 즉 어떠한 기치를 들고, 어떠한 길을 갈 것인가 하는 문제이다. 중국공산당은 개혁개방을 이끌어 가는 과정에서 모든 긍정적인 요소를 동원하고, 중국의 개혁개방이 「중국특색의 사회주의」 길과 「중국특색의 사회주의」 제도를 보완하고 발전시키는 정확한 방향을 따라가도록 추진하는 것을 중시했다. 덩샤오핑은 4가지 기본원칙을 제기해 개혁개방이 올바른 방향을 견지하도록 보장해주었다. 1979년에 열린 중앙이론업무 실무회의에서 덩샤오핑은 "4가지 기본원칙을 견지하자"는 중요한 연설을 발표해, 중국의 개혁개방을 위해 최저 선을 확정하고, 중국개혁에서 반드시 사회주의 길을 견지하고 공산당의 영도를 견지해야 한다는 것을 명확히 했다. 1982년 9월 중국공산당 제12차 전국대표대회 개막식에서 덩샤오핑은 "우리가 장기간의 역사적 경험을 종합하여 얻어낸 기본 결론은 '자신만의 길을 가고, 「중국특색의 사회주의」를 건설'하는 것"이라고 말했다. 1987년 중국공산당 제13차 전국대표대회는 "하나의 중심, 두 개의 기본 점"을 주요내용으로 하는 기본노선을 제시했는데, 실제로 기본노선의 높이에서 두 개 기본점 사이의 변증적 통일 관계를 지적했으며, 네 가지 기본원칙은 국가를 건설함에 있어서의 근본이며, 개혁개방은 강국의 길이며, 사회주의 현대화 건설 사업에 통일되어 있다고 한 것이다. 이와 함께 개혁개방은 4가지 기본원칙을 견지하고, 당의 영도와 사회주의 길을 견지하며, 개혁개방의 위대한 실천은 4가지 기본 원칙을 견지하는데 활력을 불어넣어야 한다고 했다. 1992년 남방담화에서 덩샤오핑은 "우리는 「중국특색의 사회주의」를 건설하는 길에서 계속 나아갈 것"이라고 했다. 1993년 덩샤오핑은 동생인 덩컨(邓珺)과 "네 가지 기본원칙을 견지하는 것"은 플랜트로서, 이치적으로 성립되지 않는 점이 없다고 역설했다. 이로부터 알 수 있듯이 개혁은 방향이 변해서는 안 되며, 반드시 당의 영도를 견지하고, 사회주의 길을 견지해야 한다. 이후의 당의 주요 지도자들도 한결 같이 이를 견지해 왔다.

개혁개방의 방향에 대해 시진핑 주석도 매우 중시했다. 그는 "우리의 개혁개방은 줄곧 방향이 있고, 입장이 있으며, 원칙이 있었다. 우리는 물론 개혁의 기치를 높아 들어야 하지만, 우리의 개혁은 「중국특색의 사회주의」 길에서의 끊임없이 추진하는 개혁이다. 폐쇄되고 경직된 옛길로 나아가지도 않겠지만, 기치를 바꾸는 그릇된 길로 나아가지도 않을 것이다"라고 말했다. 시진핑은 여러 번이나 "방향문제에서 우리는 두뇌가 아주 명석해야 한다. 우리의 방향은 사회주의제도의 자기완성과 자기발전을 끊임없이 추진하는 것이지, 사회주의제도의 변화를 추진하는 것이 아니다."라고 했다. 시진핑은 개혁의 방향은 바로 「중국특색의 사회주의」 길을 견지하고, 「중국특색의 사회주의」제도를 부단히 보완하고 발전시키는 것이라고 인정한 것이다.

오늘의 세계는 개방된 세계로 개방과 협력의 물결이 거세다. 인류사회의 발전역사가 보여주다시피 개방은 진보를 가져오고, 폐쇄는 낙후를 초래한다. '문화대혁명'이 끝난 후 중국공산당의 영도 아래 중국인민은 사상해방운동을 통해 끊임없이 낡은 관념을 버리고, 다른 나라를 정확히 대하며, 세계에 적극적으로 녹아들고, 시대의 흐름에 순응하여, 개혁개방의 멋진 장을 써왔다.

덩샤오핑은 중국이 개혁개방을 실시하는 목적은 시대를 따르는 것이라고 명확히 제기했다. 1977년부터 1978년까지 중국공산당은 100여명의 고위급 관원을 외국에 파견해 당대의 세계가 열린 세상임을 체험하게 했다. 절대다수의 해외 방문자들은 귀국 후 이 천재일우의 역사적 기회를 잘 포착하고 나라를 발전시켜야 한다고 생각했다. 40년 전 중국은 이 역사적 기회를 확실하게 잡아 개혁을 심화하고 대외개방을 확대했으며, 적극적으로 글로벌화의 흐름에 녹아들어 중국경제와 사회의 신속한 발전을 추진했다고 할 수 있다. 그 후 개혁개방을 심화시켜 주식시장을 구축하고, 현대적 기업제도를 실시했다. 또한 상하이 푸동(浦東)을 개발 개방하고, 중국 자유무역시험구를 설립했다. 그리고 혼합소유제의 실현형식과 재산권 보호에 대해 탐색했다. 이 모든 것은 독립자주의 기초 하에서 시대의 흐름과 세계발전의 대세에 잘 순응했던 것이다.

새로운 시대에 접어든 후, 중국의 개혁개방은 계속해서 세계의 대세, 시대의 큰 흐름에 순응하고 있다. 중국공산당의 지도하에, 중국은 계속 개혁을 전면적으로 심화하고, 적극적으로 대외개방의 새로운 구도를 구축하고 있다. 세계질서가 새로운 심층 조정기에 접어들면서 서방 강대국들이 걸핏하면 발을 빼는 동안 중국은 글로벌 관리에 적극 동참하고, 제로섬 사고를 버리고 협력 상생하자고 호소해 적지 않은 나라들의 공감을 얻었다. 세계화의 세찬 흐름 속에서 그것에 순응하는 자는 창성하고, 거스르는 자는 망할 것이다. 2018년 4월 시진핑 주석은 중국의 40년 개혁개방은 사람들에게 많은 귀중한 것들을 시사했는데, 그중 가장 중요한 하나가 바로 한 나라·한 민족이 진흥하려면 반드시 역사발전의 논리 속에서 전진해야 하고, 시대발전의 흐름 속에서 발전해야 한다고 말한 것이었다.

시진핑 주석은 전체적인 국면을 도모하지 않는 자는 한 지역을 도모할 수 없다고 말했다. 그는 대세를 잘 살피고, 큰일을 도모하며, 자각적으로 전체적 국면에서 문제를 생각하고 일해야 한다고 여러 번 강조했다. 중국공산당이 개혁개방을 성공적으로 이끌 수 있었던 것은 대국을 보고, 대세를 살피며, 규칙을 찾아내고, 글로벌화의 발전 조류에 적극 녹아들고, 역사발전의 논리에 따라 전진하며, 시대발전의 조류에 순응했기 때문이었다.

인민을 중심으로 하는 것을 견지하다

개혁개방 이래, 중국공산당 주요 지도자들은 덩샤오핑으로부터 시진핑에 이르기까지 모두 개혁개방은 국민이 잘 살게 하는 것이라고 특별히 강조했다. 시진핑 주석은 "아름다운 생활에 대한 사람들의 동경이 바로 우리의 분투목표"라고 했다. 개혁개방의 과정이 바로 끊임없이 백성들의 획득감과 행복감을 증진시키는 과정이다.

1980년대 덩샤오핑은 "인민의 옹호 여부, 인민의 찬성 여부, 인민이 좋아하는가의 여부, 인민의 허락 여부"를 당의 정책이 좋고 나쁨과 실시 여부를 판단하는 중요한 기준으로 삼아야 한다고 말했다. 이 집권이념은 모두 개혁개방의 실천 속에서 체현되었다. 후에 덩샤오핑은 역사적 경험을 종합할 때 개혁개방에서 이룩한 성과가 없다면 백성들이 우리를 지지하지 않았을 것이라고 말했다.

중국공산당 제18차 전국대표대회 이래, 시진핑 주석은 개혁개방의 중대 결책과정에 항상 대중의 이익을 고려해야 한다고 특별히 강조했다. 2012년 11월 15일 시진핑은 중국공산당 제18기 중앙위원회 제1차 전체회의 연설에서, 앞으로 나아가는 길에서 우리는 반드시 광범한 인민의 근본이익을 수호한다는 차원에서 민생의 이익을 도모하고, 민생의 고충을 해결하며, 학생에게는 교육을, 일하면 소득이 있게, 아프면 치료가 가능하게, 늙으면 부양해 줄 곳이 있게, 삶에는 거주할 곳이 있게 하는 새로운 진전을 이루어야 한다고 말했다. 2013년 11월 9일 중국공산당 제18기 중앙위원회 제3차 전체회의에서 시진핑 주석은 "그 어떤 중대한 개혁을 추진하든 모두 인민의 입장에서 개혁에 관련되는 중대한 문제를 파악하고 처리해야 하며, 인민의 이익으로부터 출발해 개혁의 구상을 계획하고, 개혁에 관한 조치를 제정해야 한다"고 강조했다. 그는 또 개혁을 전면적으로 심화해 가는 과정에서 복잡하고 가늠하기 어려운 이익문제에 부딪쳤을 때는 "대중의 실제 상황이 도대체 어떠한지", "대중이 도대체 무엇을 기대하고 있는지?", "대중의 이익을 어떻게 보장할 것인지?", "대중이 개혁이 대해 만족스럽게 생각하고 있는지?"에 대해 진지하게 생각해 봐야 한다고 말했다. 즉 어떤 방향으로 개혁하고, 무엇은 개혁하고 무엇은 개혁하지 않으며, 어떻게 개혁할 것인가 하는 것은 모두 인민의 입장을 견지하고, 인민을 중심으로 하며, 개혁발전은 인민을 위하고, 인민에 의지하며, 그 성과는 인민이 공유해야 한다는 것이었다. 이는 우리가 새로운 형세에서 개혁을 전면적으로 심화시켜 가는데 중요한 지침이 되었다.

2014년 2월 28일 시진핑 주석은 중앙개혁전면심화지도소조 제2차 회의에서 중대한 개혁 특히 인민대중의 실제이익과 관계되는 개혁결정에 대해 사회 안정 평가시스템을 구축해야 한다고 재차 강조했다. 복잡하고 파급 범위가 넓으며, 모순이 많은 개혁에 직면하면, "대중의 실생활 상황이 어떤지?" "대중의 요구가 무엇인지?", "개혁이 대중에게 가져다 줄 이익이 얼마나 되는지?" 등 인민의 이익에서 출발해 개혁의 구상을 계획하고, 조치를 취하며, 실행을 추진해야 한다는 것이다. 2017년 12월 31일 시진핑 주석은 2018년 신년사에서 "우리의 위대한 발전은 인민에 의해 만들어졌으므로, 인민이 공유해야 한다"고 지적했다. 그는 "백성의 안위와 복지를 항상 염두에 두고, 인민을 행복하게 하는 것을 최대의 치적으로 삼으며, 대중이 생각하는 바를 생각하고, 대중의 급함을 헤아려, 인민의 생활이 더 행복하고 원만해지도록 해야 한다"고 했다. 이러한 논술은 모두 인민중심의 발전사상과 개혁정책 결정의 입장을 분명히 보여준다.

덩샤오핑은 개혁개방을 추진하면서 "돌다리도 두드려 보고 건넌다"는 처방을 제시했다. 중국의 개혁개방은 미증유의 위대한 사업으로 참고할만한 기성의 경험이 없었다. 따라서 농촌개혁이든, 국유기업 개혁이든 시범적으로 선행하고 경험을 쌓은 뒤 보급하는 점진적 개혁방식을 취해, "돌다리도 두드려 보고 건너야 한다"는 색채가 농후했다.

중국공산당 제18차 전국대표대회 이후 시진핑 주석은 개혁방법을 각별한 중시했는데, 이를 통해 체계적인 개혁방법론을 형성했다. 첫째는 개혁의 내적 법칙을 파악하고 사상 해방과 실사구시의 관계, 전체적 추진과 중점 돌파의 관계, 전략적 차원에서의 전체 국면에 대한 기획과 돌다리도 두드려 보고 건너는 점진적 개혁 관계, 대담함과 안정적 추진의 관계, 개혁발전과 안정의 관계를 잘 처리하는 것이다. 둘째는 체계성·정체성·협동성을 중시하는 것이다. 시진핑 주석은 체계성·정체성·협동성을 중시하는 것은 개혁을 전면적으로 심화하는 내적 요구이자 개혁을 추진하는 중요한 방법이라고 보았다. 개혁이 심화될수록 더욱 협동에 유의해야 하는데, 개혁방안의 협동에 역점을 두어야 할 뿐만 아니라 개혁 실행에서의 협동에도 역점을 두어, 제반 개혁조치가 정책방향에서 상호협력하고, 실시과정에서 상호촉진하며, 상부상조하여 시너지 효과를 내어 개혁을 전면적으로 심화해 가는 총체적 목표를 향해 힘을 집중할 수 있어야 한다. 셋째, 개혁은 법적 의거가 있어야 한다는 것이다. 시진핑 주석은 무릇 중대한 개혁은 모두 법에 의거하고 근거가 있어야 한다고 지적했다. 즉 전반적인 개혁과정에서 법치적 사유와 법치적 방식을 운용하고, 법치의 선도와 추진역할을 발휘하며, 관련 입법에 대한 조율을 강화하여 법치의 궤도에서 개혁을 추진할 수 있도록 해야 한다는 것이었다. 바로 이처럼 올바른 개혁개방 방법론을 견지했기에, 중국공산당 제18차 전국대표대회 이래 개혁과 대외개방을 전면적으로 심화시켜 가는 데서 중대한 돌파를 가져올 수 있었던 것이다.

못을 박는 정신으로 끈질기게 실행하다

"공담은 나라를 망치게 하고, 실제적인 일을 하는 것만이 나라를 부흥시킬 수 있다." 공담을 반대하고 실제적으로 일하는 것을 강조하며, 실행을 중시하는 것은 중국공산당의 훌륭한 전통이다. 마오쩌동은 공산당원들에게 착실하게 일하는 정신을 가질 것을 요구했다. 그는 "무슨 일을 하든 단단히 움켜쥐어야 하며, 조금이라도 긴장을 풀지 말아야만 제대로 할 수 있다. 단단히 움켜쥐지 않는다면 그것은 제대로 하지 못한 것과 다름없다"고 말했다. 덩샤오핑도 지도자는 빈말을 적게 하고 실제적인 일을 많이 해야 한다고 강조했다. 그는 "일을 하지 않으면 마르크스주의가 아니다"라고 했다.

중국공산당 제18차 전국대표대회 이후, 중국의 개혁개방은 중요한 단계와 관건적인 단계에 들어섰다. 지휘부가 세워지고 출사표를 던졌다. 개혁에 대한 정책결정과 포석이 이루어지고 중앙으로부터 지방에 이르기까지 각 부분과 각 지역에 모두 개혁임무를 하달했다. 시진핑 주석은 광범위한 지도자들에게 "개혁 추진파가 되어야 할 뿐만 아니라, 개혁의 실무가로 되어야 한다. 개혁의 추진을 잘 지켜봐야 할 뿐만 아니라, 곧바로 실행해야 한다"고 했으며 또 개혁을 옹호하고 지지하며, 책임감이 있는 추진파가 되어 개혁을 움켜쥐고 확실하게 실행하며, 성과를 낼 수 있는 실무가가 되어야 한다고 말했다. 개혁의 실행을 잘 추진하기 위해, 중국공산당 중앙위원회는 당정 수장이 앞장서서 개혁을 책임지며, 개혁조직의 강도를 높이고, 개혁 결책(決策) 감찰메커니즘을 실행하며, 책임 추궁제도를 가동하여 개혁개방 결책의 실행을 확실하게 추진했다.

"솔선수범하지 않으면 다른 사람이 그를 믿고 따르지 않을 것이다.(人不率則不从, 身不先則不信。)" 이처럼 결책이 제대로 실행되느냐의 여부는, 지도자의 시범과 선도적 역할이 매우 중요하다. 특히 일선 사령탑인 당정 주요 책임자는 중요한 시범역할을 해야 한다. 시진핑 주석은 당서기가 개혁실행의 제1책임자가 되어야 한다고 했다. 그는 지방에서 당서기는 지도부의 반장으로서 가장 중요한 위치를 차지한다고 말했다. 2015년 1월 30일에 열린 중앙개혁전면심화지도소조 제9차 회의에서 개혁결책의 실행에 관해 시진핑은 "개혁의 전면적인 심화는 당 전체의 중요한 업무로서, 각급 당위원회(당조)가 책임을 강화해야 한다. 당위원회(당조) 서기는 제1 책임자로서 개혁의 배치와 방안·조율 등을 직접 챙겨야 하고, 또 개혁방안의 감독·감찰도 직접 챙겨야 하며, 책임도 층층이 전해야 한다."고 강조했다. 이번 회의는 또 지방 각급 당위원회가 중요 개혁조치의 구체적 정착과 조사연구 및 문제점에 대한 피드백, 실천에서의 혁신에 주력해야 한다고 지적했다. 또한 중앙에서 확정한 중대한 개혁조치를 세분화하여 실행할 때에는 실제와 현지에 알 맞는 적절한 조치를 취하고, 여러 단계 사이를 잘 연결하며, 개혁의 실행을 항상 주시하고, 개혁의 조치는 즉시로 실행하며, 개혁이 규정된 요구에 도달하도록 해야 한다고 강조했다. 또한 개혁방안의 질을 높이고 문제해결을 주방향으로 하며, 체제와 메커니즘에 초점을 맞춰 부문 이익의 울타리에서 과감히 벗어나며, 당과 국가발전의 전반적인 국면과 개혁을 전면적으로 심화해 가는 전반적인 입장에 서서 개혁을 도모해야 한다고 요구했다.

　당과 정부의 주요 책임자는 모든 힘을 다해 개혁을 실행해야 한다. 2016년 1월 11일 시진핑 주석은 중앙개혁전면심화지도소조 제20차 회의에서 당서기는 제1책임자로서 직접 개혁을 지휘해야 할 뿐만 아니라 개혁의 앞장에 서야 하며, 직접 개혁을 추진해야 한다고 강조했다. 중앙에서 배려한 중대한 개혁조치에 대해서는 지방의 실제와 결부해 구체화하고 시시각각 관심을 두고 추적하고 주시해야 하며, 확실하게 실행해 나가야 한다고 강조했다. 2017년 2월 6일 중앙개혁전면심화지도소조 제32차 회의에서는 당정 책임자는 당중앙위원회의 개혁 관련 정신을 가장 빠른 시간 내에 전달하고 실행하며, 당중앙위원회에서 배치한 개혁 관련 임무는 적극적으로 배치하고 실행하며, 당중앙위원회에서 제출한 중대한 개혁문제에 대해서는 진지하게 연구해 해결할 것을 명확히 요구했다. 또한 개혁에 대한 구상을 연구함에서 있어서 주도적 역할을 발휘하고, 중요한 개혁 방안의 질을 담보하며, 당중앙위원회의 요구와 지방의 실제상황을 결부해 핵심현안을 파악하고 실질적 내용을 중시하며, 실속 없는 겉치레만 하지 말 것을 요구했다. 또한 조사연구를 개혁의 전반 과정에 일관시켜 개혁 속의 모순과 대중의 기대에 대해 파악해야 하며, 개혁 조치의 성과와 실제상황에 대해 파악해야 한다고 강조했다.

　중국공산당 제18차 전국대표대회 이후 전면적으로 엄하게 당을 관리하는 면에서 뚜렷한 성과를 거두었다. 하지만 적극적인 역할을 하지 못하는 관원들도 있었다. 이런 현상에 대해 시진핑 주석은 각급 당정 책임자들에게 과감히 책임을 지라고 주문했다. 2017년 2월 6일 시진핑 주석은 중앙개혁전면심화지도소조 제32차 회의에서 책임을 확실히 하고 중앙과 지방의 수장은 개혁 실행의 책임을 져야 한다고 지적했다. 그는 개혁이 깊이 있게 추진됨에 따라 점점 더 어려운 문제들에 부딪치게 될 것이라고 하면서 확실하다고 파악되는 일에 대해서는 당정 주요 책임자가 과감하게 결단을 내리고 책임을 지며, 단호하게 실행해야 한다고 말했다. 일부 중대한 개혁에 있어서 다른 측면에서 조율하기 어려운 난제도 과감히 접수할 수 있어야 하며, 통일적인 조율을 강화하고, 사상정치 사업을 잘해 양호한 분위기를 조성해야 한다고 요구했다. 또한 각 지역·각 부문에서는 개혁전면심화지도소조의 역할을 잘 발휘해, 중요한 개혁과 중대한 사항에 대해서는 집단적으로 검토하고, 집중적으로 배치하며, 각 방면의 개혁업무는 정기적으로 의논하고 제때에 소통해야 한다고 요구했다.

막중한 개혁발전 임무를 수행하려면 말만으로는 안 되므로 반드시 전체적인 체제와 메커니즘으로 보장해야 한다. 시진핑 주석은 개혁을 위한 결책을 실행하는 메커니즘을 건립하는 일을 매우 중시했다. 중앙개혁전면심화지도소조의 설립으로부터 개혁 실행메커니즘을 건전히 하는 데까지 그는 체제메커니즘으로 개혁조치의 정착을 보장하기 위해 노력했다.

중앙개혁전면심화지도소조를 설립하고 직책을 명확해 했다. 개혁을 전면적으로 심화하는 것은 아주 복잡한 것으로, 어느 한 부서 혹은 몇몇 부서의 힘만으로는 부족하므로 보다 높은 차원의 지도메커니즘을 구축할 것이 필요했다. 시진핑 주석은 중앙위원회는 개혁전면심화지도소조를 설립해 개혁의 총체적 설계, 통일적인 조율과 총체적인 추진 및 실행의 감독·재촉을 책임진다고 했다. 이는 당이 전반적인 일을 총괄하고, 각 방면을 조율하는 지도 핵심역할을 하며, 개혁의 순조로운 추진과 제반 사항에 대한 개혁임무의 실시를 보장하기 위한 것이다. 개혁전면심화지도소조의 직책은 전국적인 중대 개혁을 통합 배치하고, 각 분야의 개혁을 일괄적으로 추진하며, 각 분야의 역량을 조율해 개혁 추진의 힘을 모으고, 독촉과 점검을 강화해 개혁목표의 전면 이행을 촉진케 하는 것이다. 시진핑 주석이 직접 중앙개혁전면심화지도소조의 조장을 맡은 것은 리더십 강화에 도움이 되고, 부문 이익을 초월해 개혁을 추진하는 데 유리하다. 중앙에서는 전체 국면에 관련된 중대한 개혁은 중앙에서 통일적으로 배치한다고 명확히 요구했다. 각 지역·각 부문은 중앙의 요구에 따라 개혁을 추진해야 하며, 제멋대로 하거나 특히 한꺼번에 몰려들어 해서는 안 된다고 했다. 각급 당위원회는 개혁을 전면적으로 심화하는 것을 더욱 두드러진 중요한 위치에 놓고 지도적 책임을 강화해야 한다고 말했다. 중앙과 국가기관·군대 등은 중앙의 통일적 배치에 따라 조직과 지도를 강화하고, 직책을 확실하게 수행하며, 본 시스템의 개혁을 추진하기 위한 방안·조치·절차를 심도 있게 검토하여 본 시스템의 개혁 작업을 적극적으로 추진해야 한다고 했다. 각 성·자치구·직할시는 이에 상응하는 지도체계를 구축해 중앙의 요구에 따라 본 지역과 관련되는 중대한 개혁조치의 조직과 실시를 잘 해야 한다고 했다. 2014년 12월 30일 시진핑 주석은 중앙개혁전면심화지도소조 제8차 회의에서 "중앙개혁전면심화지도소조는 중국공산당 제18기 중앙위원회 제3차 전체회의와 제4차 전체회의의 중요한 개혁조치에 대해 일괄적으로 배치하고 실행·관리하며, 정책·방안·역량·진도 등을 통일 관리한다. 관련 부처들은 임무를 나누고, 완료 시점을 명확히 하며, 개혁이 질서 있게 추진되고, 착실하게 정착되도록 해야 한다"고 명확히 제시했다.

중앙개혁전면심화지도소조는 산하에 개혁 임무 실시를 책임지는 전문소조를 설치했다. 2014년 1월 22일 중앙개혁전면심화지도소조 제1차 회의는 "중앙개혁전면심화지도소조 작업규칙", "중앙개혁전면심화지도소조 전문소조 작업규칙", "중앙개혁전면심화지도소조 판공실 작업세칙"을 심의 의결했다. 또한 중앙개혁전면심화지도소조 산하에 설치할 경제체제와 생태문명체제의 개혁, 민주법제 영역의 개혁, 문화체제의 개혁, 사회체제의 개혁, 당 건설제도의 개혁, 규율검사체제의 개혁 등 6개 전문소조의 명단을 심의 의결했다. 그리고 "중앙 관련 부처에서 중국공산당 제18기 중앙위원회 제3차 전체회의(결정)의 중요 조치를 실행함에 있어서의 분업방안"을 심의 의결했다. 그리고 각 지역 및 각 부처에서 중국공산당 제18기 중앙위원회 제3차 전체회의 정신을 집행한 진전에 대해 청취했으며, 지도소조의 최근 업무에 대해 검토했다. 회의에서 시진핑 주석은 "전문소조·중앙개혁판공실·주도 부처·참여 부처는 업무체제를 잘 만들어 각자 책임지면서도 협력을 강화해 업무협조의 힘을 형성해야 한다. 첫째, 통일적으로 계획을 잘 세워야 한다. 중점업무를 잘 처리해야 할 뿐만 아니라, 일반적인 업무도 잘해야 한다. 현시점의 업무를 잘 추진해야 할 뿐만 아니라, 장원한 업무도 잘 추진해야 한다. 중대한 관계를 잘 처리해야 하며, 전략·전역·전투차원의 문제도 통일적으로 계획해야 한다. 정책·방안·역량·진도의 통일계획도 잘 세워야 한다. 둘째, 방안을 잘 작성해야 한다. 개혁을 전면적으로 심화하는 총체적 배치는 이미 되었으므로, 구체적 실행방안을 빨리 내놓아야 하며, 그 방안에 따라 각종 개혁조치를 추진해야 한다. 셋째, 실행을 중시해야 한다. 중국공산당 제18기 중앙위원회 제3차 전체회의의 각 구체적 개혁조치는 시간표가 있어야 하며, 하나씩 실행하고, 여러 가지 형식으로 독촉 검사하며, 각 지역과 각 부처에서 임무를 나누고 책임을 구체화 하도록 지도하고 도와야 한다. 넷째, 조사연구를 중시해야 한다. 중대한 개혁문제에 대한 조사연구를 강화하고, 가능한 한 기층과 일선의 목소리를 많이 듣고, 기초자료를 많이 접촉하여, 중요한 상황이 어떤지 명백히 알고 있어야 한다. 각 지역과 각 부처들이 조사연구를 강화하고, 개혁의 전면 심화에 대한 조사연구에서 관련 전문가와 학자, 연구기관의 컨설팅 역할을 중시해야 한다."고 지적했다. 이는 중앙 차원에서 전문소조의 임무, 특히 실행에 관련된 임무에 대해 명확히 설명한 것이다.

개혁조치가 정착될 수 있도록 중앙에서는 개혁의 전면적인 심화라는 이 중대 결책의 실행상황에 대한 감찰을 강화하고, 감찰체제의 수립을 강조했다. 2015년 12월 9일 중앙개혁전면심화지도소조 제19차 회의는 감찰기능을 강화하고, 감찰메커니즘을 완비하며 감찰로 막힌 곳을 뚫고 소통을 강화하며, 질을 향상시키는 역할을 더욱 잘 발휘할 것을 제기했다. 이미 출범된 개혁안에 대해서는 순서에 따라 감찰하는데, 검사방안의 실행, 업무의 정착, 책임의 정착 등 상황을 중점적으로 독려하며, 문제를 발견하면 제때에 리스트를 작성하고 책임을 명확히 하며 기록해 두었다가 정리 개선해야 한다고 했다. 또한 각급 간부들의 개혁 추진 상황에 대한 이해를 강화하고, 개혁의 실적심사에 대한 권한을 강화해, 개혁을 격려하고 지지하는 올바른 인재활용 방향을 형성해야 한다고 했다.

2016년 7월 22일 시진핑 주석의 주재로 열린 중앙개혁전면심화지도소조 제26차 회의에서는 "각 지역 각 부처의 개혁에 대한 감찰 실태에 관한 보고" 등이 심의 의결됐다. 시진핑 주석은 개혁은 혁명이므로 반드시 굳센 의지가 있어야 하며, 확실하게 실행하고, 실속 있게 일하여 실효를 내야 한다고 재차 강조했다. 그는 각 지역과 각 부처는 더욱 큰 결심과 힘을 들여, 개혁 감찰업무를 잘 추진해야 하는데, 임무·진도·효과 등을 감찰해야 할 뿐만 아니라, 인식·책임·태도를 살펴 당 중앙에서 확정한 개혁방향이 빗나가지 않고, 당 중앙에서 확정한 개혁임무가 허사가 되지 않도록 하며, 개혁이 발전의 수요, 기층의 기대, 민심의 방향과 정확하게 맞물리도록 해야 한다고 말했다. 시진핑 주석은 감찰이 제대로 실행되게 하기 위해서는 현재와 향후 한 시기 개혁주체의 기본 틀에 따라 단계적인 목표를 정하고, 감찰의 우선순위를 내놓으며, 중점과 난점에 집중해야 한다고 말했다. 또한 문제의 핵심을 잡고, 기층을 살피고, 기층에 내려가며, 실시과정에서 나타난 공통적인 문제를 발견해야 할 뿐만 아니라, 대중의 반영이 많은 핫이슈와 어려운 문제에 초점을 맞추어, 문제를 해결하기 어려운 결정적인 원인을 찾아내고 대안을 제시해야 한다고 말했다. 정돈과 개선은 확실하게 실행하도록 하며, 확실하게 개혁하도록 독촉해야 하고, 실속 있게 개혁하고, 효과가 있으면 칭찬하고, 집행이 유력하지 못하거나 실시가 제대로 되지 못했으면 문책해야 한다고 말했다. 연동은 통일적으로 계획하며, 감찰직능을 완비하고, 사회와 대중의 감독역할을 발휘시켜 상하가 관통되고 내외가 결합되도록 해야 한다고 말했다.

권한이 있으면 그에 따라 책임이 있는 만큼, 실직하면 그 책임을 물어야 한다. 감찰과 문책은 연결돼 있다. 감찰 결과 개혁 결책에 대한 실행이 부실하다면 그에 따라 엄정한 문책이 이뤄져야 한다. 2016년 1월부터 5월 하이난(海南)성 하이커우(海口)시 상공국, 하이커우시 롱화(龙华)구 상공국과 하이커우시 보세구 상공국이 "먼저 영업허가증을 신청하여 발급받고 나서 다시 관련 허가증 수속을 밟는(先照后证)다는 방법"에 따라 등록한 약품업체 중 19개 약품업체의 부분적 운영이 식품약품감독관리 부처의 약품생산허가 혹은 경영허가를 받아야 하지만 상공국에서 결정한 관련 규정대로 "이중고지" 직책을 이행하지 않아, 즉 식품약품감독관리 부문에 위 기업들이 등록한 상황을 알리지 않았으므로, 하이난성 상공국과 하이커우시 상공국이 서면 반성문을 쓰도록 했으며, 관련 책임자에게는 처벌을 내렸다. 2017

년 6월 15일 국무원 판공청은 "감찰 문책 전형 사례 통보"를 발표했는데, 상기의 사례는 전형사례로써 전국에 통보되었다. 이 통보는 각 지역, 각 부처에서 정치의식·대국의식·핵심의식·일치의식을 확고히 수립하고, 자발적으로 시진핑 동지를 핵심으로 하는 중국공산당 중앙위원회와 고도의 일치를 유지하며, 당 중앙위원회의 권위를 확고히 지키며, 중앙의 집중통일 영도에 복종하며, 명령은 반드시 집행하고 금지하는 것은 반드시 그쳐야 한다고 요구했다. 또한 당과 국가의 방침정책을 관철시키 것을 중요한 정치규율로 삼고, 당 중앙위원회와 국무원의 중대한 결책을 에누리 없이 집행해야 하며, 겉으로는 복종하나 속으로는 따르지 않다(面從腹背 혹은 阳奉阴违)나 선택성 집행, 혹은 변통성 집행을 절대 용납하지 않는다고 했다. 상시화 된 감찰메커니즘을 건립 완비하며, 업무책임을 엄격히 실시하고, 책임압력을 층층이 전도해야 한다고 했다. 못을 박는 정신으로 업무를 실행하고, 업무실행과 발전을 촉진하는 감찰의 역할을 확실하게 발휘하며, 당 중앙위원회와 국무원의 중대한 결책이 확실하게 정착되어 효력을 보도록 보장해야 한다고 했다. 감찰의 문책강도를 높이고, 무능력함·나태함·태만함 등을 엄격히 바로잡아야 한다고 했다. 정책이 제대로 집행되지 못하고, 제대로 실행되지 못한 것은 단호히 시정하고, 정돈 개선을 독촉해야 한다고 했다. 직무상 과실이나 독직으로 심각한 후과가 초래되었을 때에는 엄중히 책임을 추궁하고 절대 타협하지 않는다고 했다. 상벌을 병행하고, 근정유위(勤政有为)[19]를 촉진하며 감찰 격려

---

19) 근정유위 : 장래성이 있게 정무에 최선을 다하는 것.

메커니즘을 한층 더 보완하고, 잘못을 수용하고(容错) 잘못을 바로잡는(纠错) 메커니즘을 보완해야 한다고 했다. 각 방면의 적극성·능동성·창발성을 널리 불러일으키고, 실제적으로 일하고 창업하며 앞 다투어 발전하는 좋은 국면이 조성되도록 추진해, 경제의 안정적이고 건전한 발전과 사회의 조화와 안정을 촉진해야 한다고 했다.

당을 좋게, 강하게 건설하다

개혁개방은 전대미문의 위대한 사업이며, 중국공산당이 직면한 개혁의 시련도 장기적인 것이다. "쇠를 벼리려면 자신이 먼저 단단해야 한다(打铁必须自身硬)." 개혁개방 40년 동안 중국공산당은 특히 자체 건설을 중시하면서 계속 자기혁명, 자기정화 의식을 강화하고, 개혁개방을 영도하는 능력을 끊임없이 향상시켰다. 특히 중국공산당 제18차 전국대표대회 이래 당의 영도를 견지하고, 당을 전면적으로 엄하게 다스리는 등 면에서 모두 중대한 진전을 가져왔다.

당의 영도가 강화되었다. 당의 영도를 견지하는 것은 당과 국가의 근본이고 명맥이며, 전 당과 전국 여러 민족 인민의 이익과 행복에 관련된다. 시진핑 주석은, "중국공산당의 영도는 「중국특색의 사회주의」의 가장 본질적인 특징이고, 「중국특색의 사회주의」의 가장 큰 우세이다. 당·정부·군대·대중·학생, 그리고 전 방위적인 다각도로 당은 일체를 영도한다. 당의 영도를 견지하려면 우선 당 중앙의 중앙집권적 통일된 영도를 견지해야 한다. 최근 몇 년 동안 중국공산당 중앙위원회의 권위가 현저하게 강화되어, 각급 당 조직·광대한 당원의

정치의식·대국의식·핵심의식·일치의식이 현저히 증강되었으며, 중앙
결책(決策)의 실행 수위가 현저히 높아지고, 중앙의 집중 통일 영도
가 효과적으로 보장되었으며, 당의 결속력과 전투력·영도력·호소력
이 크게 강화되었다"고 강조했다. 과감히 자아혁명하고, 당을 엄하게
관리하고 다스리는 것은 중국공산당의 가장 뚜렷한 품격이다. 중국
공산당 제18차 전국대표대회 이래 시진핑 주석은 당의 집권지위를 공
고히 하는 차원에서 당 건설을 중시하는 것을 최대의 치적으로 삼고,
당을 전면적으로 엄하게 다스려 중대한 돌파를 가져왔다. 당 건설의
새로운 이념 지도하에 전면적으로 엄하게 당을 다스리고, 문제 지향
적 사고, 인민의 입장, 명확한 목표와 사상적 당 건설과 제도적 당 건
설이 긴밀히 결합된 당 건설의 새로운 경로가 형성되었다. 새로운 이
념과 새로운 구상이 있으면 새로운 실천이 있게 된다. 최근 몇 년 동
안 시진핑 주석은 공산주의자의 정신적 추구를 굳게 지킬 것을 강조
하고, 이상과 신념이 공산주의자의 정신적 '칼슘'임을 강조하면서 '칼
슘'을 지속적으로 보충해 신체를 튼튼하게 해야 한다고 강조했다. 당
과 인민대중의 혈연적 관계를 유지하는 기풍건설의 핵심을 단단히 잡
고, 중앙의 8항 규정 반포와 집행, 전 당적으로 전개한 대중노선 교
육 실천 활동, 현(처)급 이상 지도 간부들 중 '삼엄삼실(三严三实)[20]에

---

20) 삼엄삼실 : 삼엄은 엄격히 다스려야 할 세 가지라는 뜻으로, 첫째는 자신의 수양을 엄격히 하고
(严以修身), 둘째는 권력을 휘두르는데 엄격히 하며(嚴以用權), 셋째는 자신에 대해 엄격히 단
속하라(嚴以律己)는 것이다. 삼실(三實)이란 세 가지 실천사항을 뜻하는데, 첫째는 일을 도모
할 때는 실천하라(謀事要實)는 것이고, 둘째는 새로운 일을 일으키는 것을 실천하라(創業要
實)는 것이며, 셋째는 바른 사람이 되는 것을 실천하라(做人要實)는 의미이다.

대한 주제교육, 전체 당원들 속에서 '두 가지를 학습하고 한 가지를 실천하는(两学一做)[21]교육을 통해 당과 대중의 관계를 밀접히 하여 뚜렷한 성과를 거두었다. 제도에 긴밀히 의지하여 당을 다스리고, 권력을 관리하며, 관리를 다스리고, 제도의 울타리를 점점 더 촘촘하게 했다. 철 같은 규율로 당의 단결과 통일을 수호하였으며, 정치규율은 가장 중요하고, 가장 근본적이며, 가장 관건적인 규율임을 강조하여 전 당의 규율의식이 크게 강화되었다. 인민대중의 반영이 가장 강렬하고, 당의 집권 기반에 대한 위협이 가장 큰 문제를 해결하는데 주력했으며, 전국적으로 부패행위 무관용을 견지하고, '호랑이'와 '파리' 잡기, '여우' 사냥을 확실하게 해, 부패척결의 압도적인 태세를 형성케 했다. 당내의 정치생활을 엄정하게 하고, 당내 정치생태를 정화하며, 우량한 당내 정치문화를 건설할 것을 강조했다. 주체책임제 실시를 강조하고, 감독체계를 완비했으며, 잘못을 수용하고 바로잡을 수 있는 메커니즘을 탐색하고 구축하여 많은 당원 간부의 적극성·능동성·창조성을 충분히 동원했다. 최근 몇 년간 당내 정치생활의 기상이 갱신되고, 전 당의 이상과 신념이 더 확고해졌으며, 당성이 더욱 강화되었다. 당의 자기정화, 자기완성, 자기혁신, 자기향상 능력이 뚜렷하게 향상되었으며, 당의 집권기반과 대중기반이 더욱 공고해졌다. 이는 당과 국가의 제반 사업발전에 강력한 정치적 보장을 제공했다.

새로운 시대에 들어선 후, 개혁 난관 돌파의 새로운 도전에 직면해, 전면적 개방의 새로운 구도를 구축하려면 반드시 당의 영도를 견지하

---

21) 양학일주 : 당헌과 당 규율을 학습하고, 계열 강화를 학습하며, 합격된 당원이 되는 것을 말함.

고, 강화하며, 자아혁명을 계속해 당을 더욱 강하게 건설해야 한다. 이에 따라 중국공산당 제19차 전국대표대회는 쇠를 벼리려면 반드시 자신부터 단단해야 한다는 총체적인 입장을 분명히 했고, 항상 전면 적으로 당을 엄하게 다스려야 한다는 총체적인 기조를 명확히 했으 며, 새로운 시대 당 건설의 새로운 총체적 요구를 제시했다. 이 총체 적 요구는 미래 당 건설의 강령으로서, 새로운 시대 당 건설의 위대 한 공정을 추진하고, 당의 자아혁명을 추진하는 전진의 길과 노력의 방향을 제시한 것이다. 이에 대해 반드시 정확하게 파악해야 하며, 다음과 같은 8가지 사업을 잘 해야 한다.

첫째, '당의 전면적인 영도를 견지하고 강화하며, 당이 당을 다스 리고 당을 전면적으로 엄하게 다스리는 '두 가지 견지'를 실천해야 한 다. 당·정부·군대·대중·학생 그리고 전 방위적이며 다각도로 당은 일체를 영도하는 만큼 반드시 당의 영도를 견지하고 강화해야 한다. 이는 우리가 당을 잘 관리하고 잘 다스릴 것을 요구한다. 당을 잘 관 리하고 잘 다스리려면 반드시 전면적으로 엄격하게 요구해야 한다.

둘째, 당 건설에서의 주선을 부각시키는 것이다. 이 주선의 키워드 는 장기집권 능력, 선진성·순결성이다. 중국공산당 제18차 전국대표 대회 보고와 다른 것은 주선 부분에 장기집권 능력을 증가했다는 점 이다. 집권수준과 영도능력을 높이는 것은 당 건설을 강화하는 주요 목적이며, 당 건설의 전반 과정에 관통된다. 무산계급 정당으로서 반 드시 항상 선진성과 순결성을 유지해야 하는데, 이는 당의 생존과 발 전의 자연적 요구이며 또한 당의 자체 성격에 의해 결정된 것이다.

셋째, 당의 정치건설을 통수로 하는 것은 사실상 당의 정치건설이 당 건설에서 차지하는 위상 즉 당의 근본적인 건설을 사실상 명확히 한 것이다. 당의 정치건설은 당 건설의 방향과 효과를 결정한다. "당의 정치건설을 강화해야 한다"는 관점은 중국공산당 전국대표대회 보고에서 처음 제시됐는데, 이는 시진핑 주석이 당 건설 이론을 풍부하게 하고 발전시킨 것이다. 당의 정치건설을 통수로 한다는 것은 바로 중앙과 전 당에서 시진핑 주석의 핵심적 지위를 견결히 수호하고, 당 중앙위원회의 권위와 집중적이고 통일된 영도를 견결히 수호해야 함을 말한다. 이는 전 당이 당의 정치노선을 확고히 집행하고, 정치규율과 정치규칙을 엄격히 준수하며, 정치입장·정치원칙·정치의 길에서 당 중앙위원회와 고도의 일치성을 유지해야 함을 말한다. 또한 당내 정치생활을 건전하게 전개하고, 기풍이 깨끗하고 바른 정치생태를 조성해야 함을 말한다. 민주주의 중앙집권제를 견지하고 건전히 해야 함을 말한다. 즉 종파주의·패거리문화·세력범위문화를 반대해야 함을 말한다. 전 당 특히 고위층 간부들은 당성 단련을 강화하여 당에 충성하고, 당을 위해 걱정을 나누며, 당을 위해 직책을 다하고, 인민의 행복을 도모하는 것을 근본적인 정치적 책임으로 삼고, 공산주의자의 정치본색을 영원히 간직해야 함을 말한다.

넷째, 이상·신념·취지를 확고히 하는 기반을 튼튼히 다져야 한다. 중국공산당은 일심전력으로 인민을 위해 복무하는 것을 취지로 한다. 시진핑 주석은 이상과 신념은 공산주의자들의 정신적 '칼슘'이며, 공산주의자들이 그 어떠한 시련도 이겨낼 수 있는 정신적 기둥이라고 여러 차례 강조했다. 이상·신념·취지라는 이 기반을 튼튼히 다지려면 이상과 신념건설을 당의 사상건설에서 우선순위에 놓아야 한다. 그러려면 다양한 방식의 교육을 통해 전 당이 취지를 마음속에 깊이 새기고, '메인 스위치'를 꽉 잠가야 한다. "두 가지를 학습하고 한 가지를 실천하는 것(兩学一做)"을 제도화·상시화 하는 동시에 "초심을 잊지 않고, 사명을 명심하자"는 주제교육을 전개해야 한다.

다섯째, 전 당의 적극성과 능동성·창조성을 불러일으키는데 주력해야 한다. 새로운 시대의 난관을 돌파하고 새 임무를 완성하려면 전 당의 적극성과 능동성을 동원하는 것이 매우 중요하다. 우리는 체제와 메커니즘을 건전히 하는 것으로부터 착수해, 잘못을 수용하고 잘못을 바로잡는 메커니즘을 구축하며, 바른 방향의 격려(동기부여)제도를 건설하는 것을 강화하며, 엄하게 다스리는 것이 바로 큰 사랑이라는 관리이념을 창도해야 한다. 용감하게 책임지고, 성실하게 일하며, 사리를 도모하지 않는 간부들에게 힘을 실어주고, 자발적으로 기층 간부들의 고충을 덜어주며, 많은 간부들이 당과 국가의 사업에 적극 뛰어들도록 인도해야 한다. 중국은 지금 정상에 오르는 중요한 단계에 처해 있으므로, 새로운 국면을 개척하고 새로운 우위를 획득하기 위해 끊임없이 위대한 사업을 추진하고 있는데, 반드시 전 당의 창조성을 동원해야 한다. 창조성을 강화한다는 것은 우리 당이 시대와 더불어 발전하고, 때에 따라 변하며, 일에 따라 올바른 대응방침 정책을 취하는 능력을 증강시키는 것이다.

여섯째, 당 건설을 전면적으로 추진하며, 당 건설의 '총체적 조치'를 확실하게 파악해야 한다. 시진핑 주석은 당 건설을 잘 하는 것을 최대의 치적으로 삼고, 당 건설의 새로운 국면을 전면적으로 개척할 것을 강조했다. 당의 건설을 전면적으로 추진한다는 것은 정치건설·사상건설·조직건설·기풍건설·규율건설·제도건설과 반부패 투쟁이 포함된다. 이 전면적 건설에서 정치건설은 근본이고, 사상건설은 기초이며, 제도건설은 정치건설·사상건설·조직건설·기풍건설과 규율건설 전 과정에 관통돼야 한다. 반부패의 압도적 태세는 이미 형성되었지만, 반부패 형세는 여전히 준엄하고 복잡하므로 부패척결 투쟁을 깊이 있게 추진해 반부패의 압도적 승리를 거두어야 한다.

일곱째, 당 건설의 질을 끊임없이 높여야 한다. 품질은 생명이다. 중국공산당은 줄곧 당 건설의 질을 중시해 왔다. 당 건설의 질을 끊임없이 높이려면, 조직건설을 강화하고, 전문능력과 전문정신을 중시하며, 간부들의 자질을 끊임없이 향상시켜 자질이 높고 전문화된 대오를 건설해야 한다. 기층조직의 건설을 강화하여 기층 당 조직의 약화·허화(虛化)·비주류화 문제를 해결하고, 기층 당 조직 건설의 질을 높이는데 주력해야 한다. 감독체제를 구축하고 건전히 하며, 국가·성·시·현 감찰위원회를 설립하고, 국가 감찰법을 제정하며, 당이 지휘하고, 전면적으로 커버되고, 권위 있고 고효율적인 감독체계를 구축해 감독의 합력을 형성하고 감독의 질을 향상시켜야 한다.

여덟째, 당 건설에서 하나의 총체적인 목표, 즉 항상 시대의 선두에 서고, 인민들의 충심이 들어 있는 옹호를 받으며, 과감히 자아혁명하고, 각종 풍파의 시련을 이겨내며, 생기발랄한 마르크스주의 집권당으로 건설하는 목표를 실현해야 한다. 그러려면 (1) 마르크스주의와 공산주의 신앙을 명확히 해야 한다. (2) 당이 진정으로 전략적 사고와 비전을 갖고 시대의 선두에 서서 시대의 흐름을 선도해야 한다. (3) 진정으로 인민 중심을 견지함으로써, 견실한 집권 성과와 대중의 획득감 증강으로 대중의 사랑과 옹호를 이끌어내야 한다. (4) 자기혁명에 용감하고, 자기정화, 자기 완벽화, 자기혁신, 자기향상 능력 증강을 통해 끊임없이 당 조직을 깨끗하게 하고, 당의 선진성·순결성을 확보해야 한다. 풍랑의 시련을 이겨내고 생기에 넘치려면, 당은 항상 정치적 신념과 전략적 신념을 유지하고, 자체 실제로부터 출발해 절대 반복적인 오류를 범하지 말아야 하며, 동시에 시대와 더불어 전진하고, 끊임없이 새로운 양분을 섭취하여, 생기와 활력을 유지해야 한다. 당을 잘 건설하고 강하게 건설함에 있어서의 관건은 당의 집권능력을 제고시키는 데 있으며, 특히 개혁개방을 영도하는 당의 능력을 제고시키는 데 있다. 중국공산당은 줄곧 능력 증강을 중시해 왔다. 일찍이 1939년 마오쩌둥은 전 당에 "우리에게는 공황이 있다. 경제공황도 아니고, 정치공황도 아닌 능력공황이다"라고 주의를 준 적이 있다. 개혁개방 이래 중국공산당은 꾸준히 집권능력 건설을 강화하고 집권능력을 부단히 증강시켜 전국의 인민을 이끌고 찬란한 성과를 거두었다. 새로운 시대에 진입해 세계는 백년에 없던 변화 국면에 직면했고, 국내외 환경은 심각한 변화를 가져왔다. 중국공산당이 직면한 갈등과 문제들도 복잡다단하다. 이 모든 것들은 모두 당의 장기 집권능력과 영도수준에 더 높은 요구를 제기하고 있다. 시진핑 주석은 "우리는 당과 국가사업의 새로운 진전에 적응하고 다양한 능력, 예를 들어 학습능력, 정치적 영도능력, 개혁혁신능력, 과학적 발전능력, 법에 따른 집권능력, 대중사업능력, 실행능력, 위험관리능력을 강화해야 한다"고 지적했다.

당의 개혁개방 영도능력을 높이려면 우선 개혁정신을 가진 간부들을 육성해야 한다. 개혁개방을 추진함에 있어서의 관건은 당에 달렸고, 사람에게 달렸다. 관건이 사람에게 달린 만큼 실제적인 일을 할 수 있고, 창업을 할 수 있는 간부들이 많아야 한다. 덩샤오핑은 개혁개방 초기에 과감히 생각하고, 과감히 돌진하는 맹장을 육성하자고 제기했었고, 1990년대에는 또 '전족 여인'처럼 해서는 안 된다고 하면서, 확실하게 목표가 정해지면 과담하게 시험해 보고 과감하게 도전해야 한다고 제기했다. 새로운 시대에 접어들어 시진핑 주석은 개혁은 과감하게 생각하고, 과감하게 일하고, 과감하게 시험해 보아야 한다고 여러 번 제기했다. 그 다음으로는 개혁개방을 촉진함에 있어서 격려메커니즘을 완비해야 한다. 중국 개혁개방이 성공할 수 있는 중요한 원인은 격려메커니즘이 실시된 데 있다. 개혁개방의 능력을 제고하려면 반드시 격려체제와 메커니즘을 완비하는데 노력해, 개혁을 원하는 간부들이 어려움을 두려워하는 정서를 떨쳐버리고, 위험을 두려워하는 심리를 없앨 수 있도록 해야 하며, 그들이 진정 과감하게 시험하고 과감하게 일할 수 있도록 하며, 땀을 흘리고도 또 눈물을 흘리게 해서는 안 된다. 2018년 5월 중국공산당 중앙위원회 판공청은 "광범한 간부들이 새로운 시대에 새로운 책임감으로 새로운 성과를 낼 수 있도록 한층 더 격려하는 데 관한 의견"을 발부해 광범위한 간부들이 책임감 있게 일하며, 분발 노력해 성과를 내는데 대한 동원 령을 내렸다. 마지막으로 개혁개방을 하는 능력을 높이는데서 관건은 어떻게 실천했느냐를 보는 것이다. 능력의 높고 낮음을 검증하는 기준은 실천이다. 당원 간부들은 개혁개방의 위대한 실천 속에 적극 뛰어들어, 실천 속에서 연마하고, 실천 속에서 총화하며, 실천 속에서 능력을 향상시켜야 한다. 덩샤오핑이 말한 것처럼 "우리의 개혁개방은 서책에 의해 이루어진 것이 아니라 실천에 의해 이루어진 것이며, 실사구시에 의해서 이루어진 것이다".

후기

후기

중국은 40년간의 개혁개방에서 큰 성공을 거두었다. 이는 중국공산당 당사, 중화인민공화국 국사, 나아가서는 중국역사와 세계역사에 있어서 모두 대서특필할 만한 일이다. 개혁개방은 왜 성공했는가? 이유와 경험은 무엇인가? 이는 깊이 연구할 만한 과제이다. 우리는 초보적인 회고와 해독을 하기 위해 노력했다.

이 책은 집단적 연구의 성과이다. 셰천타오(谢春涛)가 편집장을 맡았고, 장타이위안(张太原), 리칭강(李庆刚), 선촨량(沈传亮), 쑹쉐친(宋学勤), 한샤오칭(韩晓青), 궈자오훼이(郭兆晖), 동제(董洁), 왕이(王毅), 네원팅(聂文婷), 치샤오린(齐小林), 우원룽(吴文珑) 등이 집필에 참여했으며, 선촨량(沈传亮)이 편집장을 협조해서 원고에 대한 검토를 많이 했다.

셰천타오(谢春涛)

2018년 11월